海外中国研究丛书

—— 到中国之外发现中国

矢志不渝

明清时期的贞女现象

True
to
Her
Word

The Faithful Maiden Cult
in Late Imperial China

［美］卢苇菁 著　秦立彦 译

Weijing Lu

江苏人民出版社

图书在版编目(CIP)数据

矢志不渝:明清时期的贞女现象/(美)卢苇菁著;
秦立彦译.—南京:江苏人民出版社,2022.5(2023.7重印)
(海外中国研究丛书/刘东主编)
书名原文:True To Her Word:The Faithful Maiden
Cult in Late Imperial China
ISBN 978-7-214-24900-5

Ⅰ.①矢… Ⅱ.①卢…②秦… Ⅲ.①女性—婚姻问
题—研究—中国—明清时代 Ⅳ.①D691.91②B823.2

中国版本图书馆 CIP 数据核字(2022)第 035703 号

True to Her Word: The Faithful Maiden Cult in Late Imperial China by Lu Weijing,
published in English by Stanford University Press.

Copyright © 2008 by the Board of Trustees of the Leland Stanford Junior University.
This translation is published by arrangement with Stanford University Press, www.
sup. org.

Simplified Chinese edition copyright © 2010 by Jiangsu People's Publishing House.

江苏省版权局著作权合同登记号:图字 10-2009-207 号

书　　　名	矢志不渝:明清时期的贞女现象	
著　　　者	[美]卢苇菁	
译　　　者	秦立彦	
责 任 编 辑	李晓爽	
装 帧 设 计	周伟伟	
责 任 监 制	王　娟	
出 版 发 行	江苏人民出版社	
地　　　址	南京市湖南路 1 号 A 楼,邮编:210009	
照　　　排	江苏凤凰制版有限公司	
印　　　刷	苏州市越洋印刷有限公司	
开　　　本	652 毫米×960 毫米　1/16	
印　　　张	22.25　插页 4	
字　　　数	240 千字	
版　　　次	2022 年 5 月第 1 版	
印　　　次	2023 年 7 月第 5 次印刷	
标 准 书 号	ISBN 978-7-214-24900-5	
定　　　价	78.00 元	

(江苏人民出版社图书凡印装错误可向承印厂调换)

序"海外中国研究丛书"

　　中国曾经遗忘过世界,但世界却并未因此而遗忘中国。令人嗟讶的是,20世纪60年代以后,就在中国越来越闭锁的同时,世界各国的中国研究却得到了越来越富于成果的发展。而到了中国门户重开的今天,这种发展就把国内学界逼到了如此的窘境:我们不仅必须放眼海外去认识世界,还必须放眼海外来重新认识中国;不仅必须向国内读者迻译海外的西学,还必须向他们系统地介绍海外的中学。

　　这个系列不可避免地会加深我们150年以来一直怀有的危机感和失落感,因为单是它的学术水准也足以提醒我们,中国文明在现时代所面对的绝不再是某个粗蛮不文的、很快就将被自己同化的、马背上的战胜者,而是一个高度发展了的、必将对自己的根本价值取向大大触动的文明。可正因为这样,借别人的眼光去获得自知之明,又正是摆在我们面前的紧迫历史使命,因为只要不跳出自家的文化圈子去透过强烈的反差反观自身,中华文明就找不到进入其现代形态的入口。

当然,既是本着这样的目的,我们就不能只从各家学说中筛选那些我们可以或者乐于接受的东西,否则我们的"筛子"本身就可能使读者失去选择、挑剔和批判的广阔天地。我们的译介毕竟还只是初步的尝试,而我们所努力去做的,毕竟也只是和读者一起去反复思索这些奉献给大家的东西。

刘　东

谨以此书

纪念我的父亲和外婆

并献给我的母亲

目 录

致　谢

本书的研究和撰写得到了师友和同事在不同的时刻以不同的方式提供的支持。我诚挚地感谢他们的指导、帮助和鼓励。

我最愉悦的回忆,当属和业师曼素恩(Susan Mann)在她的加利福尼亚大学戴维斯校区(University of California, Davis)的办公室以及其他地点的无数次的面谈讨论。每忆及此,如沐春风。曼师的治学影响和所费的心血在本书留下的印迹难以缕陈。柏文莉(Beverly Bossler)、贾世杰(Don C. Price)、施坚雅(G. William Skinner)是我博士论文委员会的另三位成员。在俄勒冈大学学习期间,包筠雅(Cynthia Brokaw)和顾德曼(Bryna Goodman)也给予我多方指导。在此谨致最深的谢意。

本书收集资料的过程达数年之久。在戴维斯,东亚图书馆的王斐丽(Phyllis Wang)给了我很多帮助。2002年夏,北卡罗来纳大学(University of North Carolina at Chapel Hill)的黄熹珠(Hsi-chu Bolick)为我查找晚清资料提供了热情招待。在上海,复旦大学吴格给予我多方协助。我尤其得益于加利福尼亚大学圣地亚哥校区(University of California, San Diego)东亚图书馆馆长程健的支持。自程健任职加大圣地亚哥校区之后,馆藏大大拓展,我借此机会表示感谢。

在本书成书的过程中,周锡瑞(Joseph Esherick)、季家珍

1

(Joan Judge)、柏文莉、柯素芝（Suzanne Cahill）、施珊珊（Sarah Schneewind）、李惠仪、叶娃、程玉瑛在百忙之中，阅读全部书稿或部分章节，给我提供了珍贵的意见。应斯坦福大学出版社之邀为本书作审评的季家珍和胡缨也提出了精辟的修改建议。他们的意见和建议对提高本书的质量功不可没。当然，书中尚存的错误由我本人负责。斯坦福大学出版社的穆里尔·贝尔（Muriel Bell）和其他编辑人员对本书的出版给予多方支持，谨致谢意。

从动笔起草到成书出版，我的朋友柯安（Ann Kelleher）、姚平、赵小建、靳茉莉（Mary Jacob）、薛昭慧和张聪与我忧乐与共（她们有的还为我的研究旅行提供驻足之地）。尤其是柯安对我的帮助，只有从一个最慷慨无私的朋友那里才可望得到。在戴维斯我享受到和同窗白思迪（Steve Beck）、魏大可（Jake Whittaker）和约翰·肯尼迪（John Kennedy）切磋共学的愉快。使我十分悲痛的是，热爱中国历史的白思迪已不幸因病去世。如果他尚在人世，他定会为我完成此书而高兴。

下面的学术会议和机构为我提供了和其他学者讨论本书部分内容的机会：美国历史学会年会、国际亚洲学者会议、亚洲研究学会年会太平洋海岸分会、加利福尼亚大学洛杉矶校区中国研究中心、弗吉尼亚大学东亚研究中心。我非常感谢会议的组织者和与会者富有启迪性的意见。

本书的研究和写作得到以下学术基金会和大学的资助：马贝尔·麦克劳德·刘易斯纪念基金（Mabelle McLeod Lewis Memorial Fund）、加大戴维斯校区、玛丽华盛顿大学（University of Mary Washington）、美国国家人文基金会（National Endowment for the Humanities）、亚洲研究学会、赫尔曼（Hellman）基金会以及加大圣地亚哥校区的学术研究委员会、人文研究所、教授职业发展基金。在此我表示诚挚的谢意。

最后，我感谢我的家庭对我始终如一的支持。当我还在幼年，外婆便对我说，我长大了能上大学。我父亲培养了我对文史的热爱。他们送我踏上负笈远学的路，却没能看到我完成学业。我以深深的怀念，将此书献给我的父亲和外婆。*

---

* 此"致谢"部分为作者专为中译本撰写，与原书略有差别。——译者注

引 言

> 烈女吴氏,名淑姬,歙人。吴瀚女也,许字黄是。未嫁,
> 是游学楚中死。讣闻,女绝粒不欲生。父母慰之曰:"宁节毋
> 烈也。"乃稍稍食。是枢归,烈女往黄氏哭尽哀,父促之归,女
> 曰:"我黄氏妇也,归将安往?"父不得已从之。越几日,是将
> 窆,夜中,女自经死,年十有七。①
>
> 徐釚(1636—1708),《吴烈女传》②

在漫长的中国历史上,忠于未婚夫而终身不嫁的故事时有记
载。但是,后来被称为"贞女"的这一理念只有到了明清时期
(1368—1911)才引起了年轻女子的想象,最终引起公众的注意。
在这一时期,数以千计的年轻女子抗拒父母的权威,终生忠贞于
她们的未婚夫,不论其是生是死。③ 很多以寡妇的身份终其一
生,有的为未婚夫自杀殉死。④ 她们选择做贞女的决定在家庭内
外引发了极大的紧张。明清社会对贞女的看法大相径庭。有的

---

① 本书全篇采用中国传统的年龄表达方式,即出生后即获1岁,此后每逢一次中国新
　年则增1岁。按西方的计算法,这篇传记中的吴贞女大约16岁。
② 钱仪吉:《碑传集》:7097。
③ 除未婚夫死亡之外,在其他一些情况下,年轻女子也可能会拒绝再次订婚。比如,未
　婚夫患绝症,两家都想解除婚约;未婚夫另娶、出家或失踪。未婚夫失踪一般有几种
　情况:其村庄遭受自然灾害时他离开了家,他被征参军,或去某城镇但再未回来。
④ 尽管有的贞女最终嫁给了自己的第一个未婚夫,但他们终生都被称为贞女。

把她们视为具有"奇节"的楷模，国家予以褒奖；有的则认为她们是违反儒家礼仪的"淫奔者"。贞女现象引发了中国历史上关于礼与女性道德的最激烈、最持久的意识形态争论。在其他任何历史时期，未婚年轻女子都未曾在如此长的时期内受到这样的社会注视：被如此大力地赞美、批评、嘲笑或辩护。

本书旨在对贞女现象作一历史描述，并探讨赋予其意义的、反过来又被它所影响的明清社会和文化。通过勾勒贞女现象之形成、发展轨迹，以及国家和社会对它的反应的历史语境，本书试图对贞女现象与帝国晚期的政治、文化、思想变迁的关系达到较为全面的了解；通过判析围绕着贞女现象而产生的矛盾冲突，揭示年轻女子与家庭和社会之间关系的观念和实践。本书最根本的目的，则在于探索贞女的情感、理想和生活历程，并由此解释是什么塑造了这一时期年轻女性的社会性别身份，以及她们是如何看待和表达尊严、责任和情爱的。

在过去二十年中，大量新的研究从根本上改变了我们对古代中国女性史和性别关系史的视角，迫使我们对以往被视为真理的女性牺牲品说以及女性在历史变革中无足轻重的说法提出质疑。在挑战那些成见时，贞女的故事也许为我们提供了一些最有力的证据。中国女性被普遍认为是被动消极的，在自身的婚姻和生活的其他方面完全没有发言权。但是，贞女们抗拒父母的意愿，坚守信念，最终成功地获得自己选择的生活（大多数情况下如此）的故事，对上述成见是有力的反驳。更重要的是，她们的行为将我们带入年轻女性复杂的内心世界，给了我们一个难能可贵的机会来观察她们的情感以及她们对自己的角色、身份、生活意义的理解。贞女现象对明清时期的文化、社会、政治、意识形态领域带来的冲击表明，在创造这一时期历史的过程中,女性完全不处于边缘。贞女现象是这一时期历史变革进程的一个有机部分,年轻女性在这一进程中留下了深刻烙印。从这个意义上来说,贞女现象也为我们提供了一个以女性为中心来叙述明清历史的新角度。

贞女现象的背景与本文讨论的核心问题 3

贞女是晚期帝国的一个特殊现象。简言之,这一现象初现于13世纪,在明朝(1368—1644)后半叶开始形成风气,在清朝(1644—1911)继续蔓延(本书大部分例证都来自这一时期)。虽然贞女现象跨越地域,但更集中于南方,尤以明清帝国中心地带的长江下游大经济地区为重心。

晚期帝国时期包括帝制中国史的最后五个半世纪,开始于将蒙古征服者逐出长城的明朝,结束于另一个异族王朝——清朝的覆亡。尽管这一时期的中国政治动荡,但疆域却大大拓展,从地域和人口上来说都远远超过此前的任何时期,其人口从14世纪的6500万—8000万,增加到1850年的4亿。随着商业化经济、市镇发展和地区融合达到顶峰,广大的国土上点缀着以市场为功能的城镇,移民开发出了新的边疆。

从16世纪开始,晚期帝国的文化和思想持续繁荣发展。部分由于印刷业的发展,教育阶层以外的民众也有机会获取书籍,因而大众识字率持续提高。① 白话文学与通俗戏剧都很繁荣,满

---

① 从16世纪开始,印刷业进入了一个新的发展阶段,扩大了阅读的公众群体,使之甚至开始包括百姓阶层中的女性。见包筠雅与周佳荣(Kai-wing Chow)2005:23—25;152—183。在16世纪末和17世纪,如高彦颐(Dorothy Ko)所说,江南城市中的精英女性,在图书消费和图书生产中都是强大的新力量。高彦颐1994:30—67。

足了大众对娱乐的需要。在受教育阶层中,科举考试因竞争加剧而日益艰难,而帝国一些最出众的人才,则把热情倾注在科举课程之外的考据学和其他思想流派中。对他们无法参加科举考试的姐妹们来说,读书写作成为思想满足和社会交往的主要手段。明清(尤其是清朝)女作家创作了大量的诗歌和其他文学作品,展示出精英家庭中女性所受的高水准教育。①

在这一时期,国家和儒家精英也更致力于以道德准则来规范民众的生活,儒家的修身持家治国平天下的理论被看作政治领导的指导原则。通过在全国表彰道德楷模的"旌表"等制度,政府在城镇乡村推广正统道德价值的措施日趋成熟。② 儒家正统的性别价值观贯穿于国家法典、家训族规、教化作品,甚至通俗文学中,不仅对规范精英阶层而且对规范普通百姓的行为也起到了作用。③ 在这一背景下,在明代的数百年间,选择守寡的女性数量剧增,与此前的历史形成鲜明对比。此前(比如宋代),即便精英阶层的妻子再婚,都不被视为污点④,然而寡妇守节在

---

① 最近关于中国女性作者的学术研究,包括女性作品选集以及专著研究,英文主要著作,见高彦颐 1994;曼素恩 1997,2007;魏爱莲(Widmer)与孙康宜(Chang)1997;孙康宜与苏源熙(Saussy)1999;伊维德(Idema)与管佩达(Grant)2004。

② 旌表制度在中国历史上很早就确立了,但在帝国晚期变得更规范、更重要。见伊懋可(Elvin)1984。

③ 比如,见费侠莉(Furth)1990 论家庭教育;曼素恩 1991 论清中叶关于婚姻和女性教育的精英话语;麦克拉伦(McLaren)2005 论白话叙述,该书认为,这些叙述的编辑和刊刻,旨在帮助把儒家道德教诲传递到百姓中间。在清朝雍正(1723—1735)和乾隆(1736—1795)年间,国家对规范社会行为和性别关系的关注和相关努力,达到了高潮。曼素恩表明,这一时期的"家庭道德主义"(familistic moralism)主要是因为国家和地方政府的有力举措。见曼素恩 1997。苏成捷(Matthew Sommer)和戴真兰(Janet Theiss)分别研究了对社会地位与性征进行规范的国家法律,以及与性有关的刑事案件的司法程序,并详细讨论了政府如何采取更大举措,来强化社会与性别秩序。苏成捷 1996,2000;戴真兰 2001,2004。

④ 从汉至宋,常有上层寡妇再婚,见董家遵 1988;张邦炜 1993。又见伊沛霞(Patricia Ebrey)1993:204—212。

明代不再只是一种道德理想，而是一种道德实践。不仅如此，至明代后期，无论男女，道德实践变得更为激烈。面临王朝覆灭、异性侵犯（对女子而言）或丈夫死亡，自杀作为道德品格的终极表达成为风尚。明清两朝将几十万个道德楷模表彰为"节烈"，其中绝大多数为女性。而受到地方政府和儒家文人表彰的人数则更多。①

但在明清人眼中，最激烈的道德行为莫过年轻女子为未婚夫终身守节甚至殉死。这个女性群体的家庭背景是很多样的。在她们立志做贞女时，其年龄小则十几岁，大则二十几岁。其中很多出身于书香门第，也有一些出自帝国最高层的政治或知识精英家庭。比如，清朝有几位大学士的女儿或孙女后来成为贞女。②著名学者和文人中，顾炎武（1613—1697）即是由一位贞女母亲领养并抚育成人，而袁枚则是和一位后来成为贞女的姊妹一起长大。在社会光谱的另一端，普通家庭（包括农民或小商人家庭）也出现了一定数量的贞女。虽然贞女来自不同的社会阶层，但她们的父母对她们所作选择的反应基本相同，即都反对女儿成为贞女。在贞女故事中，父母无益的劝阻和由此带给父母的焦虑是其基本情节之一。

在明清两朝，关于贞女的故事被国家和文人广泛传播。除清初的几十年外，两朝政府都不断对贞女加以旌表，由政府出资造祠或树立牌坊以示恩遇。比如，从1644年到1850年，清廷表彰了大约5 000位终身不婚的贞女和1 000位自杀的贞 ⁵

---

① 见第三章。又见曼素恩1993，费丝言1998。
② 这样的官员包括康熙、雍正、乾隆朝的尚书李天馥（1635—1699）、朱轼（1664—1736）、张允随、彭元瑞（1733—1803）、卢荫溥（1760—1839）。

女。① 儒家文人对贞女的热衷，则从他们撰写的有关贞女的作品占他们撰写的贞节妇女总体作品的不同寻常的比例上可见一斑。同当时成千上万的节妇相比，贞女的数量要小得多。但在文人撰写的赞扬女性的传记、诗歌中，贞女与节妇的地位几乎一样重要。②

毋庸置疑，贞女与节妇紧密相关，共同表现了席卷明清时期的惊人的女性节烈行为。虽然二者在当时都放在"贞节"这一名目下，但节妇与贞女在时人眼中从未混淆。两者之间的根本区别是：虽然贞节是任何正派女子都应遵循的古老美德，但儒家从不反对未婚女子再次订婚。文人们惊叹于这些年轻女子的意志，他们指出，寡妇守节是可以理解的，因为从礼、情感、经济上来说，她们与已故丈夫的关系已经确立，而贞女与未婚夫的关系与此完全不同。这一关键区别说明了为什么贞女的支持者对贞女大加赞美，并在她们身上投射了强烈的道德象征。因为在他们看来，当年轻女子承担起唯有成熟女性和真正的寡妇才应承担的重任时，她们代表了终极的美德。

节妇与贞女之间的这一根本差别，也是引发关于贞女激烈争论的关节点。贞女们的行为是否具有意识形态的合法性？作为社会道德裁判者的儒家文人在这个问题上的观点大相径庭。明朝后半叶，贞女现象方兴未艾，批评者即称这些年轻女子行为太过极端，不合于礼。在清朝，一方是支持者的热情赞美，另一方是反对者的大力谴责。后者嘲笑贞女行为无异于"尸奔""节淫"，玷

---

① 统计数字根据《清实录》。见第三章。

② 比如，钱仪吉（1783—1850）编纂的著名的《碑传集》中，有十卷是专门关于妇女楷模的，其中两卷关于贞女，占全部的五分之一，与节妇传记的比例相同。《碑传集》：卷一五一至一六〇。

污了儒家教义。① 在帝国晚期,有关贞女的做法是否合于儒家之礼,是否应予鼓励,贞女是否应得到表彰等问题,构成了教育精英阶层关于妇女道德行为的焦点。在关于贞女的激烈论争的大平台上,从小有名气的地方文人到名闻四海的博学鸿儒均登台亮相。

贞女在她们自己的时代受到极大关注。与此形成鲜明反差的是,今天,她们的故事已基本被遗忘。即便出现于某些学术论著中,她们常常是被一笔带过,或与节妇混为一谈,似乎二者并无区别。② 而且,贞女故事的种种历史复杂性,被仅仅缩减为性别压迫的又一例证。当贞女们被描绘成儒家性别体系压迫下的受害者时,批评其做法的明清学者便被赞为妇女解放运动的先驱。有的史学家称贞女行为为"变态",亦即暗示贞女缺乏理性,不可理喻。③ 所有这些观点都与史学家长期以来对传统中国社会妇女生活的模式化的描述相契合。按照这些说法,在建立于性别与辈分原则基础上的等级社会中,年轻女性是最被动、最微不足道的成员。但是,她们究竟如何被动? 如何微不足道?

贞女现象之所以对历史研究有不同寻常的意义,是因为它引发了多种矛盾和冲突。贞女与传统背离的行为打破了婚姻和家庭的常规运作,迫使国家和学者就女德进行表述和辩论,由此也引发对儒家古礼适用性的质疑,并迫使儒家男性精英反省自己的道德品格和责任。这些张力(tensions)超越了性别之分、内外之分,尤其凸显了家庭礼仪、文人关注、国家政策、人类情感之间的复杂互动。

---

① 朴趾源 1997:131。

② 比如,见田汝康 1988。

③ 比如,见董家遵 1936;郭松义 2000:426—428。

7

贞女现象与明清历史

本书考察的有关贞女的问题,部分建立在关于节妇研究的基础上。明清两朝,女性守节成风,而贞女可以说是这种风气最戏剧性的表达。[1] 我们应当如何理解妇女守节在这一时期的起源、兴起和经久不衰的现象?历史学家们提出了不少理论,分别强调意识形态、经济、国家政策或男性学者在其中起的作用,以寻找促成守节现象升级的历史因素。[2] 这些研究说明,守节现象并非孤立出现,也不是单一历史因素运作的产物。要彻底厘清贞节现象与帝制中国晚期更大历史变化之间复杂、细微的内在联系,尚需进一步研究。本书追索贞女现象在这几个世纪中的发展踪迹,就其与晚期帝国的文化、政治、思想史之间的互动,提出以下一些看法。

[1] 已经有很多人研究过寡妇守节。宋元时期的,见肯尼斯·霍尔姆格伦(Kenneth Holmgren)1985;柏清韵(Bettine Birge)1995,2002;柏文莉 2002,2003。明清时期寡妇守节与文人和国家的关系,见田汝康 1988;柯丽德(Katherine Carlitz)1997,费丝言 1998、戴真兰 2004。关于对家庭、社会、经济生活和法律的影响,见曼素恩 1987;白凯(Kathryn Bernhardt)1999;苏成捷 1996,2000。

[2] 自"五四"一代学者之后,很多人都认为,是理学(元明清的官方教育)造成了对女性贞洁的僵化规范的鼓吹。程颐(1033—1107)关于饥饿寡妇(她们失去了丈夫的经济支持)的著名论断"饿死事小,失节事大",概括了理学反对再婚的立场。20 世纪认为理学造成中国妇女生活下降的旗手是陈东原,他在上世纪 20 年代写道,自从出现了理学,中国妇女的生活就被永远改变了。见陈东原 1970:129—140。但这一论断近期受到了挑战。见伊沛霞给《圣人与第二性:儒学,道德与性别》(*The Sage and the Second Sex:Confucianism, Ethics, and Gender*)一书所做的序,李晨阳 2000。伊沛霞在自己的研究中,也质疑了宋之后理学要为妇女的压迫负责的说法。见伊沛霞 2003:10—14。为了在别处寻找原因,尤其是节妇崇拜兴起的社会经济条件,其他历史学家指出,元朝把寡妇与亡夫兄弟结婚的做法强加给汉人,元朝的政策还限制寡妇财产权,这促成了贞洁寡妇现象。见肯尼斯·霍尔姆格伦 1985,1986;柏清韵 1995,2002。田汝康认为,帝国晚期的学者们大力书写节妇,被科举制度边缘化的男性知识分子推广了该崇拜。见田汝康,1988。

本书的一个基本观点是，贞女现象的升级，与这一时期的民族和政治危机、对极端行为的文化兴趣，以及儒家有关忠贞的道德话语的强化之间存在着密切关联。史料表明，贞女现象在 13 世纪初现端倪，且均出自精英阶层。从 15 世纪晚期至 16 世纪，贞女现象在受到广泛关注的同时，带上了为未婚夫殉死的极端特征。到了 17 世纪，这种极端行为达到顶峰。而在同一时期，儒家文人利用贞女殉夫故事来挖掘其丰富的道德象征性的做法，也臻于极境。这三个时期中，13 和 17 世纪都涉及汉帝国的民族危机，宋明两代王朝最终在异族征服者（蒙古人和满人）手中覆灭。而 15 和 16 世纪（明后半叶）则是一个朝政动荡，儒家士大夫以道德英雄主义（moral heroism）相激励的时代；宦官专权，朝廷内部的"忠""奸"斗争连绵不断，贯穿始终。

国家和政治危机为贞女现象的发展提供了肥沃土壤。一方面，极端的女德形式的产生，代表了具有强烈道德信念的女性对公共领域的变化作出的一种回应。比如，在异族侵略和"蛮夷"文化污染的时代，成为贞女也许是精英家庭的女儿用来将汉民族与"野蛮"民族区别开来，捍卫汉族文化和家学的至高无上性的一种途径。同样地，当忠臣烈士与佞臣邪党激烈斗争时，为未婚夫守贞表明了儒家女性相应的道德品格。女性贞节的道德实践，在这种强调个人道德修养的极强的意识形态氛围中得以发展。顾炎武的母亲 17 岁做了贞女，60 岁成为杀身殉明的政治烈士。这样的例子说明，对于有强烈道德原则的女性来说，为夫守节和为国尽忠代表着履行同一道德信念的两种方式。

另一方面，在危机深重的时代，儒家文人大量利用贞女形象来进行政治和道德批判，从而提高了贞女的社会地位，并把更多贞女故事带到大众眼前，为贞女现象的发展提供了能量，助长了

8

它在大众中传播的势头。在我们理解明清政府与儒家文人对贞女现象的持续热情时，一个值得注意的重要因素就是贞女的象征力量：贞女不仅代表妻子的贞节，而且以剧烈的形式将统治阶层所倡导的公与私两种品德集于一身。比如，明清嬗递之际，脆弱的年轻女性坚守道德立场甚至为信念杀身的形象，其光辉超越了所有其他女性偶像。赞美贞女，为深受精神创伤的儒家精英宣泄明亡的伤感、绝望和政治信念，提供了独特通道。清初之后，文人的这些情感逐渐退潮，贞女现象中的极端化特点也随之逐渐淡化。

史料表明，贞女现象在明朝后半叶形成并趋于极端的特点，强烈显示了那段时期追慕新奇，崇尚极端行为的文化风尚。在这一时期，无论男女，德行的实践日益趋向激烈甚至暴力化。不论在家庭还是政治领域，自杀、受难、忍苦成了真正道德的规定性特征。这种崇尚激烈、表演性的道德实践文化的兴起，一方面植根于理学重道德修养、重气节的理念（两者都是通过压制自然人欲而实现的），同时也与明朝后半叶的动荡政治和道德英雄主义息息相关。

本书在考察明清文人的角色以及他们对贞女现象作出的反应时，与现有其他研究的不同之处在于，本书强调他们建构女性贞节的话语中的对立分裂，强调男性知识分子的行为和情感的复杂性与年轻女子社会行为之间的纠缠交织。关于贞女的辩论以及这一辩论与清朝乾嘉学术的关系，足以显示一个由年轻女子创造的现象对当时思想学术界的冲击。它们揭示出男性学者的情感激昂而见解分裂的学术世界：在学术原则、道德信念、个人情感之间，许多学者无法达成和谐一致。在清帝国晚期，儒家女德的定义绝非一成不变，儒家精英也非统一整体。他们的立场既受到个人学术原则的影响,也受到对道德的不同理解以及个人情感的制约。在不断变更的社会中,新的社会行为与现存的道德体系产生张力,促使统治精英重新思考妇德的定义。围绕贞女的辩论,即是帝国晚期的精英们所面对的意识形态矛盾和冲突的体现。

本书力求在帝国晚期的文化、政治、思想史的大语境中考察贞女现象的起源和升级,不仅旨在再现造成贞女现象的历史条件的复杂性,也旨在把女性放置在历史变革的中心来考察这一时期的历史。为此,本书不强调"内"与"外"在观念上的分离。笔者认为,女性节烈与男性政治忠诚之间并非彼此排斥,而是相辅相成,两者共同构建了明清时代的道德内涵。女性并非只是被历史力量所左右。在构建帝国晚期的文化和历史时,她们本身就是行动者。

贞女与明清的家庭

最具嘲讽意义的一点是,在公共领域,贞女被支持者推为道德楷模;在家庭内部,她们则是烦恼和冲突之源,给家人带来了种种困难。贞女以违背父母的意愿为代价实现自己的目的。她对未婚夫的贞超越了对父母的孝。在她父母看来,女儿并无责任对未婚夫尽忠,因此她的行为纯属过分。而在她的夫家(她死去的未婚夫家),贞女的出现则不合常理,令人尴尬。对贞女为未婚夫立后嗣的要求,夫家和族人通常犹豫拖延,或公然表示反对。在激烈的财产争执中,贞女被看成是对家庭或家族中其他成员现有经济利益的威胁。上述种种矛盾冲突为我们研究贞女现象提供 *10* 了独特的视角,使我们得以考察女性与家庭的动态关系,她们所受的限制束缚,以及她们所能施展的能动力和影响。

　　贞女故事表明，她们作为贞女而获得的独特道德资本可以转化成影响力甚至权力，从而削弱传统的性别等级、辈分原则对她们的限制，扩大自己对生活的控制力。比如，虽然夫家的父母不愿接纳贞女，但他们并无多少选择余地，而只能屈服于这些年轻女性的意志。她们为已故未婚夫立嗣的要求往往将她们置于激烈的家庭财产争执中，尤其鲜明地显示了国家给予她们的特权：在所有的未婚女性中，只有贞女享有立嗣这一特权。当贞女们负起养育嗣子的责任时，她们被国家和支持者看成是其未婚夫的父系利益的保护者，是代替他们完成了未尽的礼仪和家庭功能。

　　贞女引起的矛盾和冲突，对我们熟悉的有关中国古代父母与女儿之间关系的种种陈说，既提供了一些答案，又提出了新的问题。比如，关于女儿与父母的关系，通常的描述是女儿乃是任凭父母处置的财产，一出世即可能遭受溺死之灾；稍长后如遭遇家庭灾难，又有可能被父母卖入妓院以挽救家庭；或者父母为了保全儿子的利益而不惜牺牲女儿的幸福。然而，贞女故事中的父母表现了对女儿的深切的焦虑、担心和爱护。他们被固执的女儿拖入困境，为解决女儿的困局而殚精竭虑。我们所熟悉的另一个通行说法是，女儿在自己的婚姻决定中没有发言权。父母自行做主，为之择偶，结果使她深受包办婚姻之苦。在五四运动的话语中，包办婚姻是谴责儒家家庭体系的核心点。年轻女性不惜自杀以逃避包办婚姻，成了女性为反抗迫害而牺牲的壮烈偶像。但是，如果贞女对父母包办婚约不满的话，她在未婚夫去世时理当乐于解除婚约。然而，贞女们却竭力与父母斗争以维护父母最初安排的婚姻。五四女性以自杀来逃避包办婚姻，而明清贞女以自杀来维护包办婚姻，这两个形象之间对比之强烈，无以复加。

　　当然，这两种截然不同的描绘并无对错之分，二者都是各自时代的产物。然而今天,受包办婚姻之苦的女性被当作中国古代所有女性的象征,而帝国晚期贞女为维护包办婚姻而斗争并最终获胜的最强音则寂然无声了。

指出女性生活历史构建中的偏见和问题,是比较容易的事,而具体地勾勒涉及年轻女性的家庭体系的复杂运作则不那么容易。在这里,贞女演出了一则极为丰富的故事,为我们理解父母与女儿之间围绕女儿的危机而产生的冲突、妥协、情感等问题,提供了丰富的素材。在一个层面上,这种冲突显现了明清社会一个基本的文化规范,那就是关怀女儿、为她找到合适的夫家,是父母的责任。因此,听任女儿嫁给一个死去的,(在比较少见的情况下)或身患恶疾,或穷困交加,或性格乖戾的女婿,有悖父母的良心。同时,贞女故事中父母为预防女儿自杀而心力交瘁、长期守护的生动细节,不但显示了贞女百折不挠的决心,也表明了父母对女儿的责任感与爱护。贞女传记的描述表明,女儿以压制对父母的爱为代价,以实现对未婚夫及其家庭的忠诚的极端选择(女儿身份归属的自我表白),对父母和女儿双方来说在情感上都是极为痛苦的。两者间的情感联系是贞女故事的一条主线:很多贞女依赖于父母对自己的爱而成功地实现了自己的选择。女儿可以采取一系列行为向父母提出诉求,其中包括哭泣、绝食、威胁自杀,甚至截发。截发是发誓的一种文化姿态,但同时贞女们也以此有效地转化成一个不适合再次订婚的女子,从而达到守贞的目的。

还有一点值得注意:这些最初的冲突从未切断贞女与娘家的关系和互相之间的责任感。在长期的"守寡"岁月里,贫困的贞女常常会向娘家求助,有时轮流生活在夫家和娘家。父权制的家庭体系并不排斥女儿维持与娘家的紧密联系,即便女儿是在违背父 *12*

13

母意愿的情况下嫁给已逝的未婚夫。①

这里的一个简单事实是,贞女与父母的冲突最终以贞女超越父母的权威,获得父母(或公婆)的默许而告结束。这一事实说明,国家的旌扬表彰在不同程度上增强了贞女的自主力。这一点与其他历史学家得出的关于节妇的结论有相通之处:明清时期的女性可以在诉讼案中利用贞节的道德观,来保卫自己的意愿和利益。② 不过同样应该注意的是,贞女与父母的冲突及其反映的父母与女儿的感情联系,揭示了某些根深蒂固的文化观念与实践。虽然这些观念与实践强调父母的权威,它们并不剥夺女儿在冲突产生时与父母协商的权利。很多贞女意识到这些文化观念与实践的灵活性,成功追求到了自己选择的生活方式。

"为什么"的问题

从根本上说,本书是关于年轻女性如何应对生命中的一个严重危机的一项研究,而这个危机在晚期帝国的社会环境下显得尤其严重。毋庸置疑,贞女的行为并不是社会规范所要求的。就这一点而言,贞女非同寻常。如果没有遭遇这种人生不幸,她们本可平凡地度过一生。换言之,贞女的生活不是她们预先设计的结果。然而,当不幸降临时,她们自觉选择了矢志不渝、守贞终生,即使她们面临各种阻扰压力。

---

① 关于已婚妇女与娘家的持续关系,见朱爱岚(Judd)1989;柏文莉2000。
② 苏成捷表明,在法律诉讼中,普通百姓可以通过引述女性贞洁的道德价值观,来确保自己的力量和财产。苏成捷1996,2000:168。白凯(Kathryn Bernhardt)研究了清朝妇女继承权后发现,在寡妇选择继承人的诉讼中,法官常常满足她的意愿,甚至不惜违背侄子继承的规定,以"嘉奖她的德行"。白凯1999:48,62—72。

这里的一个关键问题是，是什么促使她们做出了违背父母和未婚夫父母意愿的选择？有的贞女批评者暗示她们有利己的目的：有的嫁入未婚夫家中是因为觊觎夫家的财产；有的以之作为沽名钓誉的途径。另有一些则被父母威逼而为未婚夫殉死，因为父母贪图朝廷旌奖。诸如此类，都可能是贞女故事的一部分。例如，昙阳子在她未婚夫死后成了具有个人魅力的宗教领袖，这一例子说明，一些年轻女性会利用未婚夫之死来实现自己的精神追求。① 但是，贞女故事的基本事实，对贞女自我谋利这一论点提出挑战。比如，很多贞女嫁到已故未婚夫家中时，几乎无望改善经济生活。而朝廷的旌表也从来不是易于探取的囊中之物，尤其是对来自社会底层的女性而言。

学术著作和媒体中常描绘的儿媳的悲惨形象，很容易让当今的读者视贞女现象为旧时代年轻女性对婚姻制度的抵制或反叛。持此观点的人认为，贞女的生活方式似乎代表了一个解脱的机会：她们也许根本就不想成婚，而矢志守贞给她们提供了躲避婚姻的合法理由。这种猜度的风险是把自身的文化预设读入历史资料中。而且，这种设想也经不起逻辑推敲。如果这些女性把守贞看成逃避婚姻、逃避婆婆虐待的安全港湾，那么，她们就没有理由坚持要嫁入夫家了。

当代历史学家解释女性节烈行为的一种比较流行的说法是，节烈是女性被儒家意识形态麻醉的表现。他们认为儒家"节烈"的性别观应该对此负责，指出女性贞节理想在帝国晚期

---

① 昙阳子是明朝高官王锡爵的女儿，据说她幼年就有宗教理想。未婚夫死后，她的精神追求愈加强烈。她常出现幻觉，并持斋五年。据说，她终于获得不朽。在她家乡地区周围兴起了一个崇拜，被她的教理所吸引的人，有的在全国享有名望，包括当时的文人领袖王世贞，还有她自己的父亲和兄弟。见王安（Ann Waltner）1987。

已"宗教化"。① 根据这一说法，年轻女性是意识形态控制的被动主体，自身无力进行推理或作出理性决定。但是，从本书下面的章节可以看出，事实远非如此。

贞女当然具有权衡利弊的能力。她们做出决定时，坚信她们经过多方权衡后所作的决定是最好的选择。但是，对于她们赖以作出生命中重大抉择的基础，我们必须从当时的文化和社会经济语境中加以理解。这个语境包括：儒家对道德行为的褒奖，表扬贞节寡妇的象征环境，对奇特道德行为的文化推重，对佛教和通俗宗教中的来世和命运的信仰，父系的家族制度，女性受到的道德教化，以及童年订婚的习俗等。最后这一点在影响贞女对自身行为的理解时可能尤为关键。童年订婚为她们后来选择做贞女准备了独特的情感和心理条件。也就是说，早在婚礼之前，她们就已内化了作为妻子的未来身份。这种自我身份感是在多年的聘礼来往及仪式中逐步培植的。在她们敏感的心中，对身份的自我界定和她们在主流文化、社会、宗教价值影响下产生的尊严观和羞耻观彼此互动，使她们除了守贞外，不可能做出其他选择。

这并不是说，贞女据以做出决定的环境都是一样的，也不是说每个人都同样地看待自己的选择。实际上，资料表明，在贞女如何看待其决定这一点上，存在着一条观念连续带。在这条连续带上，她们的看法是形形色色的：一些贞女认为自己的行为将促进社会道德，另一些则把它看成个人的责任，更有的将它视为命中注定。但我认为，无论贞女的阶级出身和教育程度有多大差别，她们都认同了一套核心价值，而这套价值对她们的选择影响

---

① "宗教化"的概念，最早出现在 20 世纪初知识分子对中国妇女史的批判中。见陈东原 1970：241。最近，周婉窈在一篇文章中，详细描述了桐城地区妇女的戏剧化行为，她也将其称为"宗教化"。周婉窈 1993。

至重。她们都把二次订婚看成品格的污点和对自身归属感的冒犯。她们在不同程度上都把自己的利益认同为已故未婚夫的利益，在承担母亲、妻子的角色，为夫家服务中，看到了生活的意义。但是，虽然女性贞节观与父系价值观都在很大程度上影响了贞女的行为，儒家的性别规范并非这些年轻心灵中的唯一建构物。正统价值观与"义""情"纠缠在一起（文学和通俗戏剧中大量宣扬了"义""情"），也影响了她们的生死选择。

为了分析贞女的动机和主体性以及她们的自我认定，本书试图把女性贞节的讨论扩大到一个尚未深入探索过的方面。目前的很多研究均从政体和社会的角度，把晚期帝国的女性节烈现象作为一种道德话语和社会实践来描述，但对于年轻女性本身如何看待自身行为这个问题，未予应有的注意。因此，在针对晚期帝国守节现象的讨论中，存在着一个很大的空白点。本书将贞女现象中的矛盾冲突和激烈行为作为主要分析场所，来寻找这些问题的答案。通过分析贞女带有仪式意味的自杀，与死夫成婚的婚礼，她们的日常行动准则，以及守贞生活中的自苦、自残的做法，本书希望对她们如何形成并表达自我身份的问题达到一定的理解。笔者希望，考察这些问题也能让我们窥见晚期帝国年轻女性群体的情感和精神世界：她们的关注点和信念，她们对自身在家庭和社会中位置的看法，她们的想望，以及她们观念中的失败和成就的内涵。

本书的资料问题

贞女现象发展的几个世纪中留存下的有关贞女的各类资料，使我们探讨前面列举的许多重要而复杂的问题成为可能。过去二十年中，晚期帝国女性史研究的一个重大突破是女性自己的作品（主要是诗歌）的重新发现。女性作品的出现是这一时期女性文学教育在富裕家庭中蔚为风气的结果。诗以言志[1]，写诗使受过教育的年轻女性拥有了自己宝贵的声音；而她们留下的"宝录"让历史学者得以研究过去无法研究的问题，重构以往无法重构的历史。[2] 在本书中，贞女诗歌是我赖以讨论贞女的主体性、情感以及对自己行为意义的理解等问题的核心材料。贞女事迹大部分是由男性文人学者记录的。而贞女写在一生的关键时刻的诗作（有的写于自杀前夕），使我们得以从她们的角度勾勒她们行为的语境。她们的声音证实了本书的一个主要观点：贞女并非单纯的"道德楷模"，也不能简单地视贞女为儒家意识形态的受害者。相反，她们是有血有肉的年轻女性，她们的生活中交织着责任、爱情、理想和宿命主义等。其他明清女性，包括贞女的朋友和姐妹，也留下了有关贞女的作品（主要是诗歌）。她们的文字在一定程度上弥补了贞女资料中以男性作品为主的不足，让我们能切近地看到女性对贞女现象的反应。

尽管如此，有关贞女的大部分史料仍出自男性作者之手。它们可分为以下几个主要类别或文体：朝廷的旌表记录，地方志中关于节烈妇女的文字，纪念贞女的诗歌和传记，有关贞女的轶闻，戏曲和小说中描绘的贞女故事，以及学者们关于贞女论争的文章

---

[1] 孙星衍 1986：70。

[2] 在中国历史上，诗歌是受教育妇女使用的主要文体。为研究妇女史与性别史，很多原创诗歌作为原始材料得到出版和分析。最广泛地使用了妇女文字的两部专著是：高彦颐的《闺塾师》(Teachers of the Inner Chambers，1994)，曼素恩的《缀珍录》(Precious Records，1997)。又见魏爱莲与孙康宜 1997；张云璈 2002；柯素芝 2003。女性书写的另一形式是书信。见魏爱莲 1989；高彦颐、罗开云(Kathryn Lowry)与程玉瑛的《在儒家眼睛下：中国历史上关于性别的书写》(Under Confucian Eyes：Writings on Gender in Chinese History)，曼素恩与程玉瑛 2001。

和对儒家礼经的传注。上述文献各具风格和声音,服务于特定的
功能和目的。虽然它们之间有各种差异,有时彼此矛盾,但若加
以总体运用,这些文献可以从各种视角提供丰富细致的信息。当
然,文献记载并非我们依靠的唯一材料。隐于文献纸背的沉默处
和显露于纸面的内容一样,皆具史料意义。

　　本书主要依靠明清两朝的实录来追溯国家关于女性节烈,
特别是贞女现象的立场和反应。明清两朝都留下了连续的、内
容丰富的实录。实录是各朝编年史,由宫廷史家在列朝皇帝死
后编纂。从理论上来说,每一朝的实录都是关于国家军政活动
的最全面的记录。就本书的研究而言,实录的价值表现在以下
两方面。第一,它们几乎记录了明清两朝所有的朝廷旌表,包
括对贞女的旌表,并记录了旌表的确切日期。因此,实录提供
了一套近乎完整的贞女旌表的数据,是显示整个帝国晚期朝廷
旌表政策变化的晴雨表。其二,实录包含的信息,如贞女旌表
开始的时间,旌表数目增减的变化,停顿的时间,以及满族妇女
首次旌表的日期等,为我们理解国家政策,考察朝廷的关注点
以及政府行为对当时的政治、社会变动的影响,提供了必要
资料。

　　但是实录中的相关记载大都没有细节素材。有关贞女的细
节,如她们的年龄、家庭背景、婚礼(或自杀)以及她们未婚守寡的
生活情况,均大量出现在儒家文人撰写的各种贞女传记中。正如
每一类历史资料均有其内在偏见一样,中国历史上的传记因其道
德指向与程式化的形式,也难免有其作为历史资料的局限性。正
式的传记常常是赞美文字。作者往往强调传主的规范道德行为,
把传主置于一个最佳的角度来描述。有的学者因此把中国古代
传记等同于西方的圣徒传。但我们必须注意到,中国的佛道两教

16

中自有长期发达的真正的圣徒传传统①，而且中国读者和作者也从来不把那些圣徒传与其他传记混为一谈。不仅如此，中国古代的传记五花八门，并非千人一面。② 在光谱的一端是高度程式化的简洁书写，比如官修史书中的列女传；另一端则是出自熟悉传主的作者之手的丰富细致、感情真挚的叙述。当然，一个才能出众的作者甚至可以利用最程式化的形式，来讲述富有人情的真实故事并传达感情，尤其当传主是他的亲人或与他有关系的人时。③ 本书大部分的传记资料均出自熟悉传主或因家庭社会联系而了解传主的作者之手。④

　　本书用两种方法来抵消男性作者所写材料的性别偏见：其一是把男性作者的材料与女性自己的文字并置阅读；另外就是从与作者不同的角度来阅读他们写的材料。当我们从新的角度进行阅读，并注意字里行间的细微意义，同时把传记与贞女自身留存下来的文字放在一起阅读，传记材料在揭示年轻女性内心世界方面的史料价值便清晰可见。比如，男性作者无一例外地强调贞女的自苦与自闭的行为，将其视为贞女道德高尚的标志。然而在笔者看来，这些行为从侧面流露了贞女们在面对极具挑战性的生活

① 近年，有很多有影响的佛家和道教圣徒传得到了翻译和研究，比如，见蔡安妮（Tsai）1994；柯素芝 2006。

② 历史学家冯尔康在对历史传记资料的研究中，在总的条目"传"下，按照其功能、作者类型（比如私人或官方）、风格等，划分了三十多种门类。冯尔康 2000：31—36。

③ 其他时期的传记（包括墓志铭）也是如此。伊沛霞在关于宋朝妇女与婚姻的著作中，很有效地使用了传记，并评论说："传记并非全伪。如果作者认识传主，尤其是当他们写及自己的母亲、妻子、姐妹时，他们的情感明显传达了出来"。伊沛霞 1993：14。

④ 大多数贞女传记都收在男性学者的文集中，文集常常是在该学者死后，由家庭成员或学生所编，或是学者本人在老年时所编。在帝国晚期，留下文集，也就是一个学者一生最好作品的呈现，是男子对文学成就或学术成就的最大期望之一。明清两朝刊刻了大量文集，其作者的文学声望不一。

时剧烈的内心动荡,也是贞女自我保护、免受公众窥视的实际对策。在帮助我们探索贞女的心灵和情感这一点上,传记这种传统男性文类可以和年轻女性自己的文字一样具有历史价值。

本书分三部分,共七章,讨论的焦点依次从产生贞女现象的历史和社会环境,转到贞女的家庭和贞女自身,最后转到评判贞女现象的明清学者文人。第一部分探讨在帝国晚期史的政治、文化、社会语境中贞女现象的起源和升级。第二部分重构贞女及其家庭所经历的矛盾、情感和生活。第三部分探讨儒家学者们关于贞女的争论。本书的讨论并不着眼于贞女的生理因素,而重在勾画历史与文化因素在塑造她们的心灵和行为中的作用。尽管贞女是晚期帝制中国社会的独特文化产物,这项研究对于其他文化中年轻女性比较研究的一些共同问题,比如如何应对生活中的危机、身体、性、自杀等,或许也会有启发意义。

第一部分　历史

本部分的三章考察明清时期贞女现象产生、发展、被支持者赋予意义的文化、政治、社会语境。第一章追溯关于贞女的早期话语，集中在话语的转化和贞女现象发展的关键历史时刻。有证据表明，从13世纪起，贞女行为方始按照儒家道德被统一叙说，并被赞誉为道德样板。到明朝后半叶，贞女终于形成方兴未艾的文化现象，其行为带上激烈极端的特点（如自杀）。本章指出以下这些与贞女现象的兴起发生互动的历史力量：关于忠贞的强烈儒家道德话语，朝廷中的政治英雄主义，明代社会对殉死等极端行为的崇尚。贞女现象体现了时代的精神，它的形成证明年轻女性并非处于历史的边缘。她们的行为对塑造当时的历史和文化起着积极的作用。

第二章的背景是17世纪的王朝危机。这一章详细勾勒了1644年明朝覆亡以及后来的满人征服如何改变了社会精英对贞女行为的阐释，如何在儒家士人与贞女现象之间建构了一种特殊关系。在这一时期，对贞女的比喻意义的利用臻于极境，贞女成了政治忠诚的最高象征，被比之为不曾为主效力却愿为主献身的忠臣。贞女形象被用来寄寓深受创伤的精英的各种情感和信念。

17世纪后，贞女现象进入了平稳发展期。第三章展示了支持贞女现象的广泛的政治和社会机制，探讨了参与者的动机。这一章的第一部分讨论表彰贞女节妇的国家政策，根据一组朝廷旌表资料，分析清代数朝（不包括晚清）的主要政策变化（如清初关于殉夫的政策）及其与清廷的政治议程之间的关系。这一章的后半部分研究地方的各种力量，包括地方官僚、各级精英、家庭家族，在推动贞女现象中的种种活动，尤其是纪念性文字的征集写作和祠墓等纪念性建筑的合作修筑。这一章的结尾比较了地域间的差别，指出南方在贞女数量上远远超过北方，并推测了造成这一地区差异的原因。

贞女是明清时期的特有现象。此现象的成熟和递变与这一时期的重大历史事件、文化变迁、政治和社会制度关系密切。社会精英公开鼓吹贞女现象的极大热忱，给我们提供了重新考察一些熟悉的范畴（如"内""外"之分）的新视角。贞女现象在这几百年间获得的极大关注，说明年轻女性在明清社会中并非微不足道，而是对当时的文化、历史产生了深远影响。

第一章　道德英雄主义与崇尚极端：
明朝（1368—1644）

　　著名学者毛奇龄(1623—1716)曾写过一篇批评贞女行为的文章,指出贞女不见于六经、二十一史,或任何值得一提的其他文字,所以没有历史权威性。[1]　毛奇龄的很多同时代人并不同意他在贞女问题上的立场,但即便是与毛意见相左、对贞女赞美备至的知名学者,也同意他提出的这一点:早期历史中有关贞女的记录实属凤毛麟角。[2]　他们认为,贞女是把她们的时代与古代区分开来的一种新现象,此现象在她们的时代由幽隐而勃兴。

　　的确如此。尽管早期历史有零星记载,但在 13 世纪之前,贞女观念对年轻女性吸引力并不大,也没有引起国家和文人的关注。13 世纪出现了重要变化,代表着贞女话语的一个转折点,为贞女现象在帝国晚期的兴起铺平了道路。然而,如果没有明朝的特殊条件,贞女便没有可能发展为帝国范围的现象。贞女现象在明代的以道德为名追求极端行为的文化迷恋中生成,其兴起与儒家精英对所谓道德堕落的焦虑以及政治领域中的道德英雄主义相互呼应。贞女现象的兴起表明,所谓闺阁的变化与政治、文化领域的变化密切相关,年轻女性是影响了当时文化的行动者。

---

[1] 毛奇龄 1968:1589。
[2] 如见王源 1985:502 的评论,以及《碑传集》:7243 尚镕的评论。

"贞"和"贞女"

　　"贞女"并非明清时代独有的概念。它在明朝之前两千多年就存在,但包含较广的意义。其中的关键词"贞"最初出现在商代(公元前16—前11世纪)甲骨文以及《易经》中,本意为"卜问"。从周(公元前11世纪—前771年)一直到西汉(公元前266—公元8年)的大多数文本中看,"贞"的意义已有扩大,涵盖了正直、合理、不屈、始终如一等道德特征。"贞"作为道德概念,可用于男性或女性①,但"贞"的具体行为表现则带有社会性别特征。在权威著作《毛诗注疏》(公元前3世纪)中,"贞女"被描述为拒绝嫁给不合适自己的男人,或不屈服于邪恶男人的女子。②

　　刘向(公元前77?—公元6年)的《列女传》是帝制中国女德教育的经典教科书,它为我们提供了又一途径来分析当时"贞"和"贞女"所包含的性别意义。在此书中,被称为"贞"的女性楷模包括:夫死不嫁的节妇和拒绝离开身患绝症(或冷落自己)的丈夫的女子。但"贞"也涉及其他的情况。比如,楚王的夫人贞姜虽然面临洪水的威胁,却拒绝离开渐台,因为她与楚王有约,只有当使者以国王的符节相招时,她才会离台。她说,"贞女之义不犯约,勇者不畏死"。当使者取回符节请她离台时,渐台早已被洪水冲垮,她已被洪水卷走淹死(见图1.1)。③ 在另一例中,一女子以"贞义"闻名,她拒绝成婚,因为夫家没有完成规定的婚姻礼节。夫家

---

① 如《韩非子》中,正直的人被称作"贞士"。韩非了1986:66,150。
②《毛诗注疏》1983:69,203;《诗序》1983:69,8。
③ 刘向1966:109—110。

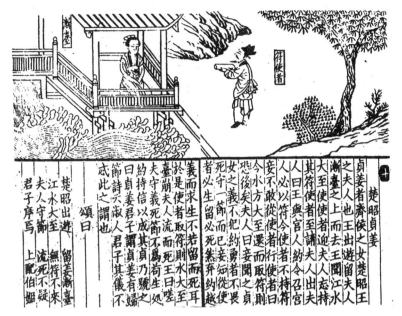

图 1.1 楚昭夫人贞姜(资料来源:刘向 1966:109—110)

恼怒,把她状告下狱,但她仍不改初衷。① "一礼不备,虽死不从"
是贞女之道。②

从这些例子看来,"贞"的核心就是坚决、顽强、始终如一地坚
守道德准则,或者坚守根据这些准则而做的约定,或者用刘向的
话说,是"以专一为贞"。"贞女"就是具有深刻道德操守的女性,
她把原则看得高于生命,拒绝向恐吓与威胁低头。5世纪时,北
魏(386—556)朝廷给予一位年轻女子以"贞女"的荣誉称号。此
例表明,在当时"贞女"的定义中,上述特点仍是其核心。兕先氏
与一彭姓男子订婚,尚未结婚,彭就动手动脚,她谴责他说,尽管
订婚了,他们还未得父母之命,所以她宁死不能违礼。彭一怒之

① 刘向 1966:93—94。
② 同上书:178。

下把她杀死。朝廷将彭处死,授予兕先氏"贞女"的称号"以显风操"。① 如果把兕先氏与典型的明清贞女相比较,就会发现"贞女"的含义发生了很大变化。在这两种情况下,矛盾都出于与未婚夫的关系。但兕先氏以父母之命为忠诚之鹄的,而明清的贞女则不从父母,把未婚夫看作最终的尽忠对象。

从兕先氏到明清时期的贞女,"贞"的适用性缩小到了婚姻忠贞这一个领域。② 明清时期,"贞女"基本上指的是为第一个未婚夫守志的女子。随着女性的美德日益集中在婚姻忠诚上,"贞"的其他意义变得不那么重要。"贞"的意义变化表明,明清时期对女德的定义已经和古时有所不同。③

早期故事

13 世纪以前,未婚守志的故事只是偶尔出现。④ 这些故事所描绘的主人公彼此迥异,有的因为忠诚而受到赞扬,有的因为宗教虔诚而受到赞扬,有的则被表彰其对乡里的善举。然而值得注意的一点在于,最早见于记载的两个贞女例子都出自开列妇女楷模的教谕文学(尽管其中传达的道德信息并不完全一致)。第一

---

① 魏收 1974:1981。

② "节"这个词似乎也发生了类似变化。宋初它仍可用在男子身上,但在元朝,"节妇"成了主要的文化偶像之后,"节"开始只与女子联系在一起。见柏文莉 2004。在一些中世纪文本中,"贞女"的概念是比较宽泛的。宋朝百科全书《太平御览》(977 年在皇帝支持下编纂)的"贞女"条下有三个部分,包括各种有德女子的故事。

③ 在中国历史早期,如刘向的《列女传》所示,女德包括的素质比较宽泛。而在明清时期,女德主要由贞节和对夫家的孝所定义。见杜芳琴与曼素恩 2003。又见瑞丽(Raphals)1998;尤其是第五章。瑞丽表明,从最早的《列女传》到明朝的列女传,女德范围缩小了,侧重点也发生了变化,比如不再强调原来《列女传》中的"辩通"。

④ 明清地方志有时会收录较早的贞女例子,但这些叙述的可靠性难以确认。

个故事出自刘向的《列女传》，据说发生在春秋时期（公元前770—前476年）：

> 夫人者，齐侯之女也。嫁于卫，至城门而卫君死。保母曰："可以还矣"。女不听，遂入，持三年之丧①，毕，弟立，请曰："卫小国也，不容二庖，请愿同庖"。终不听。卫君使人愬于齐兄弟，齐兄弟皆欲与君，使人告女，女终不听，乃作诗曰："我心匪石，不可转也。我心匪席，不可卷也。"②

文中引用的诗出自《诗经·邶风·柏舟》。③ 刘向叙述此事的史实可靠性无法证明。④ 按照《毛诗注疏》，《柏舟》系出自一个不遇的君子之手，糊涂的君主不懂得他的德操。同是《诗经》专家的宋朝哲学家朱熹(1130—1200)则怀疑这首诗是由一位丈夫被妾吸引而失宠的妻子所撰写。⑤ 虽然有历史真实性的问题，《列女传》的这则故事表明，为未婚夫守志的贞女理念在古代已有楷模。刘向把这一故事放在"贞顺"卷，以"贞一"来概括卫宣夫人的决定，赞美她对与未婚夫关系的执着。⑥ 在明清时期，对接受基本教育（包括《列女传》）的很多女性来说，卫宣夫人是激励她们行为

25

---

① "三年之丧"是臣为君、子为父、妻为夫守丧的最高等级。但实践中的一般丧期是27个月。见顾炎武的讨论，黄汝成：《日知录集释》2002：1144；35—39。

② 刘向1966：97。

③《诗经》中有两首题为《柏舟》的诗。另一首在《鄘风》中，据说是一个节妇或贞女所写（见第七章的讨论）。全诗如下："泛彼柏舟，亦泛其流。耿耿不寐，如有隐忧。微我无酒，以敖以游。我心匪鉴，不可以茹。亦有兄弟，不可以据。薄言往诉，逢彼之怒。我心匪石，不可转也。我心匪席，不可卷也。威仪棣棣，不可选也。忧心悄悄，愠于群小。觏闵既多，受侮不少。静言思之，寤辟有摽。日居月诸，胡迭而微？心之忧矣，如匪浣衣。静言思之，不能奋飞。"

④ 刘向的叙述似乎采自公元前3世纪的《鲁诗》。

⑤ 朱熹1983：72；759。关于这一叙述与《鲁诗》的关系，见王照圆2002：697。清朝学者竭力在历史文献中寻找卫宣夫人，但没有结果。见陈子展1983：79—80。

⑥ 刘向1966：97。

图 1.2 卫宣夫人(资料来源：刘向 1966：95—96)

的榜样(见图 1.2)。"柏舟之誓"一词后来成了女性守志守节的代名词。①

第二个贞女出现在皇甫谧(215—82)的《列女传》中。这位贞女是在完全不同的情况下发誓独身的。② 罗静的父亲去世后(可能死于瘟疫)，她的未婚夫朱旷冒险为她家料理安排，结果也得病而死。罗静"感其义，遂誓不嫁"。有人劫持了她的弟妹，逼迫罗

① 值得注意的是，"柏舟"的象征同时利用了《诗经》中的两首《柏舟》诗。
② 皇甫谧《列女传》原文已不知何时散失，但唐朝的百科全书(如欧阳询的《艺文类聚》)中有一些片段。

静嫁给自己。罗静说:"实感朱旷为妾父而死,是以托身亡者,自誓不二,辛苦之人,愿君哀而舍之,如其不然,请守之以死。"[1]与卫宣夫人不同,罗静在未婚夫死后决心独身是因个人情感,而不是受抽象的道德信念的驱使。明清时期批评贞女现象的人,也认为她的行为合情合理。在当时关于贞女的争论中,他们推举罗静为守志不婚的正面楷模。在他们看来,与罗静相比,当时很多贞女未婚守志毫无理由。[2]

除了"列女"文类之外,其他史料零星表明了普通民众对贞女的兴趣,但在这些故事中,民俗色彩高于教谕意味。有一个故事说,唐朝贞元年间(785—804),一个来自广东四会的男子在砍柴时被虎咬死。他的未婚妻文氏"匍匐赴其丧,服丧三年,事公姑谨洁"。后来,她内心悲伤,隐居山中,切断了与所有人的联系。多年后,天空出现了一片神秘的云,一个女子在云中出现,周围环绕着幡幢管磬,仰望的人群"欢谓文氏女仙去"。人们建了升仙坛和祠庙纪念文氏。这个故事的叙述者是12世纪的陈公奉。陈告诉我们:多年来,"晨香夕灯岁时不懈。遇水旱祈祷,罔不昭答"[3]。果然,陈亲眼看到了奇迹。1133年春,当地又发生了旱灾。陈和其他人在地方官率领下向神女祈求,第二天就"雨大作"。陈惊奇地评论说,神力来自文氏的上合于天的不朽精神。[4]他赞美文氏的"纯介之行",暗示说,她升天成神就是因为品德高尚。文氏是第一个被神化的贞女。后来在明清时期,这样被神化的贞女还有一些,她们的德行赋予了她们神秘的力量,把她们转变成膜拜对象。

---

[1] 欧阳询1982:335—336。
[2] 俞正燮1965:494—495。
[3]《广东通志》:59/704—705。
[4] 同上书:59/705。

文氏故事的超自然力量的主题赋予其经久不衰的吸引力，而供奉她的祠观又使文氏故事得以经久流传。但有些贞女故事并无如此的神奇色彩。那些故事中的女性未婚守志，然而她们是因为施舍财富等善举而被乡里铭记。① 在这些本来在口头流传的故事中，贞女主要不是被看成婚姻忠贞的道德偶像。她们之所以被崇拜、赞赏甚至浪漫化，主要是因为她们的神秘力量或义举。她们的故事生存在地方传说中而未必享誉全国。村民把她们看成为本地做了很大贡献的超常之人加以纪念。

话语变化：宋元时期

如果我们把这些早期例子称作序曲，那么 13 世纪打开了把贞女视为道德偶像的官方贞女话语的第一章。在国家和儒家文人的努力下，神话与宗教虔敬从贞女叙述中悄然消退，而道德修辞进入了其中心。

13 世纪的贞女事例比此前任何时期都多。南宋（1127—1279）首开纪录，第一次授予她们朝廷旌表。旌表是一种古老的做法，可追溯到汉朝，是儒家治国核心概念的表现之一。它是通过"教化"来规范社会的一种措施，也是儒家君主仁惠恩泽的表示。② 南宋朝

---

① 比如，10 世纪的姚文玉在未婚夫死后，"誓不更嫁"。她与兄弟一样继承了父亲的一份财产，有一年旱灾，她捐献了大量稻米以赈济饥民。她老的时候，又献出别墅和田地修佛寺。《绍兴府志》1792：1530。在另一个故事中，12 世纪中叶，妙静的未婚夫据说在迎娶她的路上不幸淹死。妙静发誓独身。她用家族财产在未婚夫丧命的河上修了座石桥，村民称为"老女桥"，后来她又在桥两边修了两座庙，一个给男人，一个给女人，正如"牛郎织女遥相望"。吴道镕 1973：191。这个故事是事后由明朝思想家湛若水（1466—1560）讲述的。尽管湛若水把这故事写下来是为了宣扬道德主义，但在他的重述中仍有强烈的民间余风。
② 伊懋可 1984。

廷把贞女放在品行优越的女性的范围内,大力赞赏她们守志的行为,强调她们对死去未婚夫及其家庭的贡献。比如,朝廷赋予某程氏女以"节妇"的称号[程氏许嫁给宋朝政治家司马光(1019—86)的后人]。① 朝廷还以华丽的道德词汇,赞扬另一年轻女子叶女同:"方以身许人,未谐醮礼而竟以柏舟自誓,往抚其孤,岁月既深,冰雪益励,真有古烈女风。"②朝廷封她为"孺人",规定每月给她布和酒,她的住处被封为"烈女坊"。③

　　国家对贞女的表扬在地方层面也得到呼应,推行者是地方官和地方志的编纂者。比如13世纪50年代,浙江於潜县令把年轻女子刘氏的住处表之为"烈女坊"。刘与一位进士订婚。成书于1265—1274年的《临安志》把她描绘成一个意志坚决的年轻女性,当守贞的愿望遭父母阻挠后,她以自杀相威胁。父母惊恐,只好同意,她"于是纚衰赴夫家,临枢伏哭尽哀"④。这可能是地方政府表彰贞女的最早例子。这里尤其值得注意是这个故事的描述方式。作者将它完全置于妻子忠贞的道德光环之下,其细节全部围绕刘氏的表示决心的戏剧化情节来展开。这种道德化的描绘与明清时期的贞女描述已极为相似。

　　在政府机构之外,文人也大力弘扬贞女的德行。⑤ 关于叶氏和刘氏,当时的男性学者分别写了传记和诗。诗刻在路边的石

28

---

① 脱脱等:《宋史》1983:13309。此事没有日期,但被领养的继承人司马梦求是在1262年中的进士,那么程氏应在13世纪上半叶获国家嘉奖。
② 《徽州府志》1502:315—316。
③ "孺人"是个封号,一般封给政府官员的母亲或妻子。这样的封号有九品,孺人是七品。引文见《徽州府志》1502:315—316。
④ 潜说友 1990:68/8。
⑤ 关于道德楷模的文字古已有之。但柏文莉指出,宋朝文人越来越多地开始写到与自己同时的有德男女(常常是政府旌表的获得者),这个倾向在元朝得到了进一步发展。见柏文莉 2002。

上，以供行人瞻仰。① 现存最早的文人赞美贞女的作品出自元朝（1279—1368），其中萧㪺（1241—1318）和杨维桢（1296—1370）的诗尤其值得注意。② 萧的诗题为《颍川贞女》，从诗意推测，那位女子在未婚夫死后自杀。元朝之前，贞女为未婚夫殉死尚无先例，但情况显然在发生变化。在元代的另一个例子中，有人请求朝廷表彰一位自杀的贞女，但政府很谨慎。当时的主要廷臣余阙（1301—1358）拒绝了该请求，说这位女子的行为超越了儒家的中庸之道，不应表彰。③

29

杨维桢关于自己的堂妹杨雪的诗感情深挚，从中我们可以瞥见这位贞女的成长背景以及杨维祯对她行为的评介。杨雪在浙江会稽（现在的绍兴）的望族杨家长大，受到诗乐方面的教育。未婚夫去世后，杨雪"守志不嫁"，拒绝了某高官的求婚。她后来为自己做了一个"处女冢"，在元朝覆亡的混乱中饿死。杨维桢的诗模仿乐府形式写成，用很大篇幅铺叙杨雪的成长和艺术才能，描摹当求婚者奢侈的聘礼（模仿著名的《孔雀东南飞》④），但杨雪不为所动：

> 处女誓慈母，有死不下堂⑤。
>
> 嗟嗟杨处女，处女节独苦。

---

① 《徽州府志》1502:316；同上书1566:399；潜说友1990:68/8。1502年的《徽州府志》说，叶的传记是章如愚所写，但1566年的《徽州府志》则进行了修正，说该传记的作者实际是胡昇。胡昇的年代与籍贯不详。他的一些文字保存在《新安文献志》中，说明他生活在13世纪下半叶。

② 萧㪺1983:1218:707；杨维桢1994:315—316。另一个文本是张养浩（1270—1329）所写。张养浩1983:1192:533。这个例子也收集在《元史》中，见宋濂1976:4500。

③ 《古今图书集成》:48754。

④ 《孔雀东南飞》是东汉时期（25—220）一首讲述爱情悲剧的民歌杰作。

⑤ 指刘同《列女传》中著名的伯姬故事。伯姬是贵族妇女，房子着火时不肯出逃，因为她认为女人没有女仆或保傅陪伴是不能下堂的，最后她被火烧死。见刘向1966:95—96。

事母终母丧,母坟成负土。

白发五十秋,五十终处女。

誓作处女坟,南山华表柱。

荒城兵火交,三月不开户。

生作独月娥,肯作城中三嫁妇?①

杨维桢的叙事诗,既充满了同情,又流露出敬慕,在骄傲中掺杂了一丝悲伤。他的堂妹的道德操守,与其高贵出身与教养相匹配,使她有别于那些以再婚自污的人。值得注意的是,杨家还培养了另一位贞洁的女儿杨宜,是杨维桢和杨雪的堂姐妹。杨宜的丈夫婚后第一天就死了,所以很可能两人没有同房。当她母亲敦促她再嫁有势力的官员时,她把自己锁在房间里自杀身亡。②

这些叙述为贞女现象的起源提供了一些线索。显然,13 世 *30* 纪代表了对贞女行为的一种全然不同的态度。这种转变是在意料之中的,它符合当时公共话语中对道德和贞妻的日益强调的趋向。伊沛霞指出,宋朝社会对节妇“广泛支持”③,朝廷也常常通过旌表来表彰节妇。尤其到了南宋,出现了对女性贞洁的严苛的理学再定义。当时的一些学者甚至认为,女子再婚之罪有甚于死。④ 在评价这种意识形态对宋朝社会行为的影响时,历史学家们谨慎地指出,宋朝寡妇再婚仍然比较常见,而且与宋以后相比,宋代寡妇在财产权和继承权上享受较好的待遇。无论如何,上述贞女例子清楚地表明,13 世纪不仅目睹了关于女性贞节的极端修辞,还目睹了国家和文人在实践上的激进态度,即对于极端的

---

① 杨维桢 1994:315—316。

② 同上书:397;王逢 1983:2118:707。

③ 伊沛霞 1993:194—195,198。

④ 李樗、黄櫄 1983:71;141。关于理学思想在南宋的加强,见柏清韵 2002。

贞节行为进行表彰。我们同时注意到，贞女的理想开始对精英家庭的女儿产生吸引力。所有已知的贞女例子都来自精英阶层。

这一变化也可以从更大历史语境中来理解。也就是说，这一变化不仅体现了关于女性贞节的新观念。柏文莉在她的近期著作中指出，宋末对女性忠诚的关注，与对男性政治忠诚的关注是联系在一起的。① 对妻子贞节的史无前例的强调，与道德话语中对男子政治忠诚的同样史无前例的强调一起出现，后者则似乎受到了民族危机（宋朝面临的异族入侵）的影响。忠诚一直是儒家的根本美德。但把忠诚作为衡量男子道德品格的关键性标准，则始于宋。戴仁柱（Richard Davis）指出，臣事二主从未像在宋朝知识分子心中那样被视为耻辱。在蒙古人征服南中国的过程中，英勇的抵抗和自杀很常见，而女子常常与男子一起集体自杀。②

近期的研究表明，节妇现象的兴起，与元朝把收继婚（男子继承年长的男性亲属的寡妇）的风俗强加给汉人，以及改变法律，限制寡妇的财产权的政策有关。③ 按照这条分析思路，妇女拒绝再婚是为了避免"野蛮"的收继婚，并维护对自己嫁妆的控制（按照元朝法律，如果寡妇再婚，她不能带走嫁妆）。④ 但是，在理解象杨雪那样的贞女时，这种分析就有其局限性了。贞女还没有成婚，因而并不存在寡妇所面临的那些威胁。

就杨家这样的南方望族而言（南方对蒙古镇服的抵抗比北方

---

① 柏文莉 2003，2004。
② 戴仁柱 1996。
③ 霍尔姆格伦 1985，1986；柏清韵 1995，2002。柏清韵认为，在元朝，蒙古征服，与理学对女性贞节的召唤之间的复杂互动，造成了守节现象成熟的条件。寡妇在元朝失去了她们以前享有的财产权，从而促使她们选择做节妇。
④ 应该记住的重要一点是，利用了收继婚法律的男子，很可能大部分来自社会下层。这个法律只存在了很短一段时间，对精英群体的冲击当是很有限的。

要激烈),我们可以从另一角度看待蒙古入侵的影响。王直(1379—1462)在感叹蒙古入侵给中原文化带来的污染时指出,这种污染对夫妻关系的损害尤其深刻:"元有天下几百年,以夷狄之风,易中国之俗,而夫妇之伦尤为大坏……独当时士大夫家,诗书传习之久,确然不为所易,然亦鲜矣。"①诚然,在蒙古人入侵前,国家和文人已经对贞女赞美有加,但蒙古人支持的"夷狄之风"所引发的文化危机感,更激励了精英男女以更高的道德准则指导自身的行为。显然,杨维桢把自己的表妹们看成是儒家文化传统的尊严的维护者。通过坚守汉族文化精英的道德准则,拒绝再次订婚、结婚,杨雪和杨宜这样的年轻女子不仅维护了儒家所说的"斯文",而且在精英妇女中推广了一种更严苛的道德标准。②

明朝的国家政策

明代初年进行的几项制度变革表明,国家对贞女行为的表彰又上了一个新台阶,它为明朝后期贞女形成一种独特的文化社会现象铺平了道路。1368 年明朝建立后,朝廷主持修撰《元史》。《元史》的"列女"部分包括三位贞女的事迹,使之成为第一部载入贞女的官方王朝史。③ 旌表制度在明朝得到大力拓展,明政府进一步偏离了前朝做法,使贞女成为旌表的常规对象。1398 年,开

① 高明 1958:388。注意,这里引用的前三个句子中,把元朝说成是"野蛮的",在清朝钦定的《四库全书》版本中被删除。
② 应注意的是,虽然蒙古习俗被视为"野蛮",但很多汉族知识分子和精英(包括杨维桢和明朝开国皇帝朱元璋)都把元朝政府看成是合法的。杨维桢在元朝覆亡后拒绝事明。
③ 宋濂 1976:4491,4500。

国皇帝朱元璋(1328—1398)首次旌表贞女。① 此后，与旌表节妇的条规一样，贞女若从 30 岁前开始守志，到 50 岁就有资格获得旌表。政府对旌表者的奖励颇具规模。《明史》写道，"明兴著为规条，巡方督学岁上其事，大者赐祠祀，次亦树坊表"②。被旌表者的家庭还可以免除差役。③ 明初的一个最大举措是朝廷褒奖殉死的贞女，而元朝是避免这样做的。1430 年，朝廷第一次对一位殉死贞女授予旌表的殊荣。④

在明初颁布的法令中，贞女常常列在"节妇"或"烈妇"条目下。但在 16 世纪，朝廷越来越多地用"贞女"一词来指那些仍活着的贞女，而把自杀的贞女放在"烈女"条目下，和抵抗强暴而死的其他未婚女性归为一类。然而随着时间推移，"贞女"成了一个独立的类别，包括死去和活着的贞女，从文人关于贞女的写作中也可看出这一点。⑤

与这一变化相应的是，各种缺乏道德内涵的口语性的贞女名称，如"处女""老女""黑头姑""白头女"⑥，部分因为地方官员的努力而逐渐消退。⑦ 当"庸俗"的旧词汇慢慢被淘汰，"望门寡"

---

① 《明太祖实录》：3707。

② 张廷玉 1974：7689。

③ 蔡凌虹 1990：44—45。

④ 《明宣宗实录》：1529。

⑤ 比如在归有光的《贞女论》中，贞女指"女未嫁而或为其夫死，又有终身不改适"。归有光 1929：3/4a。

⑥ 朝廷甚至都用"处女"这个词。按照一部松江府志，顾家的两女在未婚夫死后都终身守节。她们死后，元朝旌表彰其墓地为"处女坟"。《古今图书集成》：48797。关于"老女"，见吴道镕 1973：191。孟蕴被称作"黑头姑"，是因为她在 93 岁去世时，没有一根白发。《诸暨县志》1773：32/9b。关于"白头女"，见《古今图书集成》：48804。

⑦ 比如，蔡督学发起运动，表彰宋朝的吴贞女，当地人称她为"老女"使她不快。她把自己称为"贞女"，并在她的墓上刻了"贞女"之名。见吴道镕 1973：191—192。

"未婚妻""聘妻"等新词汇逐渐加入到口语中来。① 这些新词汇标志着一种根本性的观念变化:受聘的女子,不只是受了聘的父亲的女儿,而是未婚夫的"妻子"。失去未婚夫的女子不再被看成未婚,相反,她是一个未过门的"寡妇"。

　　嘉靖年间(1522—1566),颁给贞女(尤其是殉死者)的旌表第一次激增。1528—1560 年的 33 年中,有 28 位贞女获得了旌表②,这个数字几乎是 1368—1521 的 154 年间的两倍。1522 年前,15 位获得旌表的妇女中有 7 位是自杀的。而仅在嘉靖朝,28 位获得旌表的贞女中就有 20 位是自杀的。地方志中也出现了类似变化。比如,1502 年的安徽《徽州府志》记录了从明初开始的 152 位节妇,无一例是贞女。而 1566 年的《徽州府志》中,添加了 168 位节妇,其中包括 4 位贞女。③ 我们还不清楚这 4 例是否都出现在 1502—1566 年间。无论如何,数字的增加显然表明人们对报道贞女的新兴趣。

　　在明朝,这些趋势持续不衰。从嘉靖朝开始,朝廷对贞女的奖励变得常规化,在选择被旌表者时,殉死的贞女享有优先权。

33

---

① "望门寡"的称呼在元朝的贞女传中开始出现,在明朝白话文学中大量使用。白话文学将"望门寡"描绘成一种谁都不愿与它沾边的坏处境。《三国演义》中有著名的一段:周瑜把刘备骗到吴,假意要把吴国郡主许配给他,实际是想杀了他。周瑜的计划本来周密,谁想到吴国太大怒,因为这个计划会把自己的女儿变成"望门寡"。见张养浩的《节妇柳氏传》,张养浩 1983:1192:534;罗贯中 1995:608。除了三国的例子外,又见兰陵笑笑生:《金瓶梅词话》1993:764;凌濛初:《二刻拍案惊奇》1985:150。关于"未婚妻",见李国祥与杨旭 1995:378—380;关于"聘妻",见李国祥与杨旭 1995:405。

② 1522—1527 年间和 1561—1566 年间没有颁发旌表。

③ 见《徽州府志》1502:卷一〇;同上书 1566:卷二〇。

整个明朝期间(除 1633—1644 年),共有 156 位贞女得到表彰①,其中 112 位系殉死贞女。从 1528 年(嘉靖七年)到 1632 年的 105 年中,有 141 位贞女获得旌表,其中 105 位自杀(见图 1.3,"贞女"指活着守贞的贞女,"烈女"代表殉死的贞女)。贞女的实际数字肯定比旌表的数字要高。清初的百科全书《古今图书集成》表明(该书的贞女记录依据的是地方志材料,其中包括获得旌表的,偶尔也包括未获旌表的贞女),明朝的贞女数量剧增。据《古今图书集成》所载,明朝共有 291 位贞女。而元朝只有 17 位。② 诚然,明朝的人口更多③,比元朝时段更长,在时间上也更接近该书的

34

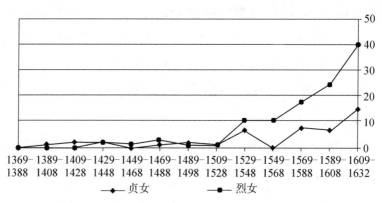

图 1.3　明朝获得旌表的贞女(资料来源:李国祥与杨旭 1995)

---

① 这个数字来自明朝宫廷史料《明实录》(1633 年后获得旌表的妇女的统计数字,在《明实录》中没有)。乾隆朝编纂的《大清一统志》中的数字还要高些(见表 3.1)。数字的差别可能有两个原因。第一,《大清一统志》也包括清朝所表彰的明朝妇女。第二,明末的 1633—1644 年,《明实录》中没有关于被旌表妇女的资料。
② 这里会发生一些重叠现象,主要是因为同一人被记录在不同层次的地方志中。比如,史贞女出现在《江宁府志》(《古今图书集成》:49196)和《宜兴县志》(《古今图书集成》:49583);孟蕴出现在《浙江通志》(《古今图书集成》:48889)和《诸暨县志》(《古今图书集成》:49622)。
③ 在蒙古征服时期,中国人口锐减。1290 年登记在册的人口是 5000 万,只有此前南宋时期的一半。明朝 1368 年建立时,这个数字几乎未变。到明朝末年(1644 年),人口恢复到了 1.5 亿到 2 亿。

编纂者，所以有更多资料保存下来。但即便考虑到这些因素，明代贞女数字的增加仍很惊人。

明朝期间，贞女现象的典型行为正在成型。明之前的情况常常是，在贞女抵达夫家举行婚礼时，未婚夫死。但在明朝，这种情况为数很少。此外，明朝之前，贞女与自己的父母同住守贞的情况很常见。比如《古今图书集成》所录12个指明住所的元朝贞女中①，只有3位与夫家同住。而在明朝的291位贞女中，146位与父母同住，145位则住在夫家，数字几乎持平。在绍兴府，唐宋元的全部4位贞女都与父母同住，明朝的3位则全与夫家同住。②在某些地方，这一变化则比较缓慢。比如在苏南的吴县、长洲、元和，明朝的17位贞女有12位与父母同住，2位自杀，只有3位与未婚夫家同住（其中一位只是在自己母亲死后才搬入夫家）。③但随着时间推移，与公婆同住的做法在这一地区也占了上风。比如，根据一份史料，到19世纪初，这一地区报告的200位左右的贞女中，"大抵为夫守，惟上元侯氏女，江宁谈氏女，句容张氏女，并终老父母家，事亲抚弟侄"④。贞女住入夫家成了跨地区的主流做法。

同时，为死去的未婚夫过继并培育后嗣也成为贞女的标准做法。它是贞女传记的高光点，用以证明贞女肩负起了妻子的责任。比如，叶六姑听到未婚夫的死讯，以瓯掷地，发誓说："所不见

---

① 这些数字排除了不完全适用的五例。其中有两例涉及贞女拒绝解除婚约，因此与父母同住；在另一例中，虽然未婚夫得了重病，贞女还是坚持嫁过去。在其余两例中，新娘在迎娶途中，新郎死去。

②《绍兴府志》1875：1530—1542。

③ 吴秀之 1970：1520—1522，1539。

④ 这句话是朱琦（1769—1850）所说，他是南京钟山书院的主讲。李欢（Li Huan）1990：351。

35 女节为方绍绝嗣者，有如此瓯！"①另一位女子吴氏据说未婚夫生
病时，她极其担忧。因为她不能亲自前去，就派了侍女去照料，结
果侍女怀上了未婚夫的孩子。吴女发现后，"私窃喜"。未婚夫不
久就死了，于是她住入夫家，把侍女生的男孩当作自己的孩子一
样抚养。② 到了清代，给贞女过继后嗣，已经被看成夫家应尽的
一项义务。

贞女行为中更引人注目的变化，是她的戏剧化甚至暴力的行
动，包括自残（而以前这样的行为只出现在教谕文学中）。比如，
为表达守志的意志，贞女往往采用令父母心惊的方式：剪发，断
指，割耳，刺眼，或把誓言刺在脸上。还有一些行为虽没有如此骇
人，也同样极端，如把自己锁闭在屋子或房子里，只允许年幼或年
老的女仆伺候，或者不见亲友。③ 此类描述在贞女传记中随处可
见，表明作者和读者两方面对这类故事都有极大兴趣。

但戏剧化行为与英勇自杀相比，就不免逊色了。明朝期间，
殉死贞女的数量逐步上升。自杀被看成忠贞于已故未婚夫的终
极证明。为未婚夫而死，从未有像现在这样如此有吸引力、被戴
上这样的光环。有的贞女在父母不许她参加未婚夫葬礼或前去
侍奉未婚夫父母时自杀。有的在未婚夫死时，请求父母允许自己
马上自杀。殉死的贞女代表了贞节女性能获得的最受敬仰的身
份。比如，1573 年的福建《漳州府志》记载了海澄县的 9 位节妇，
包括一个自杀的贞女郭四娘。9 位女性按其德操的难易排序。
编者解释说："郭四娘未字死节，女流稀有，故首列之。"④1515 年，

① 《古今图书集成》：49632。
② 同上书：49627。
③ 关于这些行为的详细讨论，见第六章。
④ 《漳州府志》1573：657。

河南祥符县修祠纪念 6 位自杀的节妇。6 位中,陈氏是唯一在未婚夫死后自杀的,也名列六人之首。[1] 大约五十年后,祥符再次修祠,纪念历史上的烈女。该祠纪念的女性有 216 位,为首的又是 15 位"未嫁殉夫"的贞女。[2]

36

从各方面来看,贞女现象都是在明朝社会的后半叶(大约从 16 世纪开始)扎了根。从嘉靖朝开始,朝廷的旌表剧增。此外,大多数现存的明朝贞女传记都是 16 世纪及之后的作品。而且,关于贞女行为合法性的第一次公开讨论,也发生在 16 世纪初(见第七章),充分表明贞女的影响日益提高。贞女现象在这一时期形成,与其他学者关于节妇现象的结论相吻合。比如,田汝康认为,根据地方志记录,节妇现象"在明朝后半叶才形成"。[3] 柯丽德指出,从 15 世纪后期开始,寡妇自杀可以作为儒家楷模,得到公开的祠祀,"从 16 世纪起,每个县都有了纪念贞节女性的建筑"[4]。

从某种意义上说,标志贞女现象全面成型的与其说是贞女数量的激增,不如说是贞女表达其信念和决心的方式的激烈性,以及公众对其这些激烈方式做出的反应。贞女们戏剧化的极端性的行为——为死去的未婚夫自残和自杀——是这一时期贞女现象的特点。与此俱来的则是社会精英对戏剧化行为的着迷。他们显然怀着极大的兴趣报道和美化贞女的极端行为。柯丽德在一篇文章中把地方修烈女祠的举动与地方官僚和精英推广正统

[1]《祥符县志》1739:12/48a - b。
[2] 同上书:12/46b - 47a。
[3] 田汝康 1988:13。
[4] 柯丽德 1997:612。

价值观,把地方自我形象儒家化的更大活动联系在一起。① 然而从另一角度说,社会精英们的这些努力,再次有力表现了明后期对极端行为的文化兴趣。我认为,这种文化兴趣构成了女性贞节行为崇拜的关键条件。

追求新奇与极端的文化

明朝推翻了蒙古人统治,在战争的废墟上重新建立一统的汉族政权。蒙古统治提高了汉人对本民族文化价值观的敏感性。明初,在朱元璋统治下,从中央政府到地方乡村都采取措施,旨在复兴儒家道德秩序、"清除"蒙古文化的污染。② 教化和控制在政府的议事日程上占有重要地位,而旌表即是服务于这一国策的措施。

"理学"的统治地位在明朝进一步加强。③ 理学从根本上说是一种关于伦理和社会关系的哲学,强调个人的道德完善,号召自我修养,强调付诸行动的重要性。它认为人的"理"原本是好的,但需经过个人修养培育才能使这粒"好种子"结果。明朝所有参加科考的学子必须精习理学科目,而这批学子是帝国领导层候选人的来源。在散布帝国各处的书院里,理学也是主要学习项目。但道德完善并非受教育者的社会特权。从 16 世纪开始,以王阳明(1472—1529)为代表的新思潮,挑战了理只能在外部世界和儒家经典中求得的看法。王阳明认为,无论社会地位如何,人

① 柯丽德 1997:612。
② 范德(Farmer)1990,1995。又见施珊珊对明朝社学(community school)的研究,社学是朱元璋为了整肃社会秩序而创立的,见施珊珊 2006。
③ 理学由宋朝哲学家程颐和朱熹建立,元之后成为官方哲学。

人心中都有"良知",因此,受教育的人和不识字的人,都可通过日复一日的道德实践,达到道德完善成为圣贤。王阳明的学生王艮(1483—1541)及其泰州学派,通过讲学发展了王阳明的激进思想,并将其传播到更多的普通百姓中。① 明朝思想界的变化与贞女做法之间的关系尚不能完全认定,我们只能推断,泰州学派对道德修养的看法,有助于使理学的核心道德价值渗透到社会底层。理学思想的统治地位和道德修养理想的流传,诚然并未造就一个更高尚的社会,但它们会影响人们的行为及其道德观。

理学道德修养的号召对把明朝推到一个道德英雄主义的时代不无贡献。清初学者在反思明朝后期的文化时说,"盖挽近之情,忽庸行而尚奇激,国制所褒,志乘所录,与夫里巷所称道,流俗所震骇,胥以至奇至苦为难能"②。很多极端行为——行为者有男有女,场合有家内家外——或滥觞于明朝,或到了明代才被看作道德的表现形式:为贞节而殉死,在公共场合自杀,以及各式各样的自残,包括"割股"或"割肝"给生病的父母或公婆做药以尽孝。③ 在官场上,明朝英勇无畏的大臣比任何朝代都多。他们无情抨击他们认为是错误的政府政策,并因此承受骇人的酷刑,充分展示了政治勇气。④

赵园在对明朝精英的研究中,把儒家学者的这种文化称为"极端道德主义"。赵园以充分证据表明了儒家学者如何以一种强烈而普遍的酷烈态度来鼓励、赞美并实践极端行为,包括自残

---

① 关于王阳明哲学的讨论,见杜维明 1976。关于泰州学派,见程玉瑛 1996。

② 张廷玉 1974:7689。

③ "割股"是唐宋就有的一种孝举。但年轻妇女中"割股"的发生率似乎随着时间而增加,到明清时期,它成了女性传记中最常提到的德行之一。

④ 王安描述了一个这样的例子,即《大礼记》争论。见王安 1990:1—3。

和以极端的方式拒绝物质享受。① 明朝的道德英雄主义是在明朝专制背景下展开的。朝廷对官员采取的肉刑超过了任何朝代，尤其与蒙古入侵前的宋朝形成鲜明对比。宋朝以其对官员的宽仁而闻名。②

如果我们把贞女故事放在这样的语境下阅读就不难看出，贞女体现了当时社会所痴迷的极端、怪异、新奇等诸种因素。贞女并非孤立现象。当时的文化中充斥着社会和政治道德实践的极端主义，贞女现象深深扎根在这一文化中，是这种文化的反映。

作为贞女现象兴起的背景的，还有儒家学者眼中所谓的世道"浇漓"和道德下滑。明朝后半叶经济和商业的发展，给他们带来了对社会等级无序的极大忧虑。尽管各时期的儒家学者总是把自己所处的时代看成"浇漓"的时代，生活在明朝后半叶的学者特别对家庭中的"无序"愤愤不平：在夫妻关系中，妻子不把丈夫放在眼里；更糟糕的是，妇女再婚不但常有，而且速度极快。叶春及（1532—1595）在做福建惠安知县时说，"今愚妇夫死未寒，辄归别室，朝尚括发，夕即画眉，忍矣，忍矣！"③黄佐（1490—1566）以类似的痛心语调，说到一些妇女"弁髦视其夫，邮置视其家，朝衰麻而暮燕娩者亦多矣"④。他感到非常痛心，把她们与22岁自杀的邵贞女相比，感慨"方之贞女何如也！"⑤正因同一原因，湛若水（1466—1560）写到吴贞女时评论说，"夫世固有夫在而反目，夫朝死而夕为人妇者矣，吾尚暇究人之过中哉？"⑥

---

① 赵园 1999：5—14。
② 赵园认为，极端道德主义的兴起正是明朝廷暴政的结果。同上书。
③ 叶春及 1983：1286：495。
④ 吴道镕 1973：423。
⑤ 同上。
⑥ 吴道镕 1973：192。

这些极为相似、同样痛心的话语，表明了当时儒家精英的普遍焦虑。这种焦虑有双重含义。首先，它表明儒家精英反对再婚的态度已经深化并极为普遍。其次，他们关于当代世风的抱怨充分体现了对社会现实的不安。这种焦虑正合于卜正民（Timothy Brook）的"享乐的迷乱"带来道德腐蚀的分析，也是包筠雅所研究的功过格文本开始流行的语境的一部分。[①] 物质的丰富和经济的货币化冲击了社会的道德结构，使得维持原有的社会秩序变得困难。很多通俗戏剧和白话文学作品，都可为湛若水等人所抨击的现象作注脚：浪漫的爱和婚外关系被视为"情"的表达而备受赞美，或视为自然需要而得以合法化。凡此种种，都公开威胁着儒家道德观。对儒家道德家来说，正是物欲的诱惑、性的享乐把妇女引上歧途。

世道"浇漓"将儒家学者动员起来。在他们挥笔抨击堕落的社会现象、整顿世风时，贞女成了他们手中一枚锋利的意识形态武器。然而另一方面，"浇漓"同样可以将女性动员起来，激励某 *40* 些女性做出极端行为。换言之，"浇漓"有助于建构"极端德行"。女性不只是男子道德训导的被动接受者。如下文所示，精英家庭的年轻女性从道德楷模中得到感召，将儒家道德理想付诸实践。通过这种实践，她们维护了"正确"的社会价值观，并把自己与腐败堕落区别开来。

政治动荡与道德英雄主义

贞女现象是在明代朝廷政治动荡的背景中发展起来的。简

---

① 卜正民 1998；包筠雅 1991。

言之，明朝君臣的关系从 15 世纪中叶开始就很疏远。这一时期在位的皇帝，对履行其君主的责任，常常或者没有多少兴趣或者没有多少能力。官僚政府的功能常常被宫中的宦官所劫持。宦官与大臣之间的斗争、大臣之间的斗争都很激烈。这些都使明朝成为一个极为动态的、充满行动的时代，在历史上留下了一连串奸人和英雄的名字。正如"节妇"和"荡妇"代表女性领域的两端，朝中"奸臣"和"忠臣"也形成鲜明对照。

16 世纪初，大臣的主要对头是臭名昭著的宦官刘瑾（死于 1510 年）。他使用特务机构锦衣卫和诏狱来打击对手，大权独揽，使官方政府实际上陷于瘫痪。政治危机对朝臣的品格是一个考验。很多人默认或屈从于刘瑾。只有少数站出来对抗他，最终都被革职，下狱，受刑或被杀。李梦阳（1473—1530）是朝中的著名文人之一，他坚决反对刘瑾，因而被下狱，几乎处死，后来得到了好友康海（1475—1540）的搭救。[①] 当李梦阳写到追随丈夫和未婚夫而死的烈妇烈女时，不由悲从中来，他把与刘瑾同流合污的官员与她们对照，写道：

> 儒生刘德举来言六烈女事，李子闻之泫然而涕出。刘生曰："夫子奚恸也？"李子曰："予盖伤为臣不忠云。"
>
> 於乎，死生亦大矣。往逆瑾之乱，予实丁焉。当是时，人士大都以赇行，问之，曰"救死尔"，又曰"死瑾无谓"。於乎，死生亦大矣。彼粉黛笄袆之人，乃顾若自烈邪？自"死瑾无谓"之说兴，于是赇者公言于朝，群议于巷，偶语于途，以逮至则问金多少为罪重轻，于是天下吏曰"考掠桎楛，咸金逋也"。下敛而上聚，公簿而显输，曰"姑救死耳"。夫为臣宜若是否

---

① 张廷玉 1974：7347。康海与女性自杀的关系，见柯丽德 2001。

邪？设靡赎，瑾能尽死之邪？於乎！死生之际难矣！彼粉黛
笄祎之人乃顾若是烈邪？予盖伤焉。[①]

六烈女中，第一位是个 18 岁的贞女。她的故事出现在几种明清
资料中：

> 祥符陈女年十八，天顺中(1457—1464)，字陈瑄，早卒，
> 女痛哭，将往死之，父母不许，往哭，父母又不许，则窃剪发，
> 属媒氏，置夫袖中，瑄母果以初庚帖裹发殉葬，寻父母逼女他
> 适，女不从，自缢死。[②]

在儒家道德哲学中，女性贞节从来就是被政治化的。"贞"
（女性的美德）与"忠"（男子的美德）彼此比照，如下面这句 1 世纪
的名言所揭示的那样："忠臣不事二君，贞女不更二夫。"[③]李梦阳
的沉痛感慨，有助于我们把"贞女/忠臣"的传统类比放在明代中
叶的历史环境中解读。如果我们考虑到李梦阳所信仰的儒家的
性别等级，他的惊骇伤心的缘由便一清二楚了。和男性相比，女
性是软弱的、被动的性别，然而贞女却能表现出高超的品格，足以
令男子无地自容。[④] 然而，令李梦阳伤心的也许并非年轻女子道
德成就超越男子这一点，而是男子操守的腐化堕落。吴道直
(1549 年进士)在写到为道德原则而献身的烈女时，也以充满感

---

① 李梦阳 1983：1262：529。顾清(1460—1528)也对抗刘瑾，并表达了类似的情绪。
在《吊董贞女赋》中，他嘲笑了那些"委身十君更四姓"的人，但很多人认为他们是
在"保民"，行"中庸"之道，而贞女却被批评是违背了"中庸"。顾清 1983：1261：
323。

② 查继佐 1985：28/4a。

③ 司马迁 1959：2457。

④ 值得注意的是，大量使用节妇作为忠贞的象征，这在更早时就出现了。柏文莉说
明，在南宋末年和元朝末年，精英的文字大力强调"女性对丈夫的忠贞，以作为男子
政治忠诚的榜样"。柏文莉 2002：548。

情的类似语调来做对比："烈如诸女，生长帷幨，未涉书史，卒能有

42　光姆训，无忝所生。"[1]在做出这种类比时，吴道直和怀有类似感慨的文人，也许有意夸大了女性缺乏教育这一点以强调自己的论点。有些贞女的确受过良好的文史教育。实际上，阅读经典大大促进了她们的精神与思想意识的发展。在此，文人们强调贞女缺乏教育，强调她们是女性，是为了突出下面这一点：作为弱者、无知者的女子使强者、号称饱学之士的男人无地自容。

　　如果说节妇从来都是道德的象征，那么这一古老象征在贞女的形象上得到了更有力的表达。贞女的道德比喻意义是这一时期男子关于贞女文字的突出主题。反宦官的东林党领袖顾宪成（1550—1612）和高攀龙（1562—1626），在写到邹贞女时两人的笔调如出一辙。邹贞女只有 12 岁，她把已故未婚夫的牌位放在卧室中，开始了守贞的一生。顾宪成、高攀龙都把他们的女主人公与那些有权有名却没有操守的人作对比。高攀龙写道，那些没骨气的人如同"局局辕驹，靡靡秋草"，他感叹"天地大矣，一女子何啻一微尘"，然而"一念之正"就能使她永远列名于世上最伟大人物的行列。[2] 顾宪成用历史上事两朝的两个名人，来说明自己的观点："子云之贤也嫁于新，平仲之贤也而嫁于元[3]，说者往往为之辞，予始且疑而且信焉，以为是或为一道也。今观邹贞女事，乃爽然有失矣。"[4]顾宪成用"嫁"一词是有特别含义的。这是一个双关语，暗用了"忠臣不事二主，烈女不更二夫"的名句。用了

---

① 《祥符县志》1739：12/47b - 48a。

② 高攀龙 1983：1292：705—706。

③ 子云是汉朝著名文人扬雄，他后来事了篡位者王莽建立的新朝。平仲是理学家许衡，他在蒙古人征服宋朝后事了元朝。

④ 顾宪成 1983：1292：163。

"嫁"一词,顾宪成把这两人置于再嫁女的低等行列。12 岁的贞女坚守了节操,而两个名人却丧失了操守。

不过李梦阳和顾宪成也许不需如此伤心,因为就朝臣的儒家道德成就而言,明朝并非平庸的年代,它留下的忠臣榜样比任何朝代都多,他们的忠烈气概也是前不见古人,后不见来者。明朝 43 忠臣的前驱是方孝孺(1357—1402),他在明初宁死不肯侍奉"非法的"永乐皇帝。① 在明朝余下的二百多年,虚弱而暴虐的朝廷为其他朝臣以引人注目的方式展示忠诚提供了最好的平台。

有两种制度变化为明朝暴力政治文化的产生提供了条件。其一是对官员用肉刑——"廷杖"的做法。儒家传统"刑不上大夫"。国家的精英免受肉刑,据说这是为了培养他们的羞耻感。"廷杖"制度是元朝的蒙古人首先引入的。具有讽刺意义的是,虽然明朝开国君主朱元璋以清除蒙古人的文化污染为己任,却沿袭了元朝廷杖的做法。明朝期间,尤其是宦官掌权时,无数朝官都尝到了廷杖的滋味,很多人都没能挺过这血腥的酷刑。其二是臭名昭著的锦衣卫和诏狱的设立。它们独立于官方的行政管理机关——刑部。它们最初建立是为促进皇帝个人的控制,后来实际上变成了掌权者剪除异己的恐怖机关。

史无前例的暴力背景,促成了明朝官员的极端戏剧化的政治道德实践,以及不惜以生命为代价来捍卫道德信念的激烈行为。真正的忠臣是不为酷刑甚至死亡所屈的。比如,刘魁和海瑞(1514—1585)在离家上朝递呈奏折时,就预见到了最坏的结果,备好了棺材准备杀身成仁。② 嘉靖朝既出了最腐败的宰相严嵩

———————————

① 见他在《明史》中的传。张廷玉 1974:4017—4020。
② 张廷玉 1974:5530,5930。

(1480—1567)，也造就了有明一朝勇气和正义的道德偶像——杨继盛(1516—1555)。杨继盛直言敢谏，反复上书，直陈政府的政策，批评奸臣的腐败。他因而被下狱、受刑、革职。他明知自己很难把强大的严嵩拉下马，但他坚信他的道德责任就是继续战斗，于是他再次上书，被廷杖一百（是最重的惩罚），最终被害[1]。清初的历史学家评论说：

> 赞曰：语有之，"君仁则臣直"。当世宗之代，何直臣多欤！重者显戮，次乃长系，最幸者得贬斥，未有苟全者。然主威愈震，而士气不衰，批鳞碎首者接踵而不可遏。观其蒙难时，处之泰然，足使顽懦知所兴起，斯百余年培养之效也。[2]

对这些历史学家来说，明朝是培养了真儒士的伟大道德力量的时代，而这种道德力量在嘉靖朝得到了最高展现。实际上，随着激烈政治斗争的继续，明朝还出了其他忠臣，如杨涟(1572—1625)、左光斗(1575—1625)。他们都是在与明朝最后一个大宦官魏忠贤(1568—1627)斗争时不屈而死的。

我们需要记住的一点是，这些政治事件并非孤立地出现在帝国的政治中心。它们广为传播，对塑造民众对正义、道德的观念起了重要作用。忠臣的故事在各地迅速传颂。关于杨继盛的一个故事说，在他受廷杖前，有人给他蚺蛇胆（据说是疗伤的良药），但杨继盛断然拒绝，说"椒山有胆，何蚺蛇为！"当他的伤口在狱中腐烂时，他把碗打碎，以瓷片为刀刮去腐肉，直到骨头暴露，他亲手截断垂挂的筋，其情景令"狱卒执灯颤欲坠，

---

① 见柏文莉对《杨继盛遗训》的介绍，收入曼素恩与程玉瑛 2001：119—21。
② 张廷玉 1974：5545。

(而)继盛意气自如"①。当杨涟被锦衣卫带到北京时，"士民数万人拥道攀号，所历村市悉焚香建醮，祈祝涟生还"。杨涟遭重刑，遍体鳞伤，后被打死。② 对很多人来说，这样的忠臣代表了儒家男子的"气节"。

女性的忠贞与男性的忠诚

如果我们把这些叙述与贞女故事放在一起阅读，很容易注意到二者间的联系。两类故事的关键特征都是惊人的勇气，在忠臣表现为承受大刑，在贞女表现为守节终身或自残自杀。真正伟大的男女是经由特别的肉体苦难考验出来的，他们经受的折磨越惨酷，他们的品行越显得高尚。如历史学家孟森(1868—1937)所指出的，"明之廷杖虽酷，然正人被杖，天下以为至荣，终身倾慕"③。

　　妇女作为烈女、节妇、孝女、贞女，是这一文化的积极参与者。这并不是说她们对自身的行为具有相同的认识。出自不同社会背景的妇女，很难说会对自己行为的意义达到同样的理解水平，但她们的行为显然围绕着一套核心价值而开展，而这些价值定义了光荣与耻辱、高贵与卑贱。她们通过自己的行为，又使这套价值观念得到了再生产和传播。在精英家庭中，政治斗争既涉及男子，也涉及女子。当一个直臣英勇赴难，他的母亲、妻子和其他女性亲属，被期待以同样的勇气和力量来行动。儒家士人促成了家庭中儒家妇女的产生，而儒家妇女又感召了儒家士人。在这样的

45

---

① 张廷玉 1974：5542。
② 同上书：6328—6329。
③ 孟森 1981：78。

境况下，"贞"不仅仅是作为妻子的美德，也可以是女性的一种政治美德。

在精英阶层中，有着强大道德信念的妻子和丈夫患难与共。杨继盛的妻子张贞就是一例。杨继盛在自己的《年谱》中说，张贞对当时的政治状况非常了解，杨继盛在履行公共职责时有赖她的帮助。① 有两篇文字据说出自张贞之手并保留至今。一篇是给世宗的《请代夫死疏》，是在杨继盛被判处死刑时所写。② 它既是对丈夫忠贞的表达，也是恳请皇帝刀下留人。张贞求皇帝体恤自己的感情，减轻对杨继盛的惩罚，"倘以罪重，必不可赦，愿即斩臣妾首，以代夫诛"③。

张贞的第二篇文字是献给杨继盛的哀歌。与传统的挽词不同，它表达的并非个人的悲痛，而是对杨继盛为之献身的政治美德的赞颂。它赞美杨继盛的勇气和自我牺牲，称他为"万古豪杰"，使奸臣"敛手"，让鬼神"号泣"。诗中把杨继盛与古代的政治忠诚典范相提并论，认为死亡也不会削弱他对君主的忠诚："渺渺孤魂，常依北阙。"他孤独的忠魂将在都城里君主的身旁游荡。④

---

① 比如，当杨因为第一次上书而被贬陕西狄道县时，张贞就用自己的嫁妆，为杨继盛买了 2 000 亩地，来维持县学学生的生计。杨继盛还说，在自己决定第二次上书弹劾严嵩时，张贞是一个关键的影响，尽管张贞认为在腐败的朝廷做官是不太明智的。她还说，当乱世之时，士应该退隐。见杨继盛 1983：1278：670，671。

② 这篇上书收在杨继盛的文集《杨忠愍集》中，有些人认为这其实是杨继盛的朋友王世贞为她所写。不论是否如此，都不能削弱张贞行动的意义。无论如何，是她"请代夫死"的行为（而不是文件本身），引起了儒家学者的极大推崇。比如，毛奇龄在为杨继盛文集撰的序中，两次评论了张贞的英勇。他说：读张氏的《请代夫死疏》，可知他们是何等夫妇！见杨继盛 1983：1278：615。值得注意的是，在附于杨继盛文集后的《请代夫死疏》一文中，张贞自称"臣"。"臣"一般是男子（尤其是为官的男子）对皇帝说话时的自称，指代着一种强力的、有性别差异的君臣关系。张贞直截了当地自称"臣"，是把自己作为男性子民来看待。杨继盛 1983：1278：629。

③ 同上书：629。

④ 同上书：651。

按照一些材料,杨继盛被处死后,张贞也随之自杀。①

明朝的一些贞女就出身在卷入政治斗争的精英家庭。比如,贞女徐贞娥是徐文彪的曾孙女,她的未婚夫是葛浩(1461—1552)的曾孙。徐文彪和葛浩在刘瑾当朝时"俱有大节"。在为徐贞娥做传时,陈有年赞美她"不辱"家风。② 徐贞娥自己没有留下任何文字,我们无法判断她的忠臣祖先在多大程度上激励了她的决定。但可以推测,精英家庭的女儿很可能把自己看成"道德败坏"时代的儒家原则的维护者。下面的例子进一步说明了这一点。

明朝有一则著名的贞女故事,赞美另一个以忠勇著称的朝臣章纶的母亲。当她的未婚夫得了不治之症时,她父母劝她另聘他人。她坚决不允,要求去见未婚夫。她刚来到未婚夫床前,他就一命呜呼。他的妾当时已经怀了章纶。章纶出生后,贞女嫁入未婚夫家,肩负起抚养孩子的责任。章纶没有令他的贞女母亲失望。他1439年中进士,成了朝中一名敢言的官员。有一次他想要上谏却心中犹豫,因为他知道此举会连累母亲。母亲说:"吾平日教汝何为? 汝能谏死职,吾虽为官婢无恨也。"③章纶上书后即刻被下诏狱。如果不是因为飞沙走石,天昏地暗,阻挠了廷杖,他很可能会被杖死。他被打了一百杖,但仍活了下来。④ 最后章纶的贞女母亲没有遭受到她预期的耻辱,相反,她的故事进入了教 47

---

① 见柏文莉所撰《杨继盛遗训》的序言,收入曼素恩与程玉瑛 2001:119—121。张贞是否真的殉死,这一点尚无定论。肯尼斯·哈蒙德(Kenneth Hammond)曾告诉我,当时的史料并未说她自杀了,这说明她很可能并未殉死。我们知道的是,杨继盛很担心她会在自己被处死后殉死,所以在最后一封信里叮嘱她千万不能自杀,并列举了很多理由来说服她。

② 黄宗羲 1983:1457:752。

③ 许浩 2000:168。类似的叙述见傅以渐 1983:719:450。这是帝制中国的一个典型做法:如果官员犯了重罪,会被抄家,家人没为官奴。

④ 张廷玉 1974:4411。

谕文学和通俗戏剧①，成了著名戏剧《商辂三元记》的蓝本，该剧在事件发生后不久就搬上了舞台。②

妇德与政治忠诚之间相互影响的最佳象征，当推顾炎武(1613—1682)的贞女母亲。她出身书香门第，据说年少时就一心实践古人的德行。③ 在未婚夫不幸死亡时，她才17岁。她几天不吃饭，然后父母才同意她去吊唁。十一年后，顾炎武出生(是她已故未婚夫的堂兄弟所生)。她把幼儿过继来，作为已故未婚夫的子嗣。④ 她极孝顺，曾私下里切掉了一个手指给婆婆做药。由于她的杰出德行，明朝廷授予她"贞孝"的称号。

顾炎武回忆说，嗣母喜欢读书，"尤好观《史记》《通鉴》及本朝政纪诸书，而于刘文成、方忠烈、于忠肃诸人事，自炎武十数岁即举以教"⑤。刘文成(刘基)、方忠烈(方孝孺)、于忠肃(于谦)都是明朝最受尊敬的大忠臣，其中方孝孺和于谦都死得很惨烈。

作为明朝的忠臣而死，是顾炎武的贞女母亲选择结束自己生命的方式。1645年，当清兵向常熟进军时(当时顾家在常熟避难)，她拒绝饮食，十五天后死去，终年60岁。她在遗嘱中命顾炎

---

① 章纶的贞女母亲的故事，载于《温州府志》《清史》和《名山藏》。郭英德1997：95—96。另一条目出现在《御定内则衍义》(傅以渐1983：719：450)，其中有一首诗据说是她写的，诗中有如下句子："谁云妾无夫？妾犹及见夫方殂。谁云妾无子？侧室生儿与夫似"。但按照《四库全书》编纂者的说法，这首诗是伪作，篡改了明初文人高启赞美某节妇的作品。见许浩2000：168；《钦定四库全书总目》：3：1025。高启原诗的题目是《张节妇词》。见高启1983：1230：136。

② 此剧的最早版本写于成化年间(1465—1487)。郭英德1997：95。

③ 按照顾炎武引用的当时人的叙述，在置办妆奁时，她请求父亲去除其中的奢侈物，说"儿慕古少君、孟光之为人"。顾炎武1976：171。少君和孟光是两位贤妻，常常出现在弘扬夫妻和谐、妻子美德的明清文学与教谕作品中。她们都嫁给了简朴的学者，当新婚丈夫不满其华丽服饰时，她们马上更换了适于体力劳动的粗布衣。

④ 顾炎武1976：172。顾炎武的亲生父亲和过继后的父亲是堂兄弟。二者间的谱系关系，见全祖望2000：1：236。

⑤ 顾炎武1976：172。

武终身不得之事情:"我虽妇人,身受国恩,与国俱亡,义也。汝无为异国臣子,无负世世国恩,无忘先祖遗训,则吾可以瞑目地下。"①顾炎武这样评论自己的母亲:"柏舟之节纪于诗,首阳之仁载于传②。合是二者为一人,有诸乎? 于古未之闻也,而吾母实蹈之。"③

这些例子都说明精英阶层的妇女并非隔绝于政事之外。相反,她们同样肩负道德责任,但是她们履行这种道德责任的方式有其独特处。明朝的政治气候和文化在男性女性中都激发了极端行为,这些行为最终将贞女的理念推广成为帝国范围的现象。 *48*

---

① 顾炎武 1976:172。据说她给顾炎武留下了一封信。见《香艳丛书》1991:6:99—100。

② 首阳山在现在的山西,据说是伯夷叔齐饿死的地方,顾炎武以之来指伯夷叔齐二人,他们是中国历史上最高道德操守的象征。伯夷叔齐是兄弟。当武王叛商,率军攻打商朝都城时,伯夷叔齐试图阻拦他。周灭商后,伯夷叔齐隐居首阳山,采薇而食,义不食周粟,以示反对武王反商之举,最终饿死。见司马迁 1959:2121—2129。

③ 顾炎武 1976:170。

第二章　聚焦于贞女：17 世纪

在明清史上，很少有像 17 世纪中叶的朝代更迭那样对中国的统治精英产生如此深刻的心理和情感冲击：明朝覆亡，都城陷落，皇帝殉国，异族征服。所有这些巨大变故从根本上影响了儒家精英的政治行为，也影响了他们看待和评判其他事件的眼光。"忠臣不事二主，贞女不事二夫。"对于有高度道德操守的男女来说，这个格言就是行动的号召。而为未婚夫殉死的贞女，比其他任何贞节烈女都更能代表此时的最高道德精神。

本章描述儒家精英关于贞女的撰著如何构成了他们的明清嬗变总体验的一个根本部分。如前所述，很长一段时期以来，贞女一直是儒家道德话语的重要内容。但是，17 世纪中叶的儒家精英找到了自身和这些年轻女性的独特的精神与情感联系。以自杀来实践道德责任的贞女给他们提供了最有力的象征对象：在贞女形象中，他们找到了自身情感的表达；通过描述和赞美贞女，他们重新确认自己的道德信念和政治选择。贞女的象征意义从未像这一时期那样深切地为儒家精英所利用，贞女行为也从未得到如此热情的膜拜礼赞。儒家精英大力宣扬和美化贞女，为贞女们在这个政治巨变的时代的辉煌展示创造了关键条件，也为此后贞女现象的持续发展奠定了重要基础。

赞美殉死

从各种迹象来看，17 世纪的历史状况把前文描述的明朝对极端行为的文化迷恋推到了顶峰。大半个 17 世纪为起义、入侵以及平叛战争吞噬，与之前之后的时期形成鲜明对比。1644 年，农民军一举攻破帝都北京，明朝覆亡。之后满人征服，在中国建立了最后一个帝制朝代清朝。但清朝用了四十年的军事活动，才清除了复明分子的残余，社会回归稳定和平。在这一时期很多的个人叙述中，死亡和毁灭是最常见的主题。① 但是，这动荡的几十年也是一个创造烈士的时代。很多儒家男女为保卫自己的政治尊严或个人尊严而英勇赴死。乱世给晚明以来对极端行为的迷恋添入了新因素，把人们对极端英勇行为的期待和迷恋推向了新高点。

在当时人们的行为中，几乎没有什么比为忠贞而自杀更能引起持久的公众关注了。无论男女，自杀殉死的行为急剧增加。按照陈确（1604—1677）的说法，子殉父、妻殉夫、友殉友的情况都很多，最极端的则是未婚女性殉未婚夫，以及男子殉那些甚至不是他们朋友的人。② 毛奇龄也指出，殉夫现象在他的时代即清初变得很常见。在毛奇龄的家乡绍兴府，明朝的 6 位贞女中没有任何人自杀。考虑到这一对比，就可以理解为什么毛奇龄为未婚女性殉夫案例的增多而困惑不解了。③

清初，贞女殉节造成了一个又一个轰动的社会新闻。1692

---

① 比如，见曾羽王的《乙酉笔记》，姚庭林的《历年录》，录于《清代日记汇抄》1982：3—168。曾羽王和姚庭林都生活在明末清初现在的上海地区。
② 陈确 1979：154。
③《绍兴府志》1792：1538—1542。

年,康氏的故事在北京流传,"荐绅士君子多歔欷,里巷感伤"。康
氏是小商人家的女儿,未婚夫死后,她仍然希望与未婚夫成婚,遭
到父兄的斥责,她因此自杀。她的故事据说被"好事者传之图讴,
歌其事,喧腾儿童女妇间"。叙事此事的方苞(1668—1749)继续
说,他还听说过他此前居住的金陵(南京)地区的另外两位贞女的
故事。使方苞惊叹的是,全部儒家六经中只记载了两位终身守节
的女性,而他的时代却造就了这么多的"奇女子"。① 当方苞正为
自己时代女性的道德成就而深感自豪时,类似的故事在位于北京
南边的彭城也造成了轰动。张贞(1637—1712)1693 年经过彭
城,评论了该地区一位张氏为未婚夫殉死引起的反应:"去烈女之
死仅逾百日,州人竞为予娓娓道其事,且言前此已有丁章、王三
槐、殷柏女皆以死殉夫。"②

　　年轻妇女殉节的传记常常充斥着关于自杀的戏剧化细节,进
一步激发了读者对新奇和刺激的胃口。用毛奇龄的话说,这类故
事常常被描绘得如同小说,"近世好异,比肩接踵,且愈出愈奇,而
未有已也"③。毛奇龄举了两个当时广为人知的例子。一个是著
名学者毛际可(1633—1708)的女儿。这位年轻寡妇三次试图自
杀:一次上吊,一次跳楼(两次都被救下),最后绝食而死。另一例
是戴氏,她经历了类似的上吊、吞金、绝食的考验,最后吞下掺了
金簪碎片的碎玻璃终于自杀成功。她的亲属在她坟旁建祠来纪
念她。④ 她的传记作者戴名世(1653—1713)感叹道:"何其死之

---

① 方苞 1968:文外集/196。《碑传集》的编纂者认为此文是郭琇所写。《碑传集》:
　　7085—7086。
②《碑传集》:7089—7090。
③ 毛奇龄 1968:1589—1591。
④ 当时包括黄宗羲在内的其他一些学者,也为这两位女子写过纪念性的传记。见《碑
　　传集》:7075,7078—7080;戴名世 1986:237—238。

苦也！然不如是之苦，无以见其烈妇之奇。"①

关于贞女的文字中戏剧化的细节很多，并不一定集中在自杀上，如王源(1648—1710)的下面一段文字所示：

> 富平彭亭立言其乡有王氏女，许字李氏，十八岁夫家遭大难，父子俱论斩。女闻之，号哭不食。行刑日，欲往生祭其夫，父不可，奋激欲自决，不得已，听之。女携酒食往。是狱也，斩者数人，凌迟者二三人，刑卒持刀夹立如堵墙，观者数千。女直入万众，寻见其夫，哭且拜。夫涕泣被面，女理其发，拭其面而饮食之。须臾，卒呼曰："刑矣"，叱女不退，曳之出，仆地下，女仓皇起，复仆，匍匐入，夫首已堕，尸横地，血射如注，成渠。女抱其首，卒夺去，乃抱尸，卒验首持，反复奋前夺其首，置尸上，缄线联合之，亲殓之棺中，始退，血淋漓遍体，望望然随其父归，观者莫不陨涕。归谓父曰："儿事毕矣，父无虑。他日儿可守可不守也"。父稍慰。夜闭户自经。②

王源并没有亲历此事，但他描述得如此生动，仿佛他就在看客中一般。我们可以想象，王源和告诉他此事的朋友彭亭立一定谈论过这段他后来写入传记的血腥细节。王源是颜李学派的严肃思想家③，但也无法抗拒以小说家笔法渲染道德故事的诱惑。④

另外有些作者更以一种前所未有的激进态度来描述年轻女

① 戴名世 1986：237—238。
② 王源 1985：502。
③ 颜李学派由颜元(1635—1704)和其学生李塨(1659—1733)所创，其特点是强调行动或实践，而非书本学习，强调静思在个人道德修养和改造世界中的作用。
④ 道德故事的戏剧化可以追溯到更早时期。见柏文莉 2003。按柯丽德的说法，在晚明的《烈女传》中可以看到，为了起到娱乐作用，道德故事发生了戏剧化。该书的插图一般集中在戏剧化场面，如年轻女性的自残。柯丽德 1991：127—128。

性殉死。他们不再满足于只是赞美殉死的年轻妇女，而是对殉死的行为加以公开鼓励。这两种态度之间的差别在于，抱前一种态度的作者尽管会赞扬殉节的女性，他们同时会对该女子的性命无法得救而表示同情甚至不安。比如，当明朝学者叶春及得知吴、姚两节妇的父母和亲戚眼看着她们自缢而不救时，他表示极大的不安，充满感情地评论说："父母于子，蟚其足则救，蟚其手则救，安有环视其死听之者。吴姚之自为可也，其父母亲戚非也。"①黄宗羲（1610—1695）描述的一个情节也说明像他那样的学者会很谨慎，不愿刺激女性自杀。有一次，黄宗羲与他的书院同仁探问了一位多次试图自杀的年轻寡妇以表示敬意。事过之后，这位女子再次跳进池塘，又被救起。黄宗羲担心他们的拜访可能刺激了她的自杀之举。焦虑之余，他给她公公写了封书札，希望转给该女子："贞之未尝劣于烈也。"②但是，当17岁的贞女宋典在1665年自杀时，法若真（1613—1696）却感慨万分地评论说："呜呼，女固烈矣。其父母能视女之怡然以就死也，亦贤矣哉。"③

眼看女儿自杀的父母被视为有德，而想挽救女儿性命的父母则遭到批评。年轻寡妇牛氏的情况就让王源感到失望。牛氏的丈夫在军中与叛乱者战斗而死。牛氏痛哭，绝食七天，想要自杀。但当父母跪在她的床前求她吃饭时，她的决心破碎了。王源曲折地批评她的父母不够贤明，如果他们让她实现了自杀的愿望，就

---

① 吴道镕 1973:254—255。两个例子都发生在福建。在福建某些地区，贞女烈妇在预先宣布的日子自杀，然后有牺牲的仪式，这已成"习俗"。见第四、第五章的讨论。
② 黄宗羲 1968:135。
③ 魏象枢 1996:576。但宋典父母的这种态度没有在其他地方出现过。所有的其他叙述（比如魏象枢、汪琬、朱彝尊的叙述）都表明她的父母很伤心。法若真大概为了自己的论点而夸大了事实。

"忠贞两全"了。①

对未婚女子自杀的最直截了当的支持来自屈大均(1630—1696)。他明确地说,对失去未婚夫的女子来说,死是比生更合适的道德选择:

> 且夫为妇与为女不同,妇可以无死,以节而终其夫家之事,女则可以无生,以烈而终其一身之事……烈女以死为恒,死贤于生矣。②

屈大均认为,女子生存的唯一目的是为夫家的父系利益服务。而失去未婚夫的女子没有这样的责任去履行,所以死应是她最终的道德选择。毫不掩饰地号召贞女自杀,说明一些儒家精英对殉节达到了如痴如狂的程度。

清初文人对贞女的赞美

54

文人对自杀的鼓吹和他们对贞女的大力赞美紧密相连。清初,有关贞女的撰著数量剧增。明朝只有少数文人对这一题目写过两篇以上的文字,而清初很多文人的文集中都会包含几篇有关贞女的作品。③ 许多作品是应邀而写,但也有的是不请自作。而且发出征文邀请的并不限于贞女的亲属,也包括与贞女非亲非故的显宦要人。还有一点也值得注意,这一时期还出现了专门的纪念性文集,聚集了跨地区的甚至全国性的作者,规模之大在过去

---

① 王源 1985:500。

② 屈大均 1996:《翁山文外》/366。

③ 这一结论主要根据我对文渊阁本《四库全书》中的明朝和清初文集的调查。清初作者中最多产的大概是毛奇龄,关于这一题目他写了九篇诗文,朱彝尊和王源都写了四篇。

是罕见的。[1]

为殉节的贞女举行的公开葬礼,成了把当地最有地位、有财力、有影响的人动员起来的场合。他们为此集资,将财富转化成了道德资本。比如,1664年,安徽灵璧的所有地方士大夫加上县令,都为贞女杨成的葬礼捐款。一位士大夫领袖为其墓地购置土地,亲身监督坟墓的修建,还有一位德高望重的文人写了墓志铭。[2] 1687年,在吴淑姬与未婚夫合葬的仪式上(吴淑姬的传记见本书导言的开头一段),参加葬礼的士庶都穿上白色丧服,招展的旗幡把道路都遮没了。来自全国各地的人写来了成百上千篇悼念文字。[3] 诚然,明朝就已出现了把葬礼作为节妇纪念活动的情况。但在清初,自杀(或试图自杀)的贞女占据了这类活动的中央舞台。从下面发生在17世纪五六十年代三个不同地点的例子中,就可看出这一点。

雪棠纪

第一个例子发生在河北保定府满城。范贞女的未婚夫死后,她想前去悼念,而她母亲不许。范贞女偷偷服毒,说"生许为田氏人,死当作田墓鬼"。她吐了两天的血之后被抬到田家。她请求婆婆让自己留下,与未婚夫同葬。[4] 说了这些话后她就咽了气,死时穿着新娘的服装。[5] 据说那天晚上,她家院中的海棠突然开

---

[1] 辑录专门的集子来纪念受到朝廷旌表的节妇,这种做法早在元朝和明朝就出现了。
    见柏文莉2002;费丝言1998:147。

[2] 吴德旋1985:19:271。

[3] 《清文汇》,2016。

[4] 孙奇逢1985:559。

[5] 申涵光的诗表明了这一点。见申涵光(年代不详):1/7a。

了花(在寒冷的华北春天海棠一般是不会开花的),而且所有花朵都是雪白色(哀悼的颜色)。①

此事发生在顺治朝(1644—1661)末年,将此事广为宣扬的是保定太守胡苍恒,而范贞女的伯父和未婚夫的父亲也都大力为她征求诗文。他们得到的回应很热烈,回应的人中包括北方最著名的学者:孙奇逢(1584—1675),魏象枢(1617—1687),魏一鳌(？—1692),刁包(1603—1669),丁耀亢(1599—1669)和申涵光(1619—1677)。② 当时的著名理学家孙奇逢为范氏撰写了墓志铭。各方文字很快辑成一书,名为《雪棠纪》。该书刊刻了两次,迅速流传。③ 颜李学派的创始人颜元(1635—1704)后来很遗憾地评论说,自己当时太年轻,"未能与其盛",多年后他才有机会写了篇赞文。④ 但颜元还记得他很小时就能背诵《雪棠纪》中的诗。其中一首是山东某进士所写,有下面的句子:"乾坤久不闻清语,巾帼何缘有大儒?"⑤

宋典事件

1665年,山西蔚州出了个贞女宋典。宋典是个17岁的农

---

① 孙奇逢1985:559。故事的细节在王士禛(1634—1711)的《池北偶谈》中以及完颜恽珠的《兰闺宝录》中也记载,但稍有不同。按照王士禛的说法,范贞女在听到噩耗后,马上在院中自缢,正在开放的鲜艳的海棠花突然变白。王士禛1982:571—572。在完颜恽珠的叙述中,范贞女的母亲先前已死,范贞女由姊姨抚养大,姊姨不许她去哀悼未婚夫。范贞女服毒前写了一诗,表达决心。完颜恽珠1831:4/43b—44a。

② 孙奇逢1985:559;徐世昌1985:2775。丁耀亢的诗,见丁耀亢1999:160—161。

③ 颜元1987:409—410,485。

④ 同上书:410。

⑤ 同上书:485。

女，在听说未婚夫死讯后，即刻用罗帕（是未婚夫的聘礼）自缢而死。此事很快传播开来，但如果不是因为身居要位的理学家魏象枢也来自蔚州，宋典的事很可能湮没无闻。

魏象枢大概是受到几年前围绕着范贞女的"盛举"的激励（他也为范贞女写了首诗），而把当地士大夫召集起来，请求政府表彰宋贞女①。1666 年，康熙亲手书写了"贞烈"二字以示旌扬，并下令给她家三十两银子，修一座纪念她的牌坊②。魏象枢在旌表申请得到批准后的第二年，为宋典组织了公祭（公奠），在公祭上，宋典的遗体被挖出，重新与未婚夫合葬。魏象枢为此事撰写了两篇文字：一篇祭文，在公祭上诵读；一篇铭，由他的妻舅李云华刻在石碑上（李云华也是富有的当地名人）③。

与此同时，魏象枢还联络远近学者，请他们撰写纪念宋典的诗文。他本人已写了两首诗，但要让宋典（也让他自己）在全国得到仰慕，征请著名文人贡献诗文是很要紧的④。在范贞女事件中，撰写者主要来自北方。但魏象枢的努力打破了这一地域界限。他作为直臣的名声和他曾在朝中担任的职位，大概都有助于他的请求。在回应魏象枢请求的著名学者中，朱彝尊（1629—1709）、汪琬（1624—1690）都来自南方的长江下游。汪琬写了篇传记，朱彝尊写了首长诗，它们很快都出现在屈大均辑的一篇文字中。⑤ 魏象枢将这些诗文收集刊印，题为《双烈记》。⑥

---

① 魏象枢 1996：698。
② 同上书：575。汪琬 1929：35/13a。
③ 魏象枢 1996：549,575。魏象枢被朝廷重新启用后，李云华每年给魏象枢三百两银子，帮助他支付在京城的费用，可见李云华的富裕。同上书：700。
④ 同上书：249。
⑤ 汪琬 1929：35/13a–14a；朱彝尊 1929：6/14a–b；屈大均 1996：《翁山文钞》/362 363。
⑥ 该书包括纪念宋典和一个自杀寡妇张氏的文字，张氏也来自魏象枢家乡，是宋典死后几个月自杀的。魏象枢1996：582,698。此书也被称为《蔚罗双烈记》。同上书：698。

王秀文传奇

1666 年，当宋典为未婚夫殉死一事引起的兴奋在北方尚未消退，又一位贞女王秀文的故事据说使长江下游的江苏嘉定人人感动流泪。这个故事属于另一类：王秀文几次试图自杀，但不是为了殉未婚夫，而是为了反抗母亲试图毁弃婚约。王秀文由伯父养大（伯父是个进士），8 岁与项准订婚，当时项准只有 9 岁。后来项家的家境败落，王秀文的母亲想毁掉婚约，把她嫁给有钱人。王秀文走投无路，吞下了金环试图自杀，但经过十一天的煎熬后 57 被救（见图 2.1）。在她伯父的儿子的帮助下，她终于嫁入已经破落了的项家，与丈夫同甘共苦。按照尤侗（1618—1704）的说法，这个故事也感动了当地文人，很多赞美的诗文因此问世，其中包括著名戏剧家洪升（1645—1704）的一首诗。① 洪升的那首诗很有名，一个文人后来评论说，那首诗比他的名剧《长生殿》还伟大。② 尤侗自己也写了首诗给项准，赞美王秀文的异行，并鼓励他努力向学，立身成名。③

朝代危机和贞女象征　　　　58

我们应该如何理解清初文人在纪念贞女活动中投入的巨大热情呢？的确，对于儒家士人来说，推广道德楷模（包括贞女）已是一种生活方式。不少清初作者仍然按照传统的语言修辞来赞

---

① 《碑传集》：6969；洪升 1992：212。

② 余金 1983：5/9b－10a。

③ 尤侗 2002：603。

图2.1　王贞女吞金(资料来源:《图画新闻》,收入《清代报刊图画集成》2001:7:144)

美贞女①,但清初文人并非只是在履行既定的道德责任。他们的
不同寻常的努力和激奋的声音透示出一种与以往不同的对贞女
的情感和其道德象征的理解。下文将证明,清初士人非同寻常的
激情与朝代更替以及他们在其中的经历有着千丝万缕的联系。
从根本上说,他们对贞女的关注是由他们在改朝换代的"民族伤

---

① 比如,这一时期的人们继续用贞女来批判社会堕落。理学家陆陇其(1630—1692)
就主要从儒家纲常的角度赞美贞女,他在这些年轻女性的行动中,看到了维护儒家
秩序的社会价值观的希望。陆陇其1983:1325:277。而朱彝尊则反映了把贞女视
为"从一而终"道德模范的传统看法。朱彝尊1929:53/10a-12a,58/9b-11a。

痛"中所处的位置决定的。另外，他们的声音也远非和谐一致。①

清廷征服，迫使儒家士人面对最困难的政治和道德选择。很多人毫不犹豫地以生命来维护道德操守。比如黄宗羲和陈确的导师、著名思想家刘宗周（1578—1645）在1645年南明覆灭时自杀。此前不久他就写过一篇关于两位女性的传记文章，其中一个是殉夫的节妇，一个是贞女。在那篇文章中，他谴责了那些"寡廉鲜耻"之人，"甘为钻穴踰垣之行而不顾，视贞女可以愧死矣！"②刘宗周以就义履行自己的道德哲学，他所赞美的两位年轻女性也许激励了他的行动。

像刘宗周这样忠贞的儒家士子的自杀，极大改变了知识群体的面貌，时代的灾难给一代文人留下了永恒的创痛。很多人没有选择殉明，而是以其他方式对改朝换代做出回应。其中有人参与复明的事业，有人完全放弃从政，以避免事清，还有的则在满族政 ⁵⁹ 府里寻求发展。不论采取何种立场，他们的选择在如何阐释贞女行为时留下了深刻印记，赞美这些年轻女性成了他们政治和精神体验的一部分。

不合作者

清初许多著名学者的撰述表明，贞女作为一种政治象征，在民族危机的时代被加入了新的意义。殉未婚夫的年轻女性不再仅仅代表让不义男子蒙羞的杰出女德（如明朝文人赞美的那样），

---

① 李惠仪在文章《英勇的转变：清初文学中的女性和民族创伤》中表明："对英勇女性的再现，包含了作者的辩护、痛惜、自我定义以及历史判断，与他对改朝换代创伤的记忆与反思都是分不开的。"李惠仪1999：364。
② 刘宗周1983：1294；496。

而是代表了终极的政治忠贞。这种政治忠贞是 17 世纪儒家士人最崇尚的道德精神。贞女的新象征建立在传统的节妇/忠臣的比照上：如果节妇如同尽忠于君主的臣子，那么贞女就代表着未臣事君主但仍为君主献身的人。这一特举为贞女形象添上了最荣耀的光环，使她的光辉掩盖了所有其他节妇。比如，孙奇逢（1584—1675）在范贞女传中说：

> 君于社稷，臣于君，子于父，妻于夫，分定于天，情根于性，其死也理之所不容紊，而义之所不容逃者也。至未觌夫面而为夫死，与未委质为臣而为君死者同科，则尤烈之烈矣！①

孙奇逢是当时号称"三大儒"之一的著名理学家，倡导通过日常行为进行自我修养。② 在赞扬范贞女，把她殉节的行为与忠诚的政治美德联系起来的写作中，孙奇逢微妙而有力地融入了自己的道德决心。孙奇逢没有自杀，但他的确保持了政治气节。面对清廷反复的征请甚至压力，他仍拒绝事清。孙的态度在和他有相同政治理念和立场的士人中具有代表性。孙奇逢的两个朋友刁包和申涵光（他们都为宋典贞女写过诗），也拒绝臣事满清政府。③

60　　　为贞女撰文，也是孙奇逢向明朝最后一代皇帝崇祯致敬的一种方式。在引用儒家人伦关系的传统说法时，孙奇逢添了一道明显的曲笔。"臣于君，子于父，妻于夫"的关系是传统的三纲说法的一部分，但孙奇逢又加上了"君于社稷"的关系。孙奇逢撰写此

①　孙奇逢 1985:559。汪琬和陈仪也表达了类似观点。汪琬 1929:35/13a；陈仪 1985:38。
②　另两个"大儒"是黄宗羲和李颙（1627—1705）。见谢国桢 1982:16。
③　关于刁包的反抗立场的讨论，见谢国桢 1982:16。关于申涵光，见申涵光（年代不详）66a－74b。

文时离明朝覆灭仅十年，崇祯帝在王朝覆灭前夕的殉国自尽，人们仍记忆犹新。孙奇逢把贞女比作没有为官但仍为君主而死的烈士，也间接表示了向从未在朝廷任职却选择与王朝同归于尽的忠贞士人的敬意。明朝覆亡时，这类事例不在少数。比如，程济并非明朝官员，却决定为南明自杀。陈仪（1670—1742）在为叶贞女写的传记中写道："程公之心，即贞女之心也。"①

类似的情感也贯穿在王源的著作中。王源写了四篇贞女传记。他出身在明朝的世袭将军家庭。当都城北京陷落时，他父亲年轻的妻子"率家人妇女十七口赴家园井中死"②。他父亲是锦衣卫指挥，从此穿上僧袍开始过流浪生活。有人指出，写作成了王源宣泄他对明朝悲剧覆亡以及自己家庭毁灭的强烈情感的唯一渠道。③ 他极尊敬有杰出品格的人，而无意在清廷为官。他曾参加科举并中了举人，但只是为了证明自己不乏此种能力而已。④ 王源最喜欢的题目是"高节独行"的人。⑤ 他写的传记作品的对象，多是明朝覆亡时自杀或隐居的男女。他的叙述常常很生动，显示了他对就义的极端崇敬。在一篇传记文章中，王源生动叙述了当叛军入京时，节妇晁氏如何带领全家人——四个儿子，一个特别小的女儿，三个儿媳（其中一个是刚过门一个月的新娘，还有一个已怀孕），一个女仆——集体自杀。⑥

王源把讲述这些英勇就义的女性的故事，当作自己的使命。

---

① 陈仪 1985：38。
② 当时王源尚未出生。王源的父亲在第二个妻子英勇自杀后，再婚娶了第三个妻子，即王源的母亲。王源 1985：553。
③ 同上书：475。
④ 见方苞写的王源传记。方苞 1968：174—75。
⑤ 王源 1985：502。
⑥ 同上书：500。

61 他歌颂女性英烈的另一面,是对懦夫和无耻之徒的极度鄙视。在周贞女传中王源问道,为什么近年来如此多的女性保持了忠贞,甚至为自己的丈夫或未婚夫而死?"岂廉耻灭绝,男子觍焉不复知有名节,物极必反,故钟于女子而远胜前代,若是乎?"王源的疑问让我们想起清初的"男从女不从"的历史:当新政府下令让汉人男子像满人一样留发,汉人妇女不许裹脚时,女性反抗不从,而男子却服从了。但王源心目中的这些无耻之徒究竟是谁? 他描述过这样一件事:在"烈皇殉国"十年后,某有名有势的人在湖上举办了一个豪华宴会,邀请了十郡的文人诗客参加。客人们为此事写了很多诗。① 一面是儒人雅客为求活命弃道德原则而不顾,另一面是年轻的未婚女子甘为信念而献身。

对清初很多汉人知识分子来说,满族的征服不只意味着改朝换代,而且意味着"夷狄"征服文明的华夏。清朝很多民族歧视性或侮辱性的政策(集中体现在命汉人男子效满族而留发),也加剧了清初士人对明亡的追思。周佳荣指出,满人征服激发了一种"汉人感",儒家知识分子通过实践儒家传统的核心道德,表达自己不同于"蛮夷"的华夏身份②。清初文人对推广贞女形象的不遗余力,与他们的民族身份感亦密切相关。贞女作为极端忠诚的象征,有助于文人阐扬汉人道德的优越性。

复明分子在行动

屈大均(1630—1696)是广东人,代表了为复明而行动的汉族

---

① 王源 1985:497。
② 周佳荣 1994:44—70。

知识分子。当明朝都城陷落时，他15岁。他发誓忠于命途多舛 62
的南明，一生大部分时间都在为复明的无望事业而奔走，并参加
了郑成功（1624—1662）试图收复南京的活动和吴三桂的反叛。
临死前，他命儿子在墓碑上刻了四个字："明之遗民。"①由于他的
反清立场，他的著作被清廷所禁②。屈大均力主明朝复辟。他对
贞女的推崇，与他的政治活动密切相连。

在反清复明无望后，屈大均专心撰著。在他撰写的书中，有
一部题为《四朝成仁录》，记录了为南明四朝而死的忠臣。他又从
全国收集了当时的贞女故事（包括宋典），辑入一篇题为《未嫁殉
夫烈女传》的文章。在该文结尾他写道：

> 吾为《四朝成仁录》，自烈皇帝以来，韦布之士，未仕而死
> 其君者，何多其人也！若女子之烈，自宋典至吴，凡十有一
> 人，吾取以为女宗焉。以视夫被执不污，触锋刃而死，抑又难
> 矣。自女以为吾未尝妇也，而不有其死夫；士以为吾未尝臣
> 也，而不有其死君。于是天下之为女为士，致有不可言
> 者矣。③

他的11位贞女的传记与《四朝成仁录》相辅相成。对于复辟无望
的屈大均来说，记录烈士烈女的历史是他尽自己未尽的责任的一
条途径。

除了辑录11位自杀烈女的传记外，屈大均还为另外4位贞
女写了单篇传记和文章，其中两位出自他本族④。他为自己族弟

---

① 屈大均1996：序/4。
② 同上书：序/10—12。
③ 同上书：《翁山文钞》/366。
④ 同上书：《翁山文外》/128,145,224—225；《翁山文钞》/362。

63 的女儿香姑写了一篇《柏舟说》，文中再次把贞女比作未曾为官但为主而死的士大夫。① 这篇文章进一步表明，屈大均心目中纯粹的士人是那种当国家灭亡时不为新主服务的人。他举的两个例子是伯夷和王蠋。伯夷在商朝被周推翻后，因拒食周粟而饿死。王蠋是齐国的直臣，为表示不与征服齐国的敌人合作而自缢。屈大均显然把自己看成同类的人，尽管他没有像他所赞美的烈士烈女那样自杀。

　　屈大均用贞女来推广自己反清复明的思想也出现在其他语境中。明朝覆亡后，有些人为拒绝事清而出家。屈大均自己就曾几次进出佛门，但他对汪贞女的评论表明了他对出家这一选择的矛盾心理。据说，在汪贞女的未婚夫死后，人们提出她可以出家为尼，但汪贞女说如果出了家，她就不再是公婆的儿媳，不再是死去未婚夫的妻子了。所以，她没有听从这个建议。屈大均评论说："嗟夫，贞妇与忠臣同一道哉！贞妇不可以为尼，犹忠臣不可以为僧。然而僧其外而儒其中，若雪庵之流可也。必为僧，则君不得以为臣矣。乌乎忠！"②屈大均大概对逃避忠君责任的"僧"不太满意。至于他自己，当然他即使穿上僧袍也仍是儒士。但屈大均最终回归俗世，大概表明了他的矛盾心态，甚至也许说明他缺乏一以贯之的决心。过僧人生活毕竟不容易，而自杀更难。然而贞女却摈弃世俗享受，为信念而决然献身，没有犹豫也不留退路。也许，屈大均觉得她们如此令人敬慕，是出于愧疚心理，愧疚自己没能为道德而就义？

————————

① 屈大均 1996：《翁山文外》/128。
② 同上书：《翁山文钞》/362。

清初文人除了为贞女立传和写文章外，还以其他方式表达自己的情感。有的以其他文学体裁创造贞女形象。根据徐朔方和李惠仪（Wai-Yee Li）的研究，孟称舜（1599—1684）创作的戏剧《张玉娘闺房三清鹦鹉墓贞文记》，体现了作者深刻的亡明之思。[①] 故事的原型据说发生在宋朝。张玉娘是浙江松阳的才女，与表哥订婚。未婚夫死后她拒绝嫁人，不久也死去。[②] 孟称舜有意把这一故事放在宋元过渡时期：宋元递变类似于明清更替，都是"夷狄"征服了文明的中国。孟称舜还创造了王将军这个人物，他在与元朝官兵战斗后英勇自杀。在剧中，玉娘得知王将军的死讯后说，"丈夫则以忠勇自期，妇人则以贞节自许，我今不敢远望古人，但得效王将军足矣"[③]。

孟称舜来自会稽（绍兴府会所在地）的士绅家庭。在晚明时期，会稽是长江下游的文化中心之一。孟称舜是当地文人圈的活跃人物，是改革派的复社和枫社的成员，也是祁彪佳（1602—1644）的朋友（祁彪佳为晚明文人界领袖，清军入会稽时自沉而死）。虽然孟称舜没有选择屈大均或祁彪佳那样的政治道路，但在创作交织政治忠诚与妻子忠贞的贞女故事时，《贞文记》成了他委婉表露思明情感的独特媒介。

① 李惠仪 1999：424—428。
② 根据孟称舜和 1926 年版的《松阳县志》，关于这个故事的最早记录出现在隆庆（1567—1572）年间的县志。《松阳县志》1654：8/142；《松阳县志》1926：163。关于张玉娘故事的完整叙述以及她的一些诗作，见伊维德和管佩达 2004：257—269。
③ 孟称舜：2/4。序中说，孟称舜此剧写于 1643 年，也就是明朝灭亡前的一年。但徐朔方指出，该剧实际写在 1656 年或之后。由于剧中暗示了对汉人帝国灭亡的痛苦与悲哀，孟称舜有意修改了年代，使剧本不致引起清政府的怀疑。徐朔方的判断是令人信服的。

效忠清廷

明朝的悲剧性覆亡并未让所有人都悲痛欲绝或追思不断。魏象枢(1617—1687)的经历说明,虽然当时很多文人拒绝与满清合作,但并没有阻挠其他文人寻求在新政府中施展其政治抱负。魏象枢是理学家,热衷献身政事。他在 1642 年通过省里的科举考试,那是明朝科举的绝响。四年后,满清政府举办第一次科举,29 岁的魏象枢中了进士,成为翰林,后升为尚书。顺治末年,由于受陈名夏(1601—1654)案牵连,魏象枢的仕途受挫。① 但后来他重新获得了继任的康熙皇帝的信任,历任言官、左都御史、户部侍郎。魏象枢 68 岁退休时,康熙赠他一首诗和一块亲笔题字的匾额,以表彰他的杰出贡献。②

的确,魏象枢就是满人政府依靠的那种汉人官僚。他热衷仕途,处事干练,尤以敢言著称③。《清史稿》的作者评价说,魏象枢"廉直謇謇,能规切用事大臣,尤言人所难言"④。他的文集很能证明这个评价。文集中包括八十多篇疏,很多是揭露政府弊病,或者为新朝提出政策建议。但魏象枢的忠诚不能仅仅用政治热情来解释,毕竟,他怀有建立理学的有序社会的抱负。他从早年起就"欲综名教为己任",在任职于清政府期间,他为自己的理想作出了不懈努力。⑤ 颜李学派严刻的道学家李塨(1659—1733)

---

① 其他有关文献,见"顺治宫廷",魏斐德(Wakeman)1985:894—987。

② 魏象枢 1996:723。

③ 见温汝适与董诰的序,魏象枢:3,5。

④ 赵尔巽 1960:1072。

⑤ 魏象枢 1996:5。

评论说,清初几十年,在举荐著名理学家入仕这方面,魏象枢是最有影响的官员。[1] 像其他理学家一样,魏象枢也希望通过有德女性的道德楷模,使腐败的社会风俗得以净化。在为宋典写的祭文中,他说,"为臣死忠,为子死孝,为妇死节,皆人伦之大,风华之美也……若夫娟娟弱息,伉俪未谐,方在纳采之年,遂引于归之义如宋女者,尤奇中之奇,古今所不多见者也"[2]。

为了更全面理解魏象枢的努力,我们应进一步将其放在清初政治史的语境中。当宋典事件正在展开时,清朝刚刚建立二十几年,新政府仍努力把全帝国置于自己的掌控之中。反满情绪强烈,叛乱频繁,朝代更替的动荡毁掉或破坏了地方政治结构。魏象枢和他的同仁怀着很大紧迫感,力图恢复地方法律和秩序。鼓吹宋典这样的楷模,不仅能给当地民众树立道德榜样,也有助于新政府将地方重新团结起来。公祭、写赞美的诗文这一类活动,有助于确认地方精英在社区中的领袖地位。

就魏象枢而言,担当领袖角色的压力可能是很大的。当魏象枢组织纪念宋典的活动时(他为此投入了大约两年时间),他的政治生涯正处于低谷。他不在朝中,前途未卜。[3] 对于像魏象枢这样热心从政的人而言,这种处境可能更不好受。在地方道德活动中扮演领袖角色,不仅可以重新确认他在地方上的地位,也可表明他对新政权和新登基皇帝的不变忠诚。

魏象枢通过参与贞女事件来促进自己的地位,其时机是很理想的。1666 年五月,也就是宋典自杀后的一年,康熙皇帝第一次

---

[1] 李墡 2002:7。

[2] 魏象枢 1996:549。

[3] 在陈名夏案后的政治挫折后,魏象枢于 1656 年退回家乡照顾生病的母亲。1672 年他被举荐在北京任职,那是他为宋贞女组织公祭之后。

下诏表彰安徽的贞女胡嘉芝。康熙特别赞扬她的道德成就："胡氏合卺未成，一闻夫死，几欲自尽，径往夫家成服立嗣，不食数日而死。与已娶死节妇人不同，著地方官建坊旌表。"[1]清朝时期，关于旌表的诏书和消息都马上刊在政府邸抄或邸报中[2]，因此魏象枢可能看到了该诏书。无论如何，六个月后，魏象枢起草的请求表彰宋典的上书递到了康熙手里，康熙马上应允。宋典是康熙朝第二个获得朝廷旌表的贞女。

具有反讽意味的是，魏象枢的热情同时可能也令他尴尬。魏象枢写的祭文用类似当时其他人的语言称赞宋典，说宋典代表了最高形式的忠贞。但贞女的忠贞与魏象枢自己的事清选择形成了鲜明对照。宋典为忠贞殉夫，而魏象枢在明朝中举，转而献忠于异族君主。魏象枢作为公共道德的大力鼓吹者，似乎力图把贞女案例化为己用，用贞女事件掩饰自己的污点，在自己身上投射道德守护人的形象。当时，为新朝服务并仕途坦荡的不只魏象枢一人。实际上，与魏象枢同时的很多地方官和朝官都曾为明朝皇帝服务过，他们占据着府尹或县令之职，构成清初地方行政机构的主体。

清初文人表彰贞女的激情来源于对明清嬗变政治危机的深重感受，其长远的影响从本书下文的描述中就可以看出来。贞女现象本来是可能被抑制的，但是，清初文人的顶礼膜拜为它的发展注入了力量，并为后人评价贞女确立了道德标准。诚然，贞女现象此后赖以发展的政治与文化气候与清初很不同，但本章提及的很多文人儒士在清朝余下的时期里享有盛誉，他们的著作成为整个清朝文化传统的重要部分，对造就后人的思想观念起了重要作用。

---

① 《实录》(康熙)：275。
② 比如，贞女宋典在十一月获旌表，消息就出现在下个月的政府邸报上。汪琬1929：35/13b - 14a。

第三章　表彰贞女的国家和社会网络：
18—19 世纪

　　具有反讽意味的是，明清嬗递之际，贞女作为清廷征服后忠贞的政治象征而得到汉族精英的高度赞美，但贞女现象却是在清朝廷的支持下在帝国范围内稳步扩展的。有清一朝，贞女的数量逐时递增。很多以前不曾提过贞女的地区，开始在其地方志中出现贞女的记录。到 19 世纪末 20 世纪初，贞女现象在一些州县已经相当普遍，以至于地方志将其作为一种"风俗"来对待。① 值得注意的重要一点是，也是在同一时期，关于贞女行为的意识形态合法性的争论也愈演愈烈（见第七章），但一些学者的严厉批评并未阻止贞女现象的发展。

　　若无各种政治和社会机制的积极作用，贞女现象在清代的继续发展便没有可能。本章第一部分说明，清廷对贞女的政策是在国家旌表制度扩大化的大语境中出台的，是清帝国在应对自身迅速扩张的新局面时，规范社会行为和性别关系的国家策略的一部分。同时，这一政策也受到清作为征服者和异族的不自在的地位

----

① 这类叙述大多出现在地方志的"礼俗"部分。贞女做法的名目不同，但"抱牌做亲""抱主成婚""望门寡"似乎是各地通用的称呼。比如，见《罗店镇志》(1889)，《崇明县志》(1930)，《诸暨县志》(1910)；丁世良与赵放 1995：75，84，829—830；周振鹤 1989：22。

的影响①,而这种不自在的地位造成了清廷的贞女政策的前后不一,但从根本上说它助长了贞女现象的发展。本章第二部分探讨表彰贞女的各种社会网络。这些网络与中央政府联手将贞女置于社会公众的关注之下。形形色色的社会和私人关系,再加上由带有各种目的和感情的地方官员、地方精英、家族家庭推出的关于贞女诗文的求请应酬、建祠修墓、兴立牌坊等种种活动,共同创造了一个推广贞女现象的巨大地方机制。

69

不难理解,到了清政权稳固的 18 和 19 世纪,贞女作为异族征服之下政治忠诚的最高象征的光环逐渐消退,文人学者对贞女的记述更多融入了个人的情感和同情的色调。同时,随着未婚守贞潮流的蔓衍,贞女越来越普遍地出现在知识家庭以及他们的穷困邻里中。生于贫困之家的贞女因缺乏财力和影响力,常常被朝廷的旌表制度所忽略。将这些默默无闻的贞女彰显于世,被许多文人学者视为迫切的责任。

旌表和满族的民族身份

尽管满族被汉人视为华夏圈外的"夷狄",但全盛时期的清廷大力推行儒家治理。② 清朝政府"直接干涉普通人的道德和物质生活",导致曼素恩所称的"家庭道德主义"(familistic moralism)

---

① 一些著作探讨了清朝控制社会和性别行为的政策。见曼素恩 1997;苏成捷 2000;戴真兰 2001,2004。

② 历史学家一般把 1683 年平定三藩叛乱,看作清朝鼎盛时期的开始。一些学者认为这一时期延续到乾隆朝结束(1795 年),另一些学者则认为其延续到 1839 年(鸦片战争爆发前一年)。见何炳棣(Ho Ping-ti)1967;魏斐德 1970;曼素恩 1997:20。

话语的兴起。① 虽然清廷在 17 世纪末 18 世纪初政权巩固之后
才推广汉人的旌表制度，但早在 1644 年清朝建立时，就已意识到
了旌表的作用。清廷于 1644 年入京之初，即依前明惯例下诏，命
有司"细加谘访""详核奏闻"应当加以"建坊旌表"的"孝子顺孙，
义夫节妇"。② 六年后宣布了第一批表彰，1653 年宣布了第二批，
其中包括 7 位贞女。《实录》的记载表明，就被表彰的人数而言，
此后的清廷各朝逐步将旌表制度发展到了惊人的规模。1644—
1850 年间，大约 217 336 人因堪为楷模的道德行为而获朝廷表
彰。③ 获旌表者中，性别的失衡昭然若揭。在所有获得表彰的人
中，男子 2 552 人，女性 214 784 人，而女性主要是在"节""烈"的
类别下受到表彰的。④

　　清朝廷为何如此热衷于表彰节烈妇女？历史学家指出，满人
的民族身份是答案中的一个关键因素。比如，曼素恩认为，旌表 *70*
是把清朝的王命合法化的一种手段。通过"将汉族文化规范加以
系统化和强化"，满人便"可以宣称他们代表了汉族本土的道德和
社会体系，或代表了恢复这一体系的力量"⑤。欧立德（Mark
Elliott）对满族节妇的研究，从不同角度进一步表明了朝廷政策
与满人民族身份的关系。欧立德认为，表彰满族节妇可能是清朝
的一种方法，来确立"满人和汉人之间的民族对等和平等，推广满
人皇帝是全天下统治者的思想"。但与汉人妇女的自杀殉节不

---

① 曼素恩 1997：19—23。同晚明相比，清政府对于社会问题变得保守，加强了对意识
　　形态和性取向（sexuality）的控制。晚明对"情"的崇拜（弘扬人类情感和爱）和妓女
　　文化被压制。妇女的宗教活动（如朝圣或去寺庙）被看成出格之举，受到限制。
②《实录》（顺治）：65—66，109。
③ 这个数字不包括因长寿以及五代或更多代同堂而表彰者。
④ 其中很少一些是因为"孝""义"而受表彰。
⑤ 曼素恩 1987：49。

同,满人寡妇殉死"是截然不同的阿尔泰传统的一部分"。他认为,朝廷力图用儒家思想重新阐释寡妇自杀的做法,旨在"掩盖"其"蛮夷历史"①。

对自身民族身份的考虑在清朝制定旌表政策中至关重要。清廷既要维护自己的民族身份,又要获取(以儒家标准衡量的)更高的文化地位,显示统治天下的仁政形象。朝廷在这两者之间力图保持平衡。有清一朝,旌表制度把满人及其从属(蒙古人、八旗汉人),与汉人泾渭分明地区别开来。② 清初的几十年,对八旗的请旌一般在年末汇总处理,而对汉人的旌表申请则于年中随时处理。1696 年,康熙皇帝下令汉人旌表也汇总于年末处理,因而结束了上述程序上的差别,但满、汉仍然分开旌表。③

如果我们把获旌表者按民族划分,那么最大的受益者是满族妇女。在顺治和康熙朝,朝廷向 5287 名节妇颁发了旌表,其中2 417 名是满族人(46％),1 862 名是汉族人(35％),1 008 名是蒙古族和汉军(19％)。④ 考虑到汉族和八旗(包括满人、蒙古人和汉军)的人口比例大约是 100∶1,而满族人只占八旗人口约 1/3,不难看出,朝廷的旌表是大大偏向满人的。⑤ 显然,朝廷急于表

---

① 欧立德 1999：38—54。

② 清廷把人口分成两大类：直隶各省(基本是汉人),八旗(包括三个民族：满洲、蒙古、汉军)。

③《实录》(康熙)：2302。

④ 这些数字来自顺治和康熙朝的实录。顺治到乾隆朝的《八旗通志》和《钦定八旗通志》中的数字也证实了此结论,后二书中的满族节妇一直在旌表中遥遥领先。欧立德 1999：42—43。

⑤ 此人口比例是按照乾隆朝的数字。见丁耀亢 199：137,注 2。根据欧立德的研究,满人占全部八旗人口的约三分之一,汉军则是二分之一。欧立德 1999：45。考虑到这一比例,给满族妇女的奖励,完全不能解释为满族人中的节妇比率更高。实际是,大量有资格获旌表的汉人妇女没有得到旌表。比如,在道光初年,仅江苏南部的吴泾—阳湖地区,地方精英和地方官就重新发现了 3 018 位有资格却未获旌表的前代妇女。陶澍 1998：339—341。

明，虽然非华夏出身，被汉人视为"夷狄"，满族妇女的道德成就领先于其他所有各族妇女①。旌表成了满族朝廷美化自己形象的便利工具。

禁殉政策及其妥协 *71*

清廷关于殉节的旌表政策，再次显示对自身民族身份的考虑在其制定国策中的重要性。康熙、雍正两朝，朝廷屡次下诏，禁止或限制对"殉夫"者的旌表。这些诏令似乎已开始扭转"殉夫"的潮流。地方志中的清初统计数据表明，"殉夫"数量在好几个省份都有所减少。② 但该政策的施行前后并不一贯，禁殉的诏令常因皇帝的"金口"而变成一张废纸。乾隆朝以来，禁殉之令基本成为一纸空文。直至清朝消亡，清廷从未停止表彰殉夫女子。下面的讨论说明，禁殉政策的失败，部分原因是朝廷不愿断然拒绝表彰贞女，尤其当她们是满洲贞女时。

据《实录》，康熙二十七年（1688）之前，朝廷已颁布了几道诏令禁止殉夫的做法。③ 现存第一通诏书是 1688 年的。康熙在诏书中说：

> 人命至重大，而死丧者恻然之事也。夫修短寿夭当听其

---

① 欧立德得出了类似结论。欧立德 1999：39。朝廷也在八旗男子中（尤其是满人中）搜罗儒家楷模。八旗中缺少"孝子"，这似乎很令朝廷忧虑。康熙曾对近臣说，"节妇应加旌表，孝子尤宜褒奖。八旗岂无孝子？"《实录》（康熙）：2570，3309。并见《钦定大清会典事例》：10413。在八旗中（尤其是满人中）寻找孝子的徒劳之举，在乾隆朝停止了，乾隆上谕，"满洲旧习质朴，孝义之行俱系分内之事。嗣后停止咨查。"《钦定大清会典事例》：10421。

② 曼素恩 1993。曼素恩调查的地区包括江南、浙江、广东、福建。曼素恩发现，禁止殉夫的法令在江南和浙江最有效，然后是广东，在福建最不成功。

③《实录》（康熙）：1820。

> 自然,何为自殒其身耶? 不宁惟是,轻生从死,反常之事也。
> 若更从而旌异之,则死亡者益众矣,其何益焉! 此后夫死而
> 殉者,当已其旌表。王以下至于细民,妇人从死之事,当永永
> 严禁之。①

康熙继续说,如果寡妇有必死之心,她应向地方官报告自己的意愿,地方官向礼部汇报,最后向康熙皇帝本人汇报,然后在所有朝廷高官参加的会议上,讨论并决定是否批准她的请求。这种要求寡妇通过漫长复杂的程序获得朝廷允准的政策,很可能是阻挠殉夫的一种策略,而其有效性则很可疑。② 但是,朝廷在短时间内确实实践了停止旌表殉夫者的承诺。此政策启动后的二十年内,朝廷没有表彰一个殉夫的节妇。

72　　清廷的禁殉政策也可以视为一种政治策略。清初,不少汉人学者鼓吹自杀,以之表达眷念旧明、反对夷清的情绪。因此,朝廷的禁殉令可以用来打击那种情绪。而从康熙个人而言,康熙对自杀的反感见诸很多资料(这一点可能对康熙帝的"仁皇帝"形象的构建不无帮助)。他反复禁止满族人殉的习俗。③ 1684年康熙登泰山,有侍臣请他去看"舍身崖"(孝子们从那里跳崖,向泰山神还愿,愿以生命交换垂死父母的生命)④,康熙当即拒绝,指出这类行为不是孝,"晓谕严禁,使百姓不为习俗

---

① 《实录》(康熙):1820。
② 同上书,1820—1821。诗人刘榛指出,激于义的妇女如果要自杀,不会"身诣宫廷哆然宣扬其故",然后等待政府官员经过漫长的程序批准。换言之,她会干脆自杀。见刘榛写的徐贞女传,《碑传集》:7206—7207。
③ 见《实录》(康熙):1450 中的上谕。
④ 关于舍身崖有这样一个传说。一个 10 岁男孩向泰山山神发誓,要以性命换取生病母亲的性命。母亲病愈后,他到这个悬崖来还愿。神奇的是,云把他托起来,使他安全落地。余金 1983:6/16a。

所误"。①

把殉夫妇女排除在旌表之外的政策不久便松弛。从 1712
年到 1722 年康熙去世,康熙授予 19 位殉节妇女旌表的荣誉,
其中 13 位是贞女,而 13 位中两位是满人。② 如果我们把这 19
个背离 1688 年禁殉令的受旌者按时间顺序加以排列,就会看
出其模式。第一个在 1712 年被表彰的是田贞女,满族。据说,
当未婚夫病死时,田贞女来到夫家守节。她守丧三年,伺候婆
婆,丧期结束即自缢③。次年,朝廷表彰了一个殉死的汉族贞
女。④ 在连续表彰了 6 位殉死的贞女后,朝廷开始表彰殉夫的
节妇。值得注意的是,被表彰的 6 位节妇中第一位瓜尔佳氏又
是满人。⑤

简言之,贞女殉夫和节妇殉夫这两类中,满族妇女都比汉人
妇女更早得到表彰。贞女田氏大概是第一个未婚殉夫的满人。
笔者的推断是,当这样的"德行"在满人中还比较少见时,清廷愿
意违背自己禁殉的政策,以使满族妇女的异行得到公开表彰。一
旦有此先例,清廷不得不表彰达到同一水准的汉人妇女,从而使
朝廷放松了对"殉"的禁令。

康熙以后诸帝皆不遵循禁殉的政策。雍正皇帝在位期间虽 ⁷³
然颁布了两道诏书,重申其父康熙禁殉的官方政策,但雍正常常
表彰殉夫女子。在第一次颁布禁殉的诏书前,他已经表彰了 50

---

① 《实录》(康熙):1564。
② 同上书:3350,3411,3457,3470,3481,3544,3545,3635,3664,3783,3853,3858,
  3947,3948,3964,3966。
③ 同上书:3350。又见《八旗通志》1968:14191。
④ 《实录》(康熙):3411。
⑤ 据说她决心殉夫,亲属劝阻她,她找了个借口在厕中自缢。《实录》(康熙):3635。

位殉夫女子，其中 21 位是贞女。也就是说，雍正在六年中表彰的殉夫妇女数量，约等于康熙六十一年在位期间表彰的总数。雍正对"禁殉"缺乏诚意，在他的两道诏书中都留下了痕迹。第一通诏书颁于雍正六年（1728 年）三月，诏书结尾处命地方政府教育人们遵循做孝子节妇的正确道路。雍正写道，"傥训谕之后，仍有不爱躯命、蹈于危亡者，朕亦不概加旌表，以成间阎激烈之风，长愚民轻生之习也"。① 然而仅仅一个月后，他就表彰了两位自缢殉夫的节妇。② 他的第二通诏书颁布于 1735 年，批评了未把前一通诏书传达给百姓的地方官，他认为这直接导致了殉夫者增加。他再次强调朝廷的立场，"仍有不顾躯命、轻生从死者，不必概予旌表"。③ 两通诏书都没有斩钉截铁地说，朝廷完全不再表彰殉夫者。实际上，从下第一道诏书到 1735 年雍正去世，雍正旌奖了 95 位殉夫妇女，其中包括 36 位贞女。④

乾隆继位后，朝廷的禁殉措施最终失败。乾隆一朝，"夫亡殉节"成了年终定期处理的旌表的常规类项。⑤ 也就是说，朝廷不再把妇女殉夫作为特别情况，在年中一例一例地即时处理。而且，自杀的贞女一般不再与殉夫的烈妇分开来表彰，而是归属在"夫亡殉节"门类下表彰。这说明，就朝廷而言，两者已无区分的必要。⑥ 在乾隆朝，共有 884 名殉夫节妇和贞女得到表彰，其中

---

① 《实录》（雍正）：1043—1045。
② 同上书：1060。
③ 同上书：2125。
④ 数字根据雍正《实录》。
⑤ 比如，见《实录》（乾隆）：683，1019，360，1661，2006，2341。
⑥ 但分类并不前后一致。表彰自杀贞女的旌表中偶尔也会用"未婚殉节"的字样，但总的来说，"夫亡殉节"可通用于节妇和贞女。比如，见《实录》（乾隆）：3051，5703，21763；《实录》（嘉庆）：19；《实录》（道光）：4952，5468。

43 位是满人。① 乾隆皇帝的后继者继续这一做法，殉夫妇女数量持续增长。比如，在嘉庆和道光（1796—1850）年间，朝廷表彰了2 379 位殉夫或殉未婚夫的女性。②

对贞女的旌表

74

在康熙、雍正两朝，对活着守贞的贞女的旌表政策也前后不一。有证据显示，康熙和雍正都曾下诏将这类贞女排除在旌表之外，但《实录》的记载表明，和其后各朝的情况一样，他们实际上仍在旌表这部分贞女。③

贞女通常在下列条目下获得表彰："烈女"，"未婚殉节"，"贞女"，"未婚守志"。其获旌标准与节妇类似：年至五十仍未婚守贞，就有资格获得旌表；若获得旌表，朝廷赐给其家白银三十两，为她立一座石牌坊（见图 3.1 和图 3.2）。这一标准执行起来也

---

① 我的数字是根据乾隆和道光朝的《实录》。欧立德研究了满族节妇后认为，朝廷给予殉夫的八旗妇女的奖励，从康熙朝到雍正朝锐减，在乾隆年间，没有给八旗妇女颁发一次奖励。欧立德的数据来自《八旗通志》《钦定八旗通志》的"烈女"部分。欧立德 1999：41，故事 2.1。但该数据中有一个重要空白。《八旗通志》只包括乾隆朝之前的时期。《钦定八旗通志》提供了乾隆朝的数字，但没有给每位女性写小传，也没有把殉夫女性与未殉夫的区别开来。所以，它无法提供乾隆朝是否表彰了殉夫女性的信息。见《八旗通志》1968：卷 239—250；《钦定八旗通志》1968：卷二四一至二六九。

② 比如，见《实录》（嘉庆）：133，263，362，1488，1748，1977；《实录》（道光）：1155，1417，1685，2069，7866，8032。

③ 还不清楚此政策是何时发布的，因为我无法找到最初的上谕和其他朝廷文件。朱轼的文章表明，这一政策在雍正朝就已生效。见朱轼 1871：2/31a，33。但它也许是在更早的康熙朝出现的。根据完颜恽珠的记载，诗人何志璇宣布要为死去的未婚夫守节，她兄弟竭力阻挠，说她的德行不会得到认可，因为朝廷不表彰贞女。完颜恽珠：《国朝闺秀正始集》：4/13b。书中的叙述没有给出对话发生的年代，但乾隆元年编纂的《江南通志》中有个类似的条目，说何志璇 28 岁死。这就是说事情发生的时间不晚于康熙末年。《江南通志》1983：512：463。

图 3.1　纪念孙节妇的牌坊(安徽歙县)

图 3.2　牌坊群(安徽歙县棠樾村)

并不严格。比如,在乾隆朝,没有达到年龄和年数就死去的贞女也可获旌表。嘉庆皇帝也曾做过类似的例外决定。① 从 1644 年

---

① 《钦定大清会典事例》:10420,10421。1821 年,礼部最初拒绝颁旌表给 45 岁的彭贞女,理由是她还没到 50 岁。嘉庆皇帝恩准了,说她已经守节三十多年,而且她父亲和公公都是朝中重臣。《大清十朝圣训》1965:1732。道光朝也继续了这一政策。《钦定大清会典事例》:10429。

到 1850 年，朝廷嘉奖了 4 493 位终身守节的贞女，被表彰的自杀殉夫的贞女数量大约有 948 位①。即便我们不把未婚殉夫的贞女计算在内，清朝获旌表的贞女数量仍是明朝的 29 倍（见图 3.3 和表 3.1）。

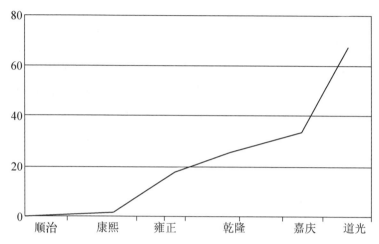

图 3.3 清初六帝表彰的贞女数量，1644—1850 年(资料来源：《实录》(顺治到道光朝))

表 3.1 1644—1850 年间获旌表的贞女数量和年平均数，按在位皇帝排列

	顺治	康熙	雍正	乾隆	嘉庆	道光	总计
获旌表贞女数	14	64	215	1 487	710	2 003	4 493
在位年数	17	61	13	60	25	30	206
年平均旌表数	0.82	1.05	16.54	24.78	28.40	66.77	21.81

但贞女旌表剧增的情况只出现在康熙之后。表 3.1 中的《实录》数据，包含六个皇帝在位期间获表彰的贞女（去除自杀的）总

① 这是估计数字。从顺治到雍正朝，朝廷嘉奖了 538 位殉夫妇女，其中 132 位是贞女，大约是总数的 25％。从乾隆到道光朝，殉夫贞女与殉夫节妇一般是共同得到奖励，所以没有关于自杀贞女的单独数据。但如果我们把 25％ 的比例也应用于乾隆至道光朝（这期间"夫亡殉节"的妇女有 3 263 名），那么殉夫贞女的数字大约是 816。把这再加上顺治到雍正朝 132 位获表彰的殉夫贞女，则总数是 948。

数、年平均数和百分比。它们表明，顺治和康熙朝(共79年)的贞女(去除自杀的)数量一直较低。雍正朝发生了第一次大规模增长，乾隆和嘉庆朝继续迅速增长，最急剧的增长出现在道光时期。

77　　如果我们把明朝最后一百年中获旌表贞女的年平均数，与顺治和康熙朝的相比，两个数字非常接近。① 顺治和康熙朝的数字较低，原因似乎有两个。第一，在顺治朝和康熙朝前二十年，清廷主要致力于军事活动和平叛。这种政治局面可能使朝廷把旌表放在了次要地位。其二，这些数字体现了与明朝的旌表行为的连接性，说明清初朝廷在旌表的把握上紧紧追随前明的规模。顺治和康熙在推荐程序上似乎都很谨慎。两位皇帝都反复下令："有司细加谘访，确具事实……勘结奏闻"，"再为核实，毋事浮滥"，"必察验真实，方予旌表，著再行严查详议。"②

　　康熙担心表彰中有虚浮夸大之弊。与之形成鲜明对照，雍正担心是该受表彰的被忽略疏漏。雍正即位之初即诏谕礼部，严厉批评"直省大吏"视朝廷的旌表"钜典"为空文。他下令，各级官员务须"加意搜罗"孝子节妇，使"苦寒守节之家均霑恩泽"，让"深山穷谷之中，侧微幽隐，无一不大显于世"③。雍正进一步降低了旌表的门槛，守节十五年以上，40岁以后死去的妇女都可获得旌表④。稍后，他又注意到军人家庭的妇女很少得到推荐，即下令旌表也应覆盖军人⑤。

---

① 从1528年到1632年，141位贞女获得旌表，每年大约平均1.34位。这个数字包括自杀殉夫和没有自杀的。表3.1中的数字没有包括自杀殉夫的。
②《实录》(康熙)：360。又见《实录》(顺治)：478,1291,1554；《钦定大清会典事例》：10413。
③《实录》(雍正)：75；《钦定大清会典事例》：10414。
④《钦定大清会典事例》：10414。
⑤ 同上书：10414—10415。

受到旌表的满人贞女在雍正朝已非凤毛麟角。当雍正听说怡亲王(康熙皇帝第十三子,雍正的弟弟)家的一个贞女之事时,他亲自降旨过问。怡亲王的第三子聘富察氏,未完婚,王子不幸病故,富察氏"恸哭截发",请求为他持服守制。富察氏在怡亲王府门口跪了一天一夜,但怡亲王没有派人和她说一句话。两年后(雍正八年),怡亲王本人也死了。一直在父母家为未婚夫守丧的富察氏请求以儿媳的身份为公公奔丧。雍正得知此事,马上准许了她的请求。在上谕中,雍正称赞她:"富察氏以幼年之女,能知大义,矢志柏舟,其情可悯,其行可嘉。"他下令给她的未婚夫"贝勒"称号,并从其未婚夫诸亲侄内选一人为嗣,袭封"贝勒"①。

雍正皇帝在旌表制度方面的最大努力当是创建"节孝祠"(或"节孝妇女之祠")(见图3.4,图3.5,图3.6)。他担心一些获旌家庭不把朝廷奖给的三十两银子用于建牌坊,或者已建的牌坊因无人"照看修葺"而"坍塌""泯没",以至"不能使民有所观感",于是下令在省州县各级政府的治所择地营建集体性的"节孝祠"。祠前建大牌坊一座,牌坊上标题被表彰的节孝妇女的姓名,祠内放置已故者的牌位。② 这道上谕最初被官员们误解为是为了省钱。他们提出,既然被表彰者已在"节孝祠"里得到集体纪念,政府可以把给其家庭的三十两银子免了。皇帝拒绝了这一提议,说钱不是问题③。

78

---

① 允禄 1983a:415:473—474;允禄 1983b:413:260—261。"贝勒"是一种皇族称号,十二个等级当中的第三级。
②《钦定大清会典事例》:10414。
③《实录》(雍正):199。

图 3.4　节孝祠(安徽歙县)

图 3.5　节孝祠(细部)(安徽歙县)

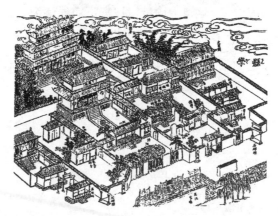

图 3.6　清朝县学的格局,内有节妇祠(左)(资料来源:中川子信 1983)

雍正朝旌表政策的强化导致了被表彰的贞女数量的激增。 *80*
在康熙朝,被旌贞女的年平均数(除去自杀的)为 1.05 个,而在雍
正朝达到每年 16.54 个,为康熙朝的 16 倍。朝廷嘉奖的扩大的
势头,在后继诸任皇帝那里继续发展。

无疑,雍正做出这些改变,并非为了安慰贞烈妇女的灵魂,而
是为他的政治目的服务。这位精明强干的皇帝于 45 岁登基之
初,立即着手改革吏治。① 旌表和普建节孝祠,可以看成是从底
层塑造社会和政治秩序的有效措施②。此外,他似乎有意用旌表
来定义自己的执政风格。康熙对官员比较宽容,而雍正驱动官员
强化旌表的做法,表明他不会完全追随已故父亲的步武。类似
的,乾隆登基后也迅速放弃了雍正的政策(在雍正朝,女子殉夫只
作为皇恩的例外而得到表彰),使殉夫妇女成为朝廷奖励的常规
接受者。在权力过渡之时,改变旌表政策似乎方便地、安全地强
调了新君给朝廷带来的新的治政风格。

在乾隆朝,当殉节贞女被例行旌表,守志不殉的贞女的旌表
人数也在增加。这部分是因为乾隆的新规定:50 岁之前死去的
贞女是常规的旌表对象。③ 被表彰贞女的年平均数(除去因殉夫
而被表彰的外)是 24.78 个,比雍正朝增加了 50%。④

统治着中国这一民族多样、人口众多,繁荣昌盛的广袤疆土
的盛清君主们,自然很乐意以旌表的方式炫耀浩荡皇恩。此外,

---

① 比如,雍正早期工作的一个最重要部分就是重建朝廷体系。见白彬菊(Bartlett):
　1991:17—64。雍正在财政改革方面的努力,见曾小萍(Zelin)1984。
② 戴真兰从以国家为中心的角度,把雍正朝对节妇的国家奖励上的变化,视为"贞节
　现象的官僚化",其目的不仅是推广一套国家认可的道德价值观,也旨在创造君民
　之间、帝制国家与社会之间的新型关系。戴真兰 2005:25—38。
③ 《钦定大清会典事例》:10420—10421。
④ 在乾隆朝,朝廷把自杀的贞女与自杀的节妇放在同一门类,所以无法获得贞女的
　数字。

旌表政策的放宽,也可能是为了迎合汉族士绅,因为节妇贞女请旌大都出自汉族士绅之手。而且,面对日益加剧的社会矛盾(在乾隆末年时已很明显),朝廷的慷慨奖励也是维护社会秩序的有效工具。① 毕竟,旌表的终极目的是树立堪为楷模的道德举动,以鼓励民众的正面行为。

81 　　对乾隆来说,推广旌表还有个人的一面。当他还是太子时,他父亲雍正皇帝任命朱轼(1664—1736)为他的四个老师之一。朱轼是他最崇拜的老师,也是对他一生影响最大的人之一。② 正在那时,朱轼的贞女女儿去世了。朱轼的好友蔡世远(1682—1733)(也是太子的老师)给朱贞女写了一篇传记。③ 乾隆当时仅十几岁,读了传记很受感动,因此为朱贞女写了首长诗。④ 在登基后,乾隆给贞女的旌表越来越多,政策更宽泛,使殉死的贞女能定期获得旌表。他还参与了文人关于贞女问题的激烈辩论。在《钦定礼记义疏》的相关注释中,乾隆指出,贞女并没有违背儒家之礼。⑤

　　但是,雍正和乾隆的两朝旌表政策的改变,再加上人口增长,使请旌者越来越多,由此产生了问题。1749 年,仅江苏一省就提交了两百多个申请。具有反讽意味的是,热衷于旌表的乾隆并不完全乐意见到这一发展。他指责地方官太官僚化:他们把凡是年例相符的都上报请旌,并不细查那些妇女是否真有异行,比如对

---

① 在乾隆朝的最后二十年,白莲教和苗人叛乱为清朝鼎盛时期的繁荣投下了阴影,帝国最富庶的地区也开始出现社会骚动,如长江下游地区 1768 年的巫术恐慌。见孔飞力(Kuhn)1990。

② 李恒 1066:13/2426,13/2433。又见郭成康与成崇德 1994:66—67。

③ 见郭成康与成崇德 1994:66—67。

④ 诗题为《题朱贞女传》,收在乾隆的文集《御制乐善堂全集定本》1983:1300:467—468。

⑤ 《钦定礼记义疏》1983:124:734。又见第七章。

公婆特别孝顺，教育子女，或面对困难忠贞如一。乾隆指出，如果给每个"年例相符"的人都颁发旌表，把其牌位放在祠内的话，就会降低旌表的意义。①

在乾隆的指示下，朝廷对旌表某些方面作了强调和修正：只有"节而兼孝""贫无依倚艰苦自守"的妇女才能"特赐建坊"，设位于祠中。仅仅"年例相符"，"非有奇节贞特之行"的，不再建坊。对后一类节妇，朝廷会在她们在世时赐以匾额，死后可将名字刻在节孝祠中。②

修订后的政策，虽然缩小了节妇获取建坊等朝廷殊誉的机会，但年龄与年限的标准仍然存在，旌表的大门仍向每一位符合这些基本要求的妇女敞开。有资格获旌表的妇女越来越多，这导致了道光朝对旌表规定的进一步修订。面对这一压力，朝廷多次下令用"总坊"集体表彰这些妇女。③

地方政府的奖励

作为君主授予普通臣民的最高荣誉，旌表仅是贞女表彰体系巅峰上的珍珠。这一庞大的表彰体系贯穿于各级中央官僚政府内外。各地也有着不一而足的嘉奖形式。和朝廷旌表不同，地方嘉奖不受具体规定的限制。清帝国人口众多、疆域广大，因此，地方政府的嘉奖在体现国家对贞女德行的认可中的

①《钦定大清会典事例》：10418—10419。
② 同上。在道光朝，这一政策得到了加强。同上书：10431。
③ 同上书：10430—10431；《实录》（道光）：3295，3618，3660，6498。有的情况下，被推荐的妇女是前朝的，但在本地于史书中寻找有德女子的活动中被重新发现。比如，江苏南部吴泾和阳湖县的地方官和精英推荐了 3 018 位妇女，结果为她们建了座"总坊"。此事细节，见陶澍 1998：339—341。

作用至关重要。

按规定，任何旌表申请都必须来自地方官。县州府学常负责收集信息，呈报上级，然后督抚汇题申报，以获礼部批准。[①] 在申请旌表的程序之前或同时，地方官本人也以各种形式进行赞美。[②] 知县府尹、督抚学政或其他官员，会动用各种资源来宣扬推广某一贞女。特别积极的知县会亲自拜访贞女家。稍次一等的会命令把该贞女的名字收入地方志。亲题匾额也是一种表彰方式。比如，才女姜桂为死去的未婚夫守节，总督尹继善（1695—1771）赠给她一幅四字匾额"忠节余风"，因为她是忠臣之后。[③]

地方政权在处理棘手的情况（如自杀）时，要比中央政府灵活。比如，在1702年的一个自杀例子中，知县向上级请求表彰。由于康熙皇帝当时禁殉，知县的请求被拒绝。但知县却受命代表政府向贞女献祭，并向她家赠送匾额。[④] 在1689年的另一例中，知县下令将贞女与未婚夫合葬，把她的事迹记录在县志中，因为他"不忍（贞女）没没焉"。[⑤] 这些例子表明了中央政府在力图禁殉中的两难处境。朝廷的立场在贞女支持者中是不受欢迎的，它有可能冒犯大众崇敬殉节的情感。政府一边要控制殉夫的风气，一边要避免开罪支持贞女者和大众的情感，而地方官在二者之间

83

---

① 这在雍正上谕里可看得出来。《钦定大清会典事例》：10414。嘉庆时期的一份福建文件，讨论的就是哪个部门有责任收集和上报节妇，是县学还是府学。总督衙门说，中央政府没有明文规定，但为了程序标准化，应该由县学负责。在福建的很多县也都是这样做的。《福建省例》1964：1210。

② 在明朝已经如此了。见费丝言 1998：117—126。比如，顾炎武的母亲在51岁获旌表之前，就已经有几个地方荣誉，包括县令亲自登门拜访，还有当时的巡按御史祈彪佳"表其门"。顾炎武 1976：172。

③ 吴秀之 1970：1523。

④《碑传集》：7101。

⑤ 同上书：7206—7207。

保持平衡,扮演着既微妙又重要的不可或缺的角色。

由于一些本应受旌的贞女在旌表过程被忽略,地方政府的奖励便是对这种遗漏的修正或补偿。在此,地方政府编纂的地方志成了最通常的表彰工具。在县志、府志、省志里加上一条,甚至只列一个名字,就是一种重大认可,因为它确保了此人青史留名。在雍正朝,蓝鼎元(1680—1733)任广东潮阳县令。县里的陈贞女殉夫已有七年之久,但地方士绅并未把该情况向他汇报。据蓝鼎元自称,他因忙于救济饥民和处理辖区内的无数诉讼,没有去搜罗节妇贞女的情况,结果县里错过了推荐陈氏获旌的机会。当县里开始修撰为府志作准备的县志时,某举人将此事告知蓝鼎元,蓝为自己的疏忽深感内疚,下令县志和府志务必收录陈氏之事迹。①

由蓝鼎元这个例子可知,即使是严肃负责的地方官和地方志编纂者,都无法保证将所有值得在地方史上留名的人网罗无遗。18 世纪 30 年代编纂的《浙江通志》是最有质量的省志之一。然而,即使是这样一部著作,也有许多贞节妇女遭遗漏。18 世纪 70 年代,浙江萧山的汪辉祖(1731—1807)(是清朝最强干的地方官之一)发起了“表微”运动,结果在萧山及其临近地区发现了数百个为方志遗漏的节妇和贞女。汪辉祖中进士后,他的嫡母和生母(是他父亲的妾)都因守节而获旌表。当建贞节牌坊时,他的嫡母(生母已去世)很伤感地告诉汪辉祖,这个殊荣让她想起邻里的很多其他妇女,她们跟她一样受尽守寡的苦,却遭遗忘。

于是汪辉祖开始收集节孝妇女的事例,一开始就发现了“寒家苦节之妇”23 例。这些案例上报到知县衙门,县里随即给她们

① 蓝鼎元 1983:1327;718—719。

的家送去荣誉匾旌。1776 年,汪辉祖继续努力采辑,把采辑范围扩大到邻近各县(山阴、会稽、余姚、萧山、诸暨、嵊县),并请各县有影响的学者协助。四年后,他收集了 305 例。汪辉祖请求浙江巡抚把这些案例在各县衙归档,以备将来编写地方志时采录,并向每家颁发匾额以旌其门。当时,萧山县在改建节孝祠时已加了三间"旁庑",于是汪辉祖申请将搜罗所得的萧山贞孝妇女祔祀于旁庑中。这些请求都得到批准。汪辉祖继续他的"表微"运作。在此后六年中,他和地方士绅在上虞和新昌又发现 60 例,在上述其他县发现大约 20 例。汪随即向省里的督学提出了类似申请,皆获允准。同时,汪辉祖还刊刻了《越女表微录》,来自全国的杰出学者都为其写序。①

这个不寻常的"表微"活动总共找到并嘉奖了 400 位被忽略的女性。在这一过程中,虽然奖励是通过各级政府机构发布的,热心的地方精英的光芒掩盖了地方官的作用。汪辉祖无疑是一个特出的例子:他的热忱投入、持之以恒及在当地的影响,都是此次大规模活动卓有成效的原因。这一事件也证明,地方政府想在这类事情上投入多大精力是由其自身权衡决定的,并无规矩可循。

地方官在表彰节孝上愿意投入多少精力,部分要看他本人的道德价值、个人利益,以及他在贞女讨论中的立场。如果他对贞女现象有所保留,那么他对贞女的反应就不会太热心。同样地,不把道德教化放在首位的地方官,也会把表彰贞女一类的事搁在一边。但事实证明,在清朝鼎盛时期,很多地方官都

① 汪辉祖 2000:3—11。

在工作中投入了极大热情,大力推广儒家女德。[1]　像陈宏谋、尹
继善、蓝鼎元等人,都以强烈的责任感来推广关于女性和家庭
的正统价值观。蓝鼎元、陈宏谋都专门为妇女撰写了教谕文
字,以弘扬有德妇女为己任。[2]　比如,蓝鼎元的文集中收录了 85
17 位妇女的传记,其中 11 位是节妇,5 位是贞女。在他以巨大
的同情撰写的文字中我们可以看出他的热忱之心。[3]　但并非所
有地方官都如此严肃或热心。戴名世提到某个地方官,他只忙
于收税、向上级行贿。有人向他建议请朝廷表彰最近刚自杀的
两位烈女(一个是贞女,一个是节妇),他生气地回答:"吾安能
为此迂阔事!"不无讽刺意味的是,"居无何,官以贤良征入京,
寻为大吏"[4]。

　　虽然有这类例子,但地方官忽略这样"迂阔"的事也要承担风
险。如果他未能上报重要案例,或者所报不实,一旦发现,都会面
临惩罚。1722 年,朝廷收到了一个反抗强奸而死的女子的案例,
但并非通过常规的地方官僚渠道上报的。结果,知县、知府、督
学、巡抚,都被罚薪。[5]　在 1843 年的一个上谕中,道光皇帝强调
说,一旦发现了虚假案例或衙吏受贿,就要把地方官移交给大理
寺来惩处。[6]

　　为防止在执行旌表过程中可能出现的漏洞偏差或非法行为,
清廷设置了严格的规则。但贞女当旌不旌的情况仍时有发生,其

---

① 曼素恩 1997:28—29。
② 关于陈宏谋,见罗威廉(Rowe)1992,2001:291—325(尤其是 309—322),426—
　　429。蓝鼎元的《女学》是 1712 年刊刻的,陈宏谋的《教女遗规》是 1742 年刊
　　刻的。
③ 蓝鼎元 1983:1327:705—721。
④ 戴名世 1986:234—235。戴名世在此的论点是,这样的官员从不关心道德问题。
⑤《实录》(康熙):3959。
⑥《钦定大清会典事例》:10431。

主要原因就是政府官员的腐败。不少学者文人在其诗文中对此抱怨或谴责，他们指出，家庭在经济上的贫窭或在地方上缺乏影响，使应当旌表的节妇贞女无法获得这项荣誉。早在明朝和清初就有这种情况。如潘柽章（1626—1663）说，"旌表者，类有力者得之"①。政府官员和衙吏索贿已被很多人看成是地方旌表程序中的必然组成部分。② 在江西南昌，某县学的教谕（其职责恰就是管理辖区的教育和道德发展）拒绝为一个合格的贞女伸复上报，因为他嫌收到的"银米"太"薄"。这件事使李绂（1675—1750）大声疾呼："以求金格贞女旌，何以教？何以谕耶!?"③当剧作家蒋士铨（1725—1785）听说有一位贞女年已七十，"以纺绩自给"，"无有代为请旌者"时，竭力劝说贞女的兄弟（她与兄弟住在一起）向郡邑提出申请。她的兄弟一口回绝，因为他"恐郡邑胥吏黩其金"。④ 受到影响的不只是穷人和没受过教育的人。比如，贞女王嫒的父亲和公公都是秀才，但因为她家没有给衙吏行贿，县里拒绝向朝廷请旌。⑤

文人歌咏和征文

与政府的有局限的、不统一的、有时腐败的奖励体系不同，官僚体制之外的文人表彰贞女的活动则自发而迅速，带有强烈个人

---

① 《清文汇》：60。又见费丝言 1998：49。
② 衙吏是地方官雇来为中央政府做文书事务的人。他们地位很低，常被看成是腐败的。更多情况，见白瑞德（Reed）2000：122—159。
③ 李绂 2002：661。
④ 蒋士铨 1993：2140。这个例子中有趣的一点是，蒋士铨并没有批评地方政府的腐败，而是批评贞女的兄弟丧良心。
⑤ 《碑传集》：7225。并见戴名世写的殉夫的张烈妇的事。张来自富裕家庭，"官吏皆求货于张氏，张氏不从，故寝不旌"。戴名世 1986：218—219。

色彩，其触角可达僻壤穷乡。德高望重的文人出于责任感，觉得必须将贞女的事迹记录于史传。18 和 19 世纪的这类作品背后的关注点与清初的不同。在满人政权稳固、"复明分子"凋亡殆尽后，贞女作为政治象征和文人借以抒写其亡明之思的对象的意义消退了。随着政治象征主义的弱化，清初文字中的政治抒发的痛心语调消失了。代之而起，18 和 19 世纪的文人往往受个人责任和社会责任感的驱使，来撰写来自亲戚、家族、朋友、乡里、辖区（如果他们在政府中任职）内的贞女的传记诗文，或以撰写贞女诗文来回击对贞女的批评。但是，并非所有撰写赞美贞女作品的人都是贞女的热情支持者（见第七章）。

　　虽然文人热心于记录和宣传贞女的原因不一而足，许多作者（尤其是那些亲眼看到节妇"苦节"生活的人）有一种共识，那就是，他们所付出的努力可以弥补政府旌奖体制的不足，因为政府的旌表体系未能表彰所有值得表彰的女性。[①] 张惠言（1761—1802）的母亲是节妇，为把张惠言和他的兄弟姐妹抚养成人，历尽艰辛。张惠言感叹，很多跟他母亲生活经历相似的妇女都被政府的旌表所忽略："数十年后，其名与事俱殁，此有司之无如何而贤士大夫有文之士所不宜忽也。"[②]张惠言的情绪是比较有代表性的。随着 18 和 19 世纪贞女节妇（很多都来自非精英家庭）日趋增多，学者文人的这种迫切感更加强烈。比如，吴绍曾为穷困的 ⁸⁷ 袁贞女写了篇传记，并解释说，他怕她的名字湮没无闻，希望有朝一日史家能发现自己的文章，将袁贞女的事迹写入历史。[③] 旌表

---

① 如曼素恩表明的，母子情很大程度上影响了男性作家如何看待节妇。曼素恩 1987：45—48。
② 张惠言 1929：(外表)下／3b。
③《碑传集》：7224。见张士元（1755—1824）的评论，《碑传集》：7233。

确保了贞女节妇的名字流芳百世。但是，即使她们遭朝廷或地方
政府忽略，文人的一篇文字仍可以让她们名传后世。

一如此前几个世纪的作者，清朝文人也采用了传记、诗、赞、
跋、序等多种体裁。这些文体都在明朝前就已存在，常用于赞美
楷模人物。每种体裁都有自己的表现风格。比如，诗歌常常充斥
比喻典故，重在以"情"动人；而传记中则穿插丰富的细节描述。
有人认为，中国历史上的传记文字千篇一律，无法揭示传主的真
实生活，但本书引用的很多细节丰富的贞女传记证明这一说法大
可商榷。

文人表彰贞女的写诗著文的运作方式，与政府的旌表奖励制
度相比别具一格。它由文人自己发起组织，动用遍布宇内的家
族、社会、政治等各种网络。当曹贞女自杀时，黄廷鉴（1762—?）
拜访了曹的邻居来确认此事，然后写了篇传记，其中表达了希望
当地文人能为她写诗文以告慰她灵魂的愿望。[1] 文人在参与时
有强烈的地方自豪感。对任何一地来说，出一个节妇自然是荣耀
的事，但出一个贞女或者很年轻就守节的节妇就更光荣了。当周
拱辰参与编纂府志时，他借此机会收集了 11 位妇女，包括 6 位贞
女，5 位年轻守节的寡妇，均来自他的家乡。周为她们写了篇传
记性质的赞。[2] 姚鼐（1731—1815）为 4 位贞女写了一篇合传，她
们都来自他的家乡桐城。[3]

在表扬贞女的社会网络中，家族是另一个关键环节。南方的
88　强宗大族多于北方，而南方的贞女多于北方也许并非偶然。有人

---

① 黄廷鉴 1985:205。
②《清文汇》:292。
③ 姚鼐 1965:10/4b - 6a。

批评，在福建的一些地方，有的家族为了名声而忍心目睹贞女自杀。① 这种情况很可能是少数，但如果家族中能够推出贞女女儿或儿媳，显然是无上光荣。屈大均编纂地方志时注意到，广州 17 个州县所有望族中都产生了贞女和节妇。令他非常满意的是，他们屈家也出了两个贞女，"一以光百世之门闾"②。斗山杨氏族谱特别强调说，它出了"未字而贞"的女子。③ 一些家族专为自己的节妇编纂传记。比如，安徽歙县岩镇的曹氏，就记录了 45 位嫁入曹氏的"贞烈"妇女，以及 13 位曹家出生的年轻女性，她们"许嫁而守贞，终世为嫠，遭变而死"④。贞女节妇不仅为夫族带来光荣，也给娘家带来光荣。

如果贞女出自自己的姻亲家族，文人更有责任和义务用自己的笔传播她的事迹。⑤ 很多家庭，包括著名学者的家庭，都不遗余力地征文于知名文人，请他们给自家贞女撰写旌扬文字。为此目的，他们动用亲戚、同事、师生、朋友甚至同姓等关系⑥。其中最有优势的自然是有权有势者和教育精英。和元明时期一样，在清代，贞女的男性亲属会亲自向著名文人征集诗文⑦，如贺贞女

---

① 见第四章。

② 屈大均 1996：《翁山文外》/225。

③ 见施闰章(1618—1683)《斗山杨氏族谱序》。施闰章 1992：40。

④ 方苞 1968：82。

⑤ 但一些父亲并未给自己的贞女女儿写传。比如，孙希旦(1736—1784)女儿的传记，是孙的朋友钱世锡在孙的求请下写的。见《碑传集》：7234—7235。朱轼的女儿现存两篇传记，分别是蔡世远和蓝鼎元所写。父亲没有写传记，可能是因为他们对女儿的选择有强烈的保留，或者他们觉得由第三方讲述女儿的故事更合适。

⑥ 无锡的秦瀛(1743—1821)曾为四川射洪的秦贞女写过传。当秦贞女的"从兄"请他写传时，秦瀛同意了，并说他们都是宋朝诗人秦观的后代。《碑传集》：7239。

⑦ 柏文莉发现，在元朝，获旌表的女性的后代或家族的朋友，已经常常为她求请诗和序。柏文莉 2002：529。

的情况所示。她的兄弟是一名生员，他从山西家乡来到北京"乞言为表章"。他很可能有门路关系，因为他从太子的老师蔡世远那里得到一篇传记，从同为太子之师的、刚失去贞女女儿的朱轼那里得到了一篇《书贺烈女传后》。① 征文的过程可以持续多年，其间每当碰到知名学者，就会提出请求。② 在特殊情况下，求请人可以得到几百篇纪念的诗。大多数情况没有这样成功，但如不懈努力，总能获得不少诗文。

89　　另一种普遍的征文形式是"题册"。这种艺术形式常用于纪念某人或某种特殊事件，比如母亲的生日、妻妾的死亡，或获得珍稀古玩等。清初，持"册"请求为贞女题诗作画，已甚普遍。有人就曾两次请毛奇龄为贞女"题册"。③

　　从某种意义来说，围绕着征文活动而拉起的无所不在的联络，是贞女现象最有活力的侧面。它使不同地区的文人有机会彼此联系；通过征文活动，文人确认并(重新)创造互相之间的社会关系。这一过程对征文者和被征者都有好处。对被征者来说，受到有地位者的邀请，侧身于有名望的文人的名单中，对自己在文人圈中的地位是一种确认。所以，没有几个人愿意错过这种机会。当然，如果征文出之于不太有影响的人之手，受回应的热烈程度就不同了。④

---

① 朱轼 1871：2/31。
② 有一次，一个朋友拜访了江西南昌的尚镕（1785—?），此人和某编修正在去桂林参加科举考试的路上。通过此朋友，编修递来一封求请信，为已故叔叔的未婚妻（贞女）求请。尚镕写了篇赞以答复。《碑传集》：7243。但求请者不一定要亲自去找著名学者。比如，王源在广东南海旅行时，附近番禺的知县抓住机会，请他为已故叔叔的贞女未婚妻写墓志铭。王源1985：551。
③ 毛奇龄 1968：1330，2902。
④ 毛奇龄就提到了这种情况。同上书：1589。

建　祠

　　明清时期的旅行者常常会看到为纪念包括贞女在内的道德楷模而建的独特建筑。在广袤的国土上,点缀着三种纪念贞女的建筑:牌坊、墓、祠。这些建筑使帝国晚期标榜的道德价值得到视觉的呈现。牌坊代表皇恩,只有获旌表的女性才能享有建坊的特权。它是贞女获旌表后,由国家拨的银两修建的。政府对修墓纪念没有什么限制。很多纪念贞女的墓都涉及殉死。往往由当地政府和社会精英在共同组织盛大葬礼后,将贞女与未婚夫同葬。为贞女立祠则是一项更复杂的活动。

　　这些纪念性建筑物的醒目存在,由吴县地区的一份报告可见一斑。吴县地区位于长江下游的苏南,包括吴县、长洲、元和。在这个地区,单是纪念贞烈妇女的祠就有 50 座,散布在乡镇、道旁、桥边、山中。有的傍牌坊而建,展示了朝廷和地方上给予的双重嘉奖。[1] 同文字相比,这些建筑具有特别功能。传记、诗歌、纪念文章只在受教育或半受教育的圈子中流传,而牌坊、坟墓、祠堂则 *90* 向每一位观瞻者诉说着烈女贞妇的故事。在地方社会,这些庄重的纪念建筑让人想起这些女性给自己的家庭、亲族、地方带来的光荣,把当地的道德成就昭示于世。

　　祠是纪念有特殊德行和影响者的一种形式,古已有之,但以祠来纪念节烈妇女,在 15 世纪末 16 世纪初才开始普遍起来。[2]贞女作为儒家女德的最高象征,在明代激发了很多祠堂的修建。

---

① 吴秀之 1970:513—553。

② 比如,在宋朝,全国各地的县都建有儒家祠堂,纪念当地要人和为当地服务过的著名官员。见宁爱莲(Neskar)2001。明朝为节妇修祠,见柯丽德 1997。

浙江诸暨县的孟蕴是最早获立祠的贞女之一。1425 年，她 60 岁，获明代洪熙皇帝旌表。① 祠名为"孟贞女祠"，建在孟子祠旁边。国家通过"学租"的财政收入来维持祠堂，每年在"大寒"日都会举行仪式②，县里的教谕亲自献祭③。

并非所有的祠都与政府旌表有关，但个人发起的修建必须获地方政府批准。与孟蕴祠所在的诸暨县相邻的绍兴的一个祠就是如此。此祠是为了纪念一位贞女和一位烈妇，当地一位学者于 1623 年提出建议，由政府提供土地（一个被弃的织染局）。当地人逢重要的农历节日都在此献祭。祠有两间，位于比较僻静的小路上，规格朴素。刘宗周为此祠写了碑文，他感叹说，很遗憾这个祠"未足肃通都大市之观听，而两人贞魂烈爽亦足凭依垂不朽矣"④。

如前文所述，在雍正帝治下，清朝政府出资在每个省、府、县的治所选定公共地点，为有德妇女集体修建节孝祠（其对应的是忠义孝悌祠，建在政府学校里面，纪念男子道德楷模）。一年春秋两次，官员在祠中献祭，并定期修缮⑤。雍正皇帝之后，节孝祠成了各地的一个标准景观。但清朝为纪念女性楷模而修建的祠，大多并非朝廷出资，而是由地方政府、地方社会、亲族、家族或"邑人士"共同出力。大多数祠都是纪念清朝的节烈妇女，也有的是纪

91

---

① 孟蕴得到旌表的年代，各资料不一致。按照明朝的朝廷记录，此旌表是洪熙年间（1425 年）颁发的。但地方志和毛奇龄给出的时间是宣德（1426—1435 年）年间。李国祥与杨旭 1995：312—313；《诸暨县志》1773：13/18b—19a；毛奇龄 1968：1589—1590。

② "大寒"是农历二十四节气之一，一般在 1 月 20 日或 21 日。

③《诸暨县志》1773：13/18b-19a。

④ 刘宗周 1980：1294，495。

⑤《钦定大清会典事例》：10414。

念重新发现的前朝女性楷模。① 祠名不同,寥寥数字,该祠的性质特点便一目了然。一般来说,集体纪念的以"节孝祠"名之,数人合祀的叫"三节祠"或"七烈祠"等。祠名中的"妇"(已婚)和"女"(未婚)说明了被纪念者的婚姻状况,而"节""烈"表明她行为的性质(是否自杀)②。祠名还常含被纪念者家庭的姓。"陈烈妇祠"说明她是陈家的儿媳。如果是贞女,她娘家便可获在祠名中提上一笔的殊荣。比如,"赵贞烈祠"纪念的是贞女赵淑英。③ 纪念女性的祠,有时就建在她娘家的宗祠旁边。

为贞女(或任何其他有奇德异行的人)修祠之举,植根于古老的英烈崇拜和灵魂信仰。对政府和儒家精英来说,祠具有告慰死者灵魂,激发百姓向善的双重功能。有的学者就声称,瞻仰这类筑物可以带来精神更新。比如,某日黄昏,韩梦周(1729—1798)拜访了江苏山阳县南的鲍烈女祠。祠有三楹,祠的台阶下是鲍烈女的墓。墓在一个四角亭内,亭的每一角各有老松一棵。韩这样描写其中的一棵松树:"一株半欹侧,适北风至,声大吼,枝叶离披,欹侧者……不可降。"韩梦周的描述暗示,贞女的英魂不散,它在象征着精神力量和高尚的松树身上继续徜徉。韩梦周在祠边流连沉思,到天黑才回家。④

文人之外,普通百姓对于贞烈的想象常常和超自然的现象相交织,为迷信所吸引。早期贞女描述中的民间信仰的潜流,在明

---

① 比如,山阳县的鲍贞女祠是在乾隆初年立的。据说,万历四年,鲍在未婚夫墓前自焚而死。在她墓旁立了座纪念的祠。《清文汇》:1796。明朝的李贞女也在乾隆年间有了祠。《清文汇》:1265—1266。

② 比如,自杀的贞女可能放在"贞烈祠"或"烈女祠"中,而自杀殉夫的已婚女子放在"烈妇祠"。终身不嫁的贞女放在"贞女祠"或"贞节祠",而守节的寡妇则放在"节妇祠"。

③ 顾震涛 1986:338;吴秀之 1970:517。

④《清文汇》:1796。

清的常规话语中从未被切断过。有的明清贞女故事写道，即使受到恶鬼侵扰，贞女的德操最终会战胜恶鬼。清初的一个故事说到某一贞女家中闹鬼，家具不搬而自移，物件不点火而自燃。但是，贞女一念诵佛经咒语，鬼即消遁。贞女的亲党要请和尚来逐鬼，遭到贞女的拒绝。她说："岂有孤嫠之室而致僧逐鬼者乎？"贞女认为让男人来家中驱鬼是不合适的，因此她断然决定绝食而死。这时，那鬼"乃作人语"，向她道歉，此后便消失了。[①] 超自然的传言甚至可以把贞女在她还活着时就变成女神般的人物。在下面的叙述中，山东禹城的司贞女被当地人视为活神仙：

> 癸亥，乡疫疠大作。有巨眼鬼长二尺许，结队叫啸诸病人家。或夜闻巨眼鬼相诫："明日日晡时，碧霞宫宫娥当来[②]，我等散去，毋犯也。"病人家使人伺宫娥，至期见妇人携幼子就立门檐下，问之，则贞女归宁母家，而避雨于此者也。于是避雨家病人病竟愈。越数日，贞女归，众男妇执酒浆遮道，挽碧霞宫宫娥过其家，却巨眼鬼。贞女曰："吾鬼妇，而鬼畏我乎？何诳也。"不顾而去。[③]

在贞女愤怒的回答中我们看到村民对贞女的一种很强的迷信想象。贞女的法力并不得之于她的贞节高行，而是因为她嫁给了死人。和死夫结合，把她从普通妇女变成了一个超越阴阳界的灵异的人。对百姓和甚至一些精英来说，贞女与未婚夫成亲和与"鬼"成婚无异。

---

① 黄印 1983：516—517。
② 这里描述的民间信仰显然与对碧霞元君的崇拜有关，她也是泰山神，是明清时期中国北方最受广泛崇拜的女神。见彭慕兰（Pomeranz）1997。
③《清文汇》：1642。

赋予贞女以灵异之力，与儒家文人不无干系。很多文人被类似的故事所吸引，并形诸笔墨加以传播，因而起到了强化这种观念的作用。比如，袁枚就说"物近仙神则灵，近节烈而亦无不灵"①。很多节烈妇女的传记都有这类情节：邻里着火了，但烧近她家火就熄灭；大浪倾覆了很多船只，唯有她乘坐的船只无恙；她自杀后仍面目如生；她尸身所在的房间弥漫着香气。②

　　给贞节妇女立祠，其目的是纪念其灵魂，但"纪念"与"崇拜"之间的界限常常是模糊的。在江苏南部的单贞女祠，据说时常男女"云集"。这个祠在满足人们的祈求上，"灵应若响"，有求必应。它坐落在几十棵桃树旁。一座单贞女像（大概真人大小）放在一个帐幕里。风起幕动，她衣裳飘扬，视之如生。当祠堂年久失修时，当地人提议要重新修缮它。③

　　离此祠不远的江阴有一座"双贞一烈祠"，是为纪念何冰姑（未婚夫死后七天自杀）以及何家的另外两个未婚守节的女子而建的。④ 据李兆洛（1769—1841）的记录，祠堂初立于雍正年间。大约一百年后，祠堂将被推倒，此时，突然钻出一条大蛇，"昂首怒目视"，拆掉祠堂的计划因此而放弃。大约同时，两个不同地方的男子分别来祠内献祭致奠，都称烈女何冰姑已成仙，因他们扶乩时冰姑"尝降乩其家"，告诉他们自己的"所居乡里"。⑤ 李兆洛于文章结尾时说，"此事荒幻，非所当言，要之，烈女灵爽，固当不

93

---

① 袁枚 1993：8；《怪异录》141。
② 这些描述反映了对超自然报应的古老信仰，这是中国宗教思想的一个关键因素。见包筠雅 1991：28—32。
③ 张相 1962：17：38a－b。
④ 李兆洛 1878：15/12b。
⑤ 同上书。"扶乩"是一种占卜活动，据说请来的神灵能在沙盘上写字宣示玄机。

泯"①。李兆洛将信将疑的态度在当时的儒家文人中很有代表性。即使他们不愿谈论迷信之事,他们还是相信在来生与人世之间存在着某种神秘的力量。

虽然每一位贞女按理都有获旌立祠的可能,但事实上只有少数贞女有此好运。有清一朝(除最后 60 年外),吴县地区报告了216 位贞女,但仅立祠十余座。从下面两个例子可以看出,建祠需要花费地方上的大量人力物力,而维护修缮也是项艰巨任务。两者都需当地精英和地方政府相互合作方能实现。

河南祥符的六烈女祠初立于 1521 年,以纪念 6 位殉死的年轻节烈妇女(其中一位是贞女),系当地学者刘德举在官府支持下发起修建。因六女都来自城西,祠就建在城西。李梦阳为她们写了一篇合传。②

关于该祠修建后的初期情况我们所知寥寥。清初的 17 世纪中叶,祥符县发大水,祠和碑刻全部埋没。三十年后,村民发现了碑刻,将其卖给了当地一座庙。此事被一位学者得知后告诉了著名理学家孙奇逢。结果,他们修复了碑刻,把它置放在信陵君祠旁。③ 又过了两年,另一名学者注意到了此碑,倡议重修六烈女祠。他的建议被递交到了督学那里。当时,又有一名王姓贞女未婚殉死。按照新的计划,重修的烈女祠将同时用来纪念王贞女。因为要等待朝廷给王贞女旌表,这个计划没能马上实施。一年后,孙奇逢的第三子把重修烈女祠的计划提交给了一位河使。新

① 李兆洛 1878:15/12b。
② 李梦阳 1983:1262;529—531。
③ 信陵君是战国时代的魏公子,当时的四大名公子之一,据说吸引了三千士到自己家中,其中包括有各种才能的人。细节见司马迁《史记》中的传。

的祠址选在信陵君祠旁。不久,河使调任别处,将此事转交给地方官,终于完成了重修烈女祠的项目。孙奇逢很高兴能看到"七烈女灵爽相聚于一堂,风教顿兴于千古",为之写了《重建大梁烈女祠记》一文。[①]

故事到此还未结束。几十年后,尹会一(1691—1748)就任河南巡抚,该祠久已荒废。尹会一将重修此祠作为弘扬本地文化传统的重要举措之一。他在祭祀了大梁书院的 44 位理学家后,与书院山长交谈了一番——该山长是他的同年(同一年获得功名的)。[②] 95 尹因而得知烈女祠年久失修一事,他马上计划重建烈女祠。重建完工后的第二年,祠堂共供有 8 位女子的牌位,其中新增加的是贞女张雪姐。雪姐是农家女,为未婚夫殉节而死,获雍正皇帝的旌表。她母亲死后,张雪姐的牌位无人照看。她托梦给县令,告诉县令自己是"冬天人",请县令"洗余身"。县官破解了谜语("雪姐"就是"冬天人"),在一间废屋内"离披堆积"的高粱秸下找到了她的牌位。尹会一听到此事后,把她的牌位也放入烈女祠中供祭。[③]

上面的烈女祠初建于明朝。与它相比,五烈女祠则是一个比较晚近的清朝建筑。它位于江苏甘泉县,纪念的 5 名女性中有 2 名是贞女。其中池贞女在已故未婚夫之父想把她配给自己的小儿子时自杀,葬在平山堂西边的山中。[④] 后来又有一位贞女未婚殉夫,葬在池的坟墓右边。两坟相并,称为"双烈"。[⑤] 不久,山上又葬了 3 位殉夫的寡妇。1732 年,龚鉴任甘泉县令。他来山上

---

① 孙奇逢 1985:565。
② "同年"是帝制中国的一种重要社会关系。
③ 尹会一 1985:238—239。
④ 平山堂是著名历史建筑,最初为宋朝欧阳修所建,是梅尔清(Tobie Meyer-Fong)所著《清初扬州的建筑文化》中讨论的主要建筑之一。梅尔清 2003:128。
⑤《扬州府志》1810:1663。

祭拜，评论说，"显幽旌善，可以竞劝"①。龚与地方领袖商议，其中一位自告奋勇，总领其事。他筹措资金，率领工匠"授模缔构"，仅历时三个月即竣工完成了烈女祠的工程。新祠中为大堂，两侧有庑。② 龚为祠堂写了碑记，他在文章结尾表示，希望后代能担负起修缮工作，使祠堂永远如新。

龚鉴的确很有远见。八十年后，这座烈女祠亟待维修。因年久失修，祠墙开始坍塌，五烈女的雕塑开始破败。因为没有政府拨款，维修需要地方社会自己筹款。身为考据学家也是贞女的热烈支持者的焦循（1763—1820），撰文号召地方士绅为此捐款。③ 焦循呼吁的结果如何不得而知，但祠堂作为当地表彰女德的标志此后继续存在。1846 年，一位 17 岁的女子被表彰，其牌位也放入了烈女祠。④

上面所述的两个祠的兴衰说明，对于任何一个地区而言，如果当地的官员和文人主动积极，贞女的事迹就会得到大力传扬，这反过来又为贞女现象的发展注入了新的力量。反之，如果地方官和文人把表彰贞女看成"迂阔"之事，那么贞女祠必然面临败落的命运，当地推进贞女现象的力量也会衰退。

地区差异

到清朝鼎盛时期，贞女现象已遍及全国，然而地区差异十分明显。有两组资料可用来比较地区间的差异：一组是朝廷旌表资料，另一组是方志记录。从技术角度来说，方志较为理想，因为它

---

① 《扬州府志》1810：1662。
② 同上书：1665。
③ 焦循 1985：129。
④ 闵尔昌 1974：3337。

的信息更全面(常包括获得旌表的和未获旌表的贞女)。但是,从汪辉祖的"表微"运动就可看出,即便高质量的地方志,也未必能把应包括的妇女全部包括进去,更不要说编纂得不太认真的地方志了。地方志编纂时间的不同也给地区比较造成问题。

表 3.2 中的数字来自乾隆朝的《钦定大清一统志》,它提供了一个比较统一的对比平台。该书是 1784 年官修的,依据地方政府上报的和中央政府的资料编订而成。它记录的贞女都是旌表获得者。表格中的数据按省划分,显示了朝廷表彰的贞女的分布。

表 3.2　《钦定大清一统志》中记录的贞女(四库全书版,按省划分)

省	元朝之前 (1279 年前)	元 (1279—1368)	明 (1368—1644)	清 (1644—1784)	总数
江苏	1	—	10	329	339
安徽	1	1	17	223	241
浙江	—	—	26	211	237
广东	1	—	14	153	167
福建	1	1	45	117	163
湖北	—	0	24	105	129
江西	—	2	24	38	64
河南	—	—	26	35	61
山东	—	2	6	37	45
山西	—	—	19	19	38
直隶	1	1	4	32	37
云南	—	—	21	13	34
四川	—	—	12	22	34
湖南	—	—	9	23	32
陕西	—	—	6	12	18
贵州	—	—	7	10	17
广西	—	—	1	10	11
甘肃	1	—	2	7	9
盛京	—	—	1	6	7

从表中可以看出以下几个特点。从明清比较的角度来看,不难发现,被表彰贞女在各省分布不均的情况只有到清朝才变得严重。地理上的转移也很引人注目。明朝一些贞女人数领先的省份(福建、河南、江西)在清朝没能保持领先,而江苏和广东在明朝比较落后,在清朝则名列前茅。

清朝期间,最显著的特征是南方的主导地位的确立。受旌表贞女人数最多的五省(江苏、浙江、安徽、广东、福建)均位于南方,而其核心则是长江下游地区。上述五省中,前三省(江苏、安徽、浙江)大致都可划入长江下游大经济地区,也是帝国的心脏地区。尤其是江苏,遥遥领先于其他省份,几乎占被表彰人数的四分之一。与之形成鲜明对比,在光谱的另一端是盛京(满人的发源地),然后是甘肃、广西、贵州、山西,基本上都散布在边缘地带。

这些数字自然有其局限性。但是,如果我们假定获旌表者的数量与某地方的实际数量基本成比例的话,那么仍能得出一些大致的结论。贞女现象在经济和文化比较发达的地区更普遍。在明清时期,就经济和文化发展而言,南方总的来说超过北方。尤其是长江下游地区,无论就商业化或城镇化的发展来说,都是最先进的地区。① 其教育和文化生活发达的一个佐证是,虽然这些地区人口密集、竞争惨烈,但科举考试极为成功。广东所在的岭南也是帝国的商业和城市化的一个中心。从贞女在各府的分布来看,也大致证实了经济、文化中心与贞女现象中心重合的结论。

---

① 按照施坚雅(Skinner)的分析,1843 年,长江下游地区的城市化率估计是 7.9%,占全国十个大地区之首;岭南地区的城市化率是 7%。见施坚雅 1977:213,235。

在某一既定地区,贞女最多的府常常位于该地区的核心地带(见附录,附录说明了江苏、浙江、安徽、广东几省的贞女在各府的分布)。

关于这一重合,大概可以从以下几个方面作一些解释。经济发达的地区也是人口密集的地区,因此贞女数量自然比较高。精英的力量集中,意味着这些地区有着更成熟发达的表彰贞女的社会网络,反过来也促进了贞女现象在普通民众中的传播。[1] 但除此之外,尚有其他原因。

长江下游地区的文化发达,不只表现为男子的社会和文学成就。近期的学术研究说明,在明朝尤其清朝,长江下游大经济区的女作者(诗人、选家、剧作家)的人数居全国之首,尤其集中在该地区核心地带的州府中。长江下游的妇女作为作者、读者、选家、评注家,形成了自己的社交和交友圈子。对文学修养的重视,甚 99 至会弱化男女有别的严格规范。比如,18 世纪受教育家庭的妇女,找一位年长的男子做老师似乎不是什么问题。[2] 这种比较有弹性的态度,可能也有助于减轻年轻女性在追求自己的理想(比

---

① 田汝康把学者与女性自杀联系起来,他评论说,节妇和贞女自杀的增多,与来自竞争激烈地区而又科举失败的学者的焦虑密切相关。田汝康写道:"男子赞扬那些服从于主导价值体系的女性的痛苦和磨难,这样也把自己看成分享了其道德成绩,实际上把自己转移美德的做法也看成是同样道德的。这样的机制让他们能享受到这一满足:与朝廷道德价值体系认同,又没有义务严格遵守其艰巨的要求,也就免除了要求服从的社会和道德压力所引发的沮丧或焦虑"。田汝康 1988:xiii。这种联系至多只是臆测,二者间的联络很不清楚。在写到节妇的男性作者中,有很多都是科举考试中最成功的人。男子的写作如何造成了女性自杀,在田汝康的书中未能说明。

② 关于女性文化,见高彦颐 1994。文人收女弟子的知名例子是著名诗人袁枚,他是年轻女诗人的大恩主。见曼素恩 1997:92—93;又见罗彬(Hamilton)1997。除袁枚外,杭州诗人陈文述也收女弟子。

如做贞女)时所面临的限制和压力。下面的章节会说到,很多贞女都读书识字,有些甚至是能言善辩的作家。"情""义"的观念是她们阅读的文学中常见的主题,也是激励她们行动的重要精神来源。这种社会文化气氛也培养滋长了贞女现象,因为女性之间的道义、情感支持,她们对贞女行为的领会,非男子所能共享。当男子为贞女撰文或征文时,女诗人也为贞女的英毅行为所激发而激情洋溢地写诗回应。她们的诗作表达了她们对耳闻目见的贞女的敬仰、支持、同情。①

但是,表格中的有些数字不容易解释。如果我们比较江苏、安徽、浙江三省中各府的数据(附录中的表 A.1,表 A.2,表 A.3)就会看出,有一些文化和经济上名气不大的府,其贞女数高于一些名气更大的府。比如,安徽的四个府——池州、宁国、凤阳、庐州——都比江苏的松江府数字要高,而其中前三个府的数字还高出江苏的江宁和浙江的湖州二府。在清朝,江苏和浙江这三个府的城市化、商业化程度要高得多,还拥有不少女作家②。这一差异表明,虽然在大多数地区,经济和文化发展水准与贞女现象有密切联系,但在其他某些地方,别的地方因素也可以强有力地激发贞女现象。

另一个问题涉及广东省的广州。广州府的贞女数列全国第一,甚至大大超出长江下游名列前茅的府。广州位于珠江三角洲,是岭南大经济区的核心,而岭南是明清时期另一个商业化和城市化的中心。这一点和我们前面的分析基本吻合。然而,其贞女数集中的程度之高,仍然超乎寻常,特别是当我们考虑到广州

---

① 这类文字很多都保留在完颜恽珠编的《国朝闺秀正始集》和完颜妙莲保编的《国朝闺秀正始续集》中。

② 见曼素恩 1997:231,表 A.2。

附近没有其他府与之相近时。有两个因素能提供进一步分析这 100
一问题的线索。首先,该地区有强大的家族组织。我们大概还记
得,明朝遗民屈大均就是广州府番禺人,他很自豪本族中出了
两个贞女,他的声音暗示着各家族之间存在着某种竞争。其
二,广州府某些地区的妇女有拒绝结婚的风俗,还有一些不寻
常的婚姻模式,比如"延缓入家"①。这里,最值得注意的是,"延
缓入家"的核心地区的顺德县,其贞女数量超过广东其他各县,达
41位,雄踞全国之首。我们大概可以说,较为宽松的婚姻制度
和结构,使青年女性追求作贞女较为容易。未婚守贞在当地被
称为"守清"②。

　　在注意到地区差异之时,有一点应该强调:到清朝后叶,由于
传播和表彰贞女的机制运作已很成熟,贞女现象已经传播到了最
偏远的一些地区。如果没有朝廷、地方政府、文人的大力活动,贞
女现象不可能在如此漫长的时期内持续发展。但上文描述的只
是构成贞女现象的一个方面。在公众的赞美旌扬的背后,在道德
或宗教的话语之下,是交织着冲突与妥协、梦想与绝望、成功与挣
扎的个人故事。这些发生在家庭内部的矛盾冲突和发生在外部
政治和社会领域的运作有千丝万缕的联系,但从根本来说,贞女

---

① 在这种婚姻形式中,新娘与自己父母住几年,然后才搬去与丈夫家同住。理想的
　状态是,在分居期间,她在节日去他家并怀孕。"延缓入家"的中心是顺德县,也
　扩展到了南海、番禺、中山、三水、鹤山、东莞县,它们大都位于广州府。斯托卡德
　(Stockard)1989。要注意的是,这些婚俗的历史还不清楚。斯托卡德的人类学研
　究集中在19世纪末20世纪初。如果假定这些习俗在之前已经存在了一段时间,
　也许不算是无稽之谈。
② 按照斯托卡德在80年代初做的采访,被采访者告诉她,"这种冥婚有很多限制,包
　括新娘马上要与夫家同住,所以新娘常常不愿嫁给死去的未婚夫"。斯托卡德
　1989:91。这一说法似乎与清朝的数据不太符合。

现象扎根于明清社会的家庭制度和性别体系中。在下面几章中，我将把焦点转到贞女现象的这一"内"的方面，首先讨论家庭（娘家和夫家）对贞女现象的反应，然后讨论贞女本身的行为、生活和她们的精神信仰问题。

第二部分 选择

　　下面三章,我们将把分析的重点从贞女现象的外部历史转移到贞女事件实际发生的内部场所——家庭,探索家庭内部因贞女而引起的波浪翻覆,尤其是贞女的主体性问题。第四章将围绕着面临女儿(或"儿媳")立誓守贞、归嫁夫家、为夫立嗣等事件而引发的冲突和协调,分别从贞女的母家和夫家的视角,分析他们在怎样的文化、社会、经济的前提和关切下,从最初的阻止走向最终的让步。无论母家夫家,他们所选择的立场既受经济利益、道德价值观的影响,又受人类亲情的制约。对这些问题的分析,将有助于理解父母——女儿的关系以及女儿在家庭中的位置。

　　第五章从贞女的殉死现象入手探讨她们的情感、信念和心理。尽管导致贞女自杀的客观情境形形色色,有一个现象却无独有偶:很多贞女为自尽做精心准备,身穿带有象征意义的婚服或丧服从容赴死。历史资料中的这类丰富细节留下了关于贞女的自我认同和价值观的蛛丝马迹。这一章将详述造就和培养了贞女的情感和行为的文化与社会环境和制度,对这些年轻女子如何为贞女这一理念所吸引的问题,提供一些思考。在塑造贞女性别角色意识的众多因素中,妻子的忠贞这一核心儒家女德只是其中一项。父系的家庭体制,童年订婚,"义"和"情"的文化理想,以及女性教育水准的提高,通俗戏剧的传播,都对贞女的荣辱观、成败观产生了深刻影响。

本部分的第六章叙述守贞终生的贞女们的故事。她们不寻常的生活历史,起步于催人泪下、被公众大力渲染的婚礼。在身为贞女的生涯中,这些年轻女子不只获得了某种成就感甚至某种权力,她们遭遇到的更有始所未料的情感的困苦和生活的磨难。本章将说明,贞女行为准则的基点是与社会隔离与自苦。这种行为准则,反映出她们从主观和客观上对自身作为"女性"易受侵犯的一种判断。

这些分析力图表明,把贞女的选择纳入儒家礼教的框架加以解释,不论将其看成儒家道德的终极表达,还是将其看成儒家道德观的受害者(贞女因迷醉于儒家意识形态而无法做出别的选择),都过于简单化,经不起历史材料的检验。本书引证的丰富例证说明,年轻女性虽然处于种种控制和约束之中,但她们绝不乏应对抉择的能力。而明清时期的家庭、文化、经济和宗教制度影响下的丰富的观念和信仰,是她们作出选择的基础。

第四章　劝阻：贞女的母家与夫家

　　1780 年，朝鲜学者朴趾源（1737—1805）在访问清朝皇帝的避暑行宫热河期间，与一位中国朝官有过一次对话。这位官员告诉朴趾源，贞女的做法已成"痼弊"。有远见的父母为了减少陷入贞女困局的风险，会等女儿到了 15 岁才开始为她做出婚姻安排。① 距这场谈话为时不远，彭绍升（1740—1796）写完了《四贞女传》，他的朋友理学家罗有高（1735—1779）即对此文作出评论，在文章的最后他批评了在他看来不理解贞女志向的父母，"鲜能以德爱子，以遂其情性之正"②。数十年后，俞正燮（1775—1840）著文，对福建地区的一些父母沽名钓誉，强迫年轻的女儿自杀做贞女的风俗表示极端厌恶。

　　这些历史记录虽然视角大相径庭，均提醒我们，贞女对其家庭带来的影响之深刻和直接。当明清政府、文人、地方社会大力赞美贞女时，贞女的母家和夫家则面对完全不同的局面。每一个贞女故事从本质上说，都是一则充满焦虑和精神折磨的家庭故事。贞女立志守贞或自杀，不仅把父母和公婆投入到公共视线中，也造成了一种双方家庭本来不需面对的困局。这些矛盾交集的时刻，为

---

① 朴趾源 1997：131。
② 罗有高 2002：330。

104 考察明清社会中围绕女儿而产生的家庭机能提供了独特机会。

当女儿(或未婚儿媳)为贞女的理想所吸引而决意守贞,贞女的娘家夫家由无奈到接受现实。本章将叙述贞女、贞女父母、未婚夫父母之间的矛盾、妥协、关切、情感。围绕贞女而产生的这些矛盾、妥协、关切、情感,将国家政策、道德价值观、人类情感、家庭的社会经济关切之间的复杂互动关系展示无遗。它们以独有的形式揭示了明清时期关于年轻女性在家庭中位置的社会和文化观,父母与女儿的关系,以及女儿在家庭中所受到的限制和所能施展的影响。

守贞——唯一的出路?

夫婿未婚先亡,在任何历史时期都有发生,但是,只有到了明清阶段,由于贞女现象的兴起,这类事件才引起了公众注意。人口统计数字并未显示明清时期已订婚男子的死亡率比以往提高,尽管他们的死亡似乎与明清特有的社会问题不无关系(比如来自精英家庭的年轻男子的死亡,常与应试科举过于辛苦或落第后的沮丧忧郁有关)。

对失去未婚夫的女子来说,守贞终身是否是唯一的被人尊敬的选择?并非如此。事实上,再次订婚是历来的常规做法,即使在明清时期,再次订婚仍很常见。各地习俗对失去未婚夫的悲剧提供了各种补救办法。浙江嘉兴的地方志说:"男子未娶而死,亦往女家报讣,女家上餐一席,聘饰或还或不还。"①一场宴会结束

---

① 丁世良与赵放 1995:700。该地方志是 1917 年发表的。在描述了这一地方习俗后,编撰者评论说:"此事今不行已。"

了两家的订婚关系。江苏苏州地区的习俗与此稍有不同。"女未过门而夫婿已逝，谓之'望门寡'。女家照例退还聘金，收还庚帖，重行匹聘……其永矢不嫁者，贞女是已。"① 也可以通过举办"冥配"来结束悲剧。比如在山西省，"凡男女纳采后，若有夭殇，则行冥配之礼。女死归于婿茔。男死女改字者，另寻殇女，结为婚姻"②。

再次订婚不仅为当地习俗所允许，也符合儒家之礼。《礼记》中有一章专就未婚夫（或未婚妻）不幸早逝的情况而提出处理办法：如果男子（或女子）在婚礼日期定好后死去，其未婚妻（未婚夫）应身穿丧服前往吊唁，死者下葬后即脱下丧服（表明两人关系的结束）。③ 我们在本书的第七章会看到，贞女的行为是否合于礼法使明清学者争论不已。尽管学者们的意见大相径庭，大多数人都同意，儒家教义并不阻止失去未婚夫的女子再婚。他们的争辩聚焦于，儒家经典是否暗示，贞女的做法代表着一种更高尚的选择。实际上，即使是为贞女作诗立传的文人，其态度也常常是矛盾的。虽然他们敬佩贞女，认为她们的行为足以对他们认定的"世风日下"的时代产生有益作用，但他们也承认这一行为并非儒家经典所规定。④

---

① 周振鹤 1989:22。关于其他地区在未婚夫（未婚妻）死后的经济补偿，又见梁治平 1996:73。

② 孙诗樵 1873:6/106。

③ 阮元 1965:《礼记》:5:366。

④ 比如，渔家女儿何贞女在未婚夫死后自杀。吴定在何贞女传中评论说，如果何生在诗书之家，有机会听到讲解儒家礼仪，她就会更紧密地遵守古代圣贤的"中正"之轨。吴定 1887:9/18b。吴定在贞女讨论中的立场是矛盾的。他家出了两位贞女（其中一位自杀）。总的来说，吴定是贞女做法的鼓吹者，但他认为，如果一个年轻女子在"纳征"之礼前失去未婚夫，她就该顺从父母，再次订婚。同上书:2/29a - 31a。

可以推断，年轻女子再次订婚的前景因人而异，她的年龄、才貌以及家庭的社会和经济地位，都会影响她第二次订婚的机会。但是没有证据表明，失去了未婚夫，一定会损坏该女子正常结婚的机会。这里的一个关键因素是，与节妇不同，贞女尚未成婚，仍然年轻，仍是处女。实际上，在有的情况下，贞女的名声据说能提高她在婚姻市场上的价值。1471 年，18 岁的赵贞女与死去的未婚夫完婚（对方是京城高官之子）。她的名声之好，甚至引来京城的精英家庭竞相求婚。① 这个叙述可能有所夸饰，但是，贞女嫁不成问题这一点毋庸置疑。

¹⁰⁶　　未婚夫死去不久，贞女仍在守丧期间，媒人常常就开始上门。我们在下一章可以看到，父母、兄嫂、媒人瞒着贞女为她再次订婚，是导致贞女自杀的主要诱因。因未婚夫死而再嫁的故事留下来的很少，然而，即便在贞女传记中，这类故事也偶露端倪。比如，礼学专家孙希旦（1736—1784）用圣贤之教没能说服自己 16 岁的女儿放弃做贞女的念头，他的妻子尝试了另一种方法（虽然结果也是徒劳）。她对女儿说起一个未婚夫死后又订婚的女子之事："今亦有子，而夫亦荣贵。"②由此可见，即便在贞女传中，再次订婚的情况在叙述时也并不是负面的。而在这一传记文类之外，再次订婚的女子甚至可以成为赞美的对象。清朝短篇小说《显神通智恢旧业》中，聪明勤劳的云娘失去了第一个未婚夫后嫁了别人，她被赞美为拯救了衰落的夫家的有功之臣。③

---

① 顾清 1983:1261;624。又见陈洪谟 1995;64—65。
②《碑传集》:7234。
③ 听风堂主人 1994:635。

贞女的阶级与教育背景

如前所述,在贞女现象发展的最初阶段,贞女主要来自精英家庭。而到了清代,平民之家的女儿亦为贞女的观念所吸引。以下根据钱仪吉(1783—1850)编纂的《碑传集》作的统计数字,给我们提供了贞女的社会背景构成的一个小样本。该书收录了 61 位清朝贞女的传记,其中 40 位的家庭背景可以大致确定。在这 40 位中,24 位出身于官宦或文人家庭(其中有两位的父亲是大学士),16 位来自普通家庭(大多是农民和小商人家庭)。[①] 这些资料不能说有典型的代表性[②],但考虑到文字记录常偏向于精英家庭而非下层,它们很可以说明贞女在阶级构成上的多样性。在清朝,普通人家和高门大户的女儿都有可能成为贞女。

出自下层的贞女大都不识字,"少诗礼之教"(也就是儒家经典教育),但是她们深明大义,使为她们写传的文人们惊叹不已。[③] 另一方面,受过教育的女子构成了贞女的很大一部分,反映了明清时期精英家庭中女性的很高文化程度。比如大学士朱轼的女儿便谙熟典籍,她"通四书、小学、周易、毛氏诗、礼记,旁及史汉八家"[④]。大学士彭元瑞的女儿"经无不通,并注疏亦皆成诵"[⑤]。很多教育良好的贞女也接受过诗歌训练——诗歌是明清女性最偏爱的文学体裁。在贞女不同寻常的一生中,写诗是她们

———————————

① 《碑传集》:152—160 卷。
② 此书中收录的主要是嘉庆朝(1796—1820)之前的传记文章。见冯尔康 2000:119。
③ 《清文汇》:2231。值得注意的是,"少诗礼之教""明大义"是文人赞美社会地位较低的节妇烈女时常用的词。
④ 《碑传集》:7209。
⑤ 搏沙拙老 1994:上/79。

最私密的自我表达形式。18世纪完颜恽珠所编的《国朝闺秀正始集》中，贞女的诗歌展示了知识妇女崇高的道德情操的最亮点。

虽然识字和优良教育不是决定贞女的人生选择的终极要素，却可以影响她们的选择。颜贞女受教于祖父，她尤其精通礼仪文献。在为自己立志守贞的决定辩护时，她便大量引用了礼仪文字。[1] 当遇到未婚夫死这样的人生危机时，年轻女性的选择与她们的社会地位和经济地位分不开，而她们的阶级背景和教育程度也影响她们应对和处理危机的方式。虽然来自不同的社会和经济阶层，有一点是相同的：贞女们都认同一套核心的社会和文化价值观，这是她们选择守贞的基础（第五章将更详细讨论此问题）。贞女理想对来自不同阶级背景的年轻女性共有的吸引力，似乎表明了明清时期跨阶级的意识形态和文化整合的程度。

父母—女儿的冲突

虽然贞女的父母们的社会和经济背景不同，在坚决阻止女儿守贞这一点上，他们是一致的。父母的反对是贞女故事的突出情节。反对女儿守贞的背后有经济、情感、文化上的各种关切。在贞女的传记中，文人强调父母—女儿的冲突似乎有两个目的。其一是为了显示女儿守贞的决心。在一个以遵从父母为最高价值的社会中，违反父母的意愿给女儿带来的精神痛苦不言而喻。因此，违背父母而产生的情感煎熬的细节，可以彰示贞女的勇气和自我牺牲。也就是说，为了更高的道德理想，贞女牺牲了对父母的一己私情。其二，父母的反对被描绘为父母之爱的一种表达。

---

① 《清文汇》：561。

在明清人看来，父母——子女的纽带是"天合"，不同于由婚姻联结的"人合"。父母之爱出自天性。出于对子女的爱，父母当然会竭力劝阻女儿走上一条在他们看来是反常的、会使她在未来生活中受苦的路。

　　贞女传记常常以描述贞女请求吊唁未婚夫、嫁往夫家为开端，以她试图自杀为结尾。王媛的事便是一例。当王媛的未婚夫死去时，她父亲向她隐瞒了消息。她只是在未婚夫的丧葬队伍经过本村时，才偶然得知。虽然王媛苦苦哀求，她父亲仍不许她去未婚夫家守志："媛退欲求死，母甚爱之，昼夜防护，然几死者数矣。"[1]作者们常常把父母——女儿的互动，按照"严父""慈母"的文化观念来建构。父亲是严厉的，母亲是体贴的。父亲给予女儿精神上的引导，母亲给予情感上的支持。除个别例子之外，预见到女儿的自杀企图并加以阻止的几乎总是母亲。这些叙述中的母亲都敏感、有同情心，理解女儿的悲苦。她们虽然不同意女儿的选择，但始终陪伴在的女儿身边。相反，不敏感的父亲的反应则可能是对抗性、压制性的。当女儿表示守贞不嫁时，康熙朝的御史吴一蜚训斥有加，视为耻辱。[2]　无论其教育水平如何，父亲都可能表现类似的狂怒。[3]　当然，最后，严厉的父亲也会屈服于倔强的女儿。比如，当女儿千方百计试图自尽时——绝食，跳井，吞约指（是未婚夫家的聘礼）——吴一蜚"怜之且悔"，允许她在家

---

① 《碑传集》：7224—7225。

② 王源 1985：501；吴秀之 1970：1539。王源在他为吴氏写的传记中没有写吴一蜚的名字，大概是怕让他难堪。

③ 比如康贞女来自卖米的小商人家庭。她请求父母让她去吊唁死去的未婚夫，父兄大怒，骂她"女乃狂耶"。《碑传集》：7085。

109　中守节。但他最终食言,导致绝望的女儿自杀。①

　　在典型的贞女传记中,紧接着女儿与父母对抗的描述,故事便转到摹写父母竭力防止女儿殉死的各种努力。亲友都被叫来帮忙,有时父母送女儿去亲戚家小住。下文这类记录戏剧化地再现了贞女家人经历的痛苦和疲惫。1755 年,浙江嘉兴小商人家的女儿伍五姑多次试图自杀,几乎让家人崩溃:

> 于是伍氏内外无安寝者。家傍市,前临通衢,邻药肆,后户枕溪水曰斜汇。居楼三楹,楼西为竈,竈庭有井。乃键户塞井,戒女鬟往肆中,禁刀尺巾帨之属,防慎无所不至,有时破槛以入,决户牖以进,甚且撤墙垣为备。②

虽然有锁门、塞井、破窗、拆墙等种种措施,五姑最后还是抓住防备松弛的间隙自缢而死。

　　父母的焦虑和绝望感自然十分深重。母亲别无他法,会诉诸女儿对自己的爱以打消她自杀的念头。这些母女间的情感交流在贞女传中常常描绘得很详细。五姑的母亲说:"若婉顺,能佐母,母善病,倚若为命,今若死,母不独生也。"五姑在这之后的确暂时开始进食。③ 有的母亲走投无路时,也会措辞严厉。当各种劝止女儿自杀的手段都用尽后,薛坤的母亲对她说:"儿生平靡事不顺老人意,故二老人视儿如掌上珠,今欲不爱父母,父母又奚汝爱为? 即死则当弃之中野,不能更视殓汝!"结果 17 岁的女儿还是自缢而死。④ 当事实证明女儿是说服不了也威胁不了时,有的

① 王源 1985:501。按照吴氏在《江南通志》(177 卷)中的传记,她在雍正六年(1728年)获旌表。
② 《碑传集》:7140。
③ 同上。
④ 同上书:7087。

父母最终会求助于神灵的指示。贞女画家姜桂与父母同住的三 *110*
年中,亲戚都认为她父母不应让她守节。最后父亲"斋沐而祷于
神,神示吉兆,遂听之"①。

矛盾的责任：贞与孝

上述这些贞女故事都触及到一个不易解决的主题:即贞女面
临的互为冲突的两种道德责任——对父母的孝和对未婚夫的贞。
女儿把最后的忠诚如此坚决地放在未婚夫一边而非父母一边,在
情感上令父母难以接受。当吴满好要为未婚夫殉死时,她父亲
说:"儿不忍忘未事之夫,而忍忘鞠育十余年之父母,谓父母
何?"②贞女传记中女儿的负罪感处处可见。有的在最后的遗言
中,请求父母原谅自己不能回报他们的爱。比如,叶贞女在绝命
诗"谢母"中写道:"舍生违母心,我心亦悲切。"③有的贞女希望自
己未尽的孝会由兄弟来完成,由此得到一点安慰。④

贞女传记反复强调贞女的极度情感痛苦(尤其是在自杀的情
况中),揭示了公众想象贞女自杀时产生的情感共鸣。女儿在深
深的痛苦中秘密地准备自杀,竭力掩盖自己的情感以完成计划。
夏贞女在镇静地为自杀做好准备后,与母亲告别:"搴母帐视之,
母问:'儿何不睡?'曰:'欲再看吾母耳。'"她回到自己房间,自缢
而死。家里谁也没有料到她即将自杀。⑤ 另一个例子是 17 岁的

---

① 《清文汇》:1367。
② 吴定 1887:11/12a。
③ 完颜妙莲保 1836:3/6a。又见《国朝闺秀正始集》:10/3b，13/13a，17/14a；徐珂
　 1996:3104。
④ 完颜妙莲保 1836:3/4b。
⑤ 钱大昕 1997:9:689。

徐氏。在听到未婚夫的死讯时:

> (她)忍泣入房,繙素所剪描花谱,啮而毁之。嫂怪问,曰:"无需此,且不欲母见也"。易衣履,走摘所手莳瓜茄之属进母,母不尝,继以椒,母笑曰:"女能啗乎?"啗之得零泪如雨,去,微有哽咽声。母谓其嫂曰:"渠恸不可忍,姑听之,俟炊熟相唤也。"唤则悬门楣上绝矣。①

她是在未婚夫离世的当天自缢的,未婚夫死于早晨,她死于晚上。我们无法破解她的行为的确切含义,但这些细节生动地显示了她的悲痛欲绝。难道"摘瓜茄之属进母"这些行为是女儿尽最后孝心的表示?

女儿的孝顺,妻子的忠贞,是国家通过旌表制度推行的主导的性别价值观(孝也是旌表的一个门类)。女性一生中两个角色都得担当。儒家道德要求女子结婚后,把对父母的孝顺转为对公婆的孝敬。如古老谚语所说,新妇应当"内夫家,外父母家"②。这种以压制父母与子女之间自然的情感纽带为基础的观念,在明清时期,通过女性教谕作品传播而强化。这类作品教导女性把自己完全献身于夫家的父系利益。③ 具有反讽意味的是,即使是在教化文字中也不乏孝与贞的矛盾,比如,拒绝结婚以在家中侍奉父母的孝女也会得到社会的表扬。

孝与贞的冲突——即把妻子的贞与女儿的孝直接对立起来——显示了儒家意识形态系统中的矛盾。但只有到贞女现象蔓延,这一矛盾才浮现于表面。处于矛盾核心的是贞女的模

---

① 《碑传集》:7206。
② 班固 1983:1961。
③ 杜芳琴与曼素恩 2003。

糊身份。父母和女儿对这一身份的看法是不同的。在父母看来，作为未婚的女儿，她应该服从、孝顺父母。但贞女却把自己看成是妻子和儿媳。这在父母看来是不孝之举，在贞女看来却是忠贞之行。值得注意的是国家在这一意识形态冲突中的立场。国家赞扬贞女，即表明了它站在贞女女儿一边的立场。在支持贞女女儿的举动时，国家选择削弱父母的权威，实际上把贞置于孝之上。

我们不妨把这种贞与孝的矛盾与我们熟知的谚语"忠孝不能两全"中反映的矛盾作一比照。后者指的是经典的英雄（如明清 _112_ 通俗舞台上的南宋爱国将领岳飞）遭遇的两难境况：在国家危亡之时，他必须在对国家或君主的忠和对父母的孝之间进行选择。冲突的最终结果往往是，在父母的训导下（常常是母亲，因而母子俩的德操在这一行为中均得以体现），这位英雄响应君主或国家的号召。忠为先，孝次之。这个解决办法似乎反映了这样一种观念，即对君主国家的忠是公的使命，它比侍奉父母这一私的、个人的责任更为重要。

正是基于类似的观念，贞女的选择得到了社会的尊敬，她对父母的违抗被原谅。贞女把对父母的个人情感置之一旁，而选择献身于一种缺乏个人感情纽带的道德理想。在这一语境下，"贞"比"孝"显得更为难能可贵是因为，贞女为了一种非自然建立的关系而割舍了自然的个人的情感联系。贞与孝的这种等级区分再次表明了明清社会道德实践的极端性：压制或摈弃自然的情感，是这一时期极端道德实践的本质特征。贞女们的选择同时说明，明清社会教育年轻女性把忠贞转移到夫家的道德运动确有成效。尽管不无情感煎熬，对贞女来说，何去何从的选择是一清二楚的。在另一个意义上说，明清政府和道学家对贞的强调，也许产生了始料未及的后果:它使年轻的女儿违背父母以追求自己选择的生活道路成为可能。

面对"抗命"的女儿

贞女的父母们千方百计阻止女儿守贞,究竟出于何种考虑?贞女传记非常强调父母和女儿的冲突,但很少明述父母反对女儿守贞的原因。这一问题之所以缺少解释,大概是因为对作者的同时代读者来说,原因太明显,无需解释。而我们如果透过传记文字的表层,仍可以找出一些缺失的重要信息,有助于我们理解贞女现象在明清的发展,尤其是父母—女儿冲突的深层缘由。

113　　明清社会看待女儿幸福的一项根本的文化理念是,让女儿及时成婚。女子生来就是要结婚的:"女子生而愿为之有家。"[1]出自孟子的这句谚语代表了一种古老的原则,常被用以强调女儿及时结婚的重要性。女子真正的家是她的夫家,只有当她做了妻子、儿媳、母亲,她的一生才算完满。年轻女性尚未结婚就死去是个巨大悲剧。17世纪作者孙枝蔚(1620—1687)在给自己17岁病逝的妹妹的祭文中,充满感情地说:

> 呜呼,三世儒门教行,深闺素封之子,人愿为妻……竟未受聘,此理难稽!呜呼,兰香远闻,无论空谷。焉有淑女,室家不足。吾妹何辜,不如朴樕?语及于此,悲动亲族。[2]

未婚夭亡是一个女子最可悲的命运。作为兄长,孙枝蔚哀怆地表达了他的这种观念:对女性来说,如果没结婚,生命就是不完整

---

[1] 焦循 1986:251。
[2] 孙枝蔚 1979:5/1187—1188。

的。诚然,与未成婚而夭折的不幸女性形成对照的最幸福的女人,是"儿孙满堂"的老祖母。

在清代,独身是极少数女性的一种生活选择,包括出家为尼或为女道士,终身不嫁以陪伴照看年迈的父母或帮助养育弟妹等。出家没有像以前佛家影响强盛时那么体面。从明清文学中可以看出,儒家精英常常把尼姑看成可疑的人,将她们拒之门外,以免对家中妇女产生恶劣影响。而另一方面,为孝敬父母而拒绝结婚的女儿得到社会的高度尊敬,被称为"孝女",可获得国家奖励。但这样的孝女尽管道德上受到尊敬,却是人们同情的对象。

终身不嫁的女子的生活是不完整的,而守寡则是已婚女性遇到的最大不幸。儒家意识形态认为寡妇守节具有很高道德价值,*114*但人们普遍承认,寡妇守节是以忍受艰苦为代价的。常用在寡妇身上的"苦守"或"苦节"二词,精辟地传达了大众的看法,对守节寡妇的尊敬也在很大程度上反映了这样的理解。①

贞女既"未婚",又是"寡妇",则是一人担当了两种不幸。如果守寡是最悲惨的生存状态,那么尚未结婚而忍受寡妇的生活就尤其艰难。清朝的作者们这样总结贞女与节妇的区别:节妇能忍受艰苦,因为她在多年的婚姻中与已故的丈夫、夫家尤其是自己的孩子,已经建立起了多方面的纽带。但贞女没有这样的纽带以获取相应的安慰或支持。② 此外,如果夫家不给她立嗣,她在步入老年后便无人照顾。这些正是齐贞女的亲戚表露的顾虑。齐

① 在男子写的女性传记和回忆录中,受苦的寡母的形象占据了中央舞台。尽管这样的叙述部分而言是由体裁决定的(女性在身体上的奉献和忍受的苦难,最能代表母亲的德行),但熊秉真的研究说明,这一形象也的确反映了当时的现实。寡妇的苦难大大强化了母子之间的纽带。熊秉真 2005:136—145。
②《碑传集》:7288—7289;《清文汇》:427。

贞女请求父母让自己嫁入未婚夫家，并千方百计以毁容或自杀相威胁。她的婶婶引了三条理由来开导她：夫家贫穷，公婆性情严厉，年老时无人依靠。但齐贞女不为所动①。

齐贞女当时只有 17 岁。大多数贞女在失去未婚夫时都在十几至二十出头之间。父母在对女儿的守贞请求作出回应时，其年龄是一个重要的考虑因素。让花季年华、待嫁闺中的女儿，忍受守寡是最大的不幸，父母在情感上是极痛苦的。当 12 岁的卫贞女求父亲让自己作贞女时，父亲十分爱怜地对她说："岂有苦节绳童孩。"②在另一个例子中，婆婆阻止 18 岁的女孩嫁进自己家，说"汝年少，一转首，乐地多矣，何自苦为？"③

与"苦节"形成鲜明对照，社会为年轻女性设计的理想生活是包括夫妻恩爱在内的。在更深的层次上，"苦节"暗示着贞女必须克制性欲。这一问题是当时人最感兴趣的，但也是贞女现象中最少被公开谈论的。我们在第六章可以看到，甚至文人写的赞美诗中，也常常暗示贞女被剥夺性快乐这一点。青春年少的贞女的性的问题不仅使诗人感兴趣，也是街头巷尾的谈资。可以理解，这样的街谈巷议是父母最不愿看到的。

除了对女儿未来生活的担忧、对女儿的爱、对流言的畏惧外，有的父母阻止女儿守贞是因为在他们看来，贞女这种理想令人反感。虽然政府和文人大力赞扬贞女，这些父母还是深信女儿的选择违背了社会规范甚至礼仪，因为"男女居室，然后夫妇之道

---

① 《清文汇》：1569。
② 朱琦 1829；12/4b。朱琦在另一首诗中再次提到了这位 12 岁的卫贞女，见 15/6b。
③ 《清文汇》：2225。

成"①。尚未婚配便自称是已故未婚夫之妻,是"无耻"的举动,会被邻里所耻笑。② 就这一点而言,最痛苦的父母应当是像孙希旦这样的学者父亲,他女儿在为未婚夫守节七年后死去。我们在第七章会回到这一问题。

即使有的贞女父母不持此种态度,他们也另有理由将女儿再受聘别嫁。如果第一次的婚约不如人意,未婚女婿的死正好提供了一个摆脱婚约的机会。③ 此外还有一项更普遍的理由,即第二次订婚从经济角度来说有利可图,女家可以得到第二套聘礼(在那些允许未婚夫死后保留聘礼的地区)以及新的社会关系。实际上,"贪心"是一些父母逼女儿再次订婚、导致她们自杀的一个主要原因。在回批为一个名叫开姐的贞女请旌题本的上谕中,乾隆皇帝谴责了开姐贪婪的父母,指出开姐最初志在守节,如果不是她父母贪得另聘财礼,她也不会自尽。"迨至其女自缢,又复具呈请旌,冀领坊价。所领尚浮于伊殡葬之费。且领价之后建坊与否,均未可知。是国家绰楔之典,适以饱伊不肖父母之欲。"④乾隆下令在贞女家门上挂匾额来安慰开姐的灵魂,但她父母得不到奖励或赏钱。他接着下令,这道上谕将适用于全国的其他类似情况。类似开姐父母的这种情况大概并不少见,但对许多女儿以自杀来逃避再婚的贞女父母来说,乾隆的尖锐批评也许并不公平。乾隆朝,对贞女节妇的奖励的请求大幅度增加,成了让皇帝头疼

116

---

① 当时这一看法在知识分子和非精英阶层中都很普遍。比如,见龚景瀚 1840:4/10a;《碑传集》:7233;《清文汇》:2329。

②《碑传集》:7167。

③ 比如,见张澍 1837:22/3b-4a。有的女方父母甚至在未婚夫还活着时就想悔婚,原因常常是男家的贫穷(如第二章中王秀文的情况)。

④ 席裕福 1969:7358。

的问题。乾隆的上谕甚至也许是一种经济策略,旨在缩减国家的奖励开支。

父母威逼的问题

无疑,有些父母的确把贞女女儿作为一种获利的手段。这样的父母常常不是强迫女儿再次订婚,而是强迫女儿做贞女甚至自杀。李慎传(1833—1882)等反对贞女现象的学者即提到过这样的现象,他们的批评对贞女故事的道德主义建构提出了挑战,揭示了父母—女儿关系的黑暗面。[①] 对这种现象最锋利的批评出自俞正燮笔下。他在措辞尖锐的《贞女说》一文中指出,贞女的做法过于极端,不合婚姻之礼,是"贤者未思之过"的结果(当时的很多批评者都持相似看法)。接着,俞正燮引用了下面这首震撼人心的诗歌。该诗描述的是福建的习俗:

> 闽风生女半不举,
>
> 长大期之作烈女。
>
> 婿死无端女亦亡,
>
> 鸩酒在尊绳在梁。
>
> 女儿贪生奈逼迫,
>
> 断肠幽怨填胸臆。
>
> 族人欢笑女儿死,
>
> 请旌藉以传姓氏。
>
> 三丈华表朝树门[②],

[①] 李慎传 1884:1/43a—44b。

[②] "丈"是直线丈量单位,比 10 英尺稍长。"华表"暗示着国家已经给予了奖励。

夜闻新鬼求返魂①。

在暗示了当地普遍存在溺婴之风后，这首诗描绘了令人毛骨悚然的年轻女儿在父母和族人的逼迫下自杀做贞女的场景。俞正燮是清朝最有独立思想的学者之一，曾撰文批评节妇的做法，为妒妻辩护。他对在性别极端不平等的社会里妇女的遭遇，表现了独特的敏感，提倡较为平等的婚姻关系。② 因此，由俞正燮提出对 *117*
贞女问题的强烈关切，是情理之中的事。

下面这则描写 19 世纪贞女寡妇公开自杀场面的资料，为俞正燮引用的诗做了注脚：

> 福州旧俗，以家有贞女节妇为尚，愚民遂有搭台死节之事。凡女已字人，不幸而夫死者，父母兄弟皆迫女自尽。先日于众集处，搭高台，悬素帛，临时设祭。扶女上，父母外皆拜台下。俟女缢讫，乃以鼓吹迎尸归殓。③

> 闽俗有夫亡无子者，往往择数百步空旷之区，高筑一台，悬赤绳于梁上，周围播粟麦少许，族姻长幼次第跪拜，扶掖投缳，旁观者啧啧称叹以为荣。④

关于这种"搭台死节"的记载还有一些。⑤ 此风可以追溯到明朝，但起源还不清楚，几乎都出现在福建省，尤其是福州府。从清朝开始，当地政府认为这是"恶习"，不能表现节妇的美德。他们反

---

① 俞正燮 1965：495。
② 见罗溥洛（Ropp）1976；曼素恩 1991：210—212。
③ 施鸿保 1891：9：122b。
④《长乐县志》1869：20/24b。
⑤ 见田汝康 1988：48—56。

复严令，威胁要对那些鼓动"搭台"的人施以重惩，以取缔该做法。① "搭台死节"的常常是寡妇。当地官员称，贪婪的亲戚能从寡妇的死中得到物质和其他方面的好处，因而逼迫她自杀。但是，搭台自杀也可以是绝望的寡妇的抗议或报复。②

"搭台死节"在传记中很少记载，仅零星见于地方志中，显然是因为传记这一体裁的目的不是揭恶，而是扬善。而且将父母的邪恶揭示于众，也可能会对贞女本身的形象产生负面影响，因为这会让人怀疑她本身的道德决心。因此，我们很难推断"搭台死节"的规模和频率。但对另一种形式的自杀，传记作者和地方志作者似乎并不觉得有何不妥。有的文献记载中称之为"奔殉"（贞女赶去哀悼未婚夫，然后殉死。第五章将会详述）。"奔殉"似乎完全在家庭的私人环境中进行，但都出现在"搭台死节"的地区。和"搭台死节"一样，在整个骇人的过程中，似乎没有人认真采取措施来干涉该贞女的行为。这些都强烈说明当地习俗是支持这一做法的。

可以想见，这些记载所反映的情况是俞正燮引用的那首诗的写作背景。地方上的鼓吹宣扬、名誉，更不用说可能带来的旌表

---

① 雍正朝的福建巡抚赵国麟曾发起运动，清除这一做法。他给雍正的上书见《世宗宪皇帝硃批谕旨》1983：424：547。赵国麟下令禁止节妇公开自杀的告示全文，收在《福建通志》1737：530：639—640。乾隆朝的另一个官员颁布了更严厉的措施。他把那些没有采取行动阻止节妇自杀反而怂恿她死的人称为"残忍""疯狂"，并说要将其判处死刑。《福建省例》1964：1198—1199。咸丰年间，长乐县令也采取行动，据说完全铲除了该习俗。《长乐县志》1869：20/24b - 25a。

② 雍正朝有一个事件：女子的新婚丈夫被继母虐待，投河自杀。丈夫死后，继母想把女子嫁给自己的儿子，但遭到拒绝。于是继母谋划要把她卖到远方，最后女子在台上公开自杀。地方官调查了此事，惩罚了继母的儿子，继母因是儿媳的长辈而被免罪。见《世宗宪皇帝硃批谕旨》：424：547。在另一事件中，一个可怜的节妇想把公婆的牌位放在族里的祠堂中，但筹不到族规要求的钱额，于是她宣布要搭台自杀。地方官听说此事，下令族人为她募捐，阻止她自杀，并威胁说如果他们没能阻止她自杀，就按法律追究他们的见死不救之罪。《长乐县志》1869：20/24b - 25a。

奖励，都会激发父母和族人的贪心，驱使他们威逼女儿殉死。在俞正燮看来，推动这一恶习的动力是"名"：急于求名的父母会认为用女儿的生命换取名声是值得的，而醉心于家族荣誉的族人也会不惜一个女子的生命。福建以强宗大族出名。"搭台死节"和"奔殉"的情况说明，当地社会结构可能影响到该地区的女性贞节行为及其再现。福建的这些情况与本章引用的其他很多故事形成了鲜明对比。在那些故事中，女儿追求贞女理想并要为之杀身成仁，给父母带来无穷的焦虑。

尽管没有这方面的统计数字，我们仍可以比较肯定地说，即便在福建，强迫女儿做贞女的父母也属少数。福建方志和传记材料中的其他记载，都表明福建地区的贞女行为和父母情感受创的情况，与我们在其他地方看到的并无不同。实际上，即使父母疏于算计，也明白让女儿再聘得到的好处，超过强迫女儿自杀得到的好处。如前文所述，再次订婚也可为母家带来各种利益。名声对某些父母来说很重要，对另一些父母来说则无关紧要。两江总督陶澍（1778—1839）就提到过他的家乡湖南"父母不贤"的一个例子，生动地说明了有些贞女父母的态度是截然不同的。晚香是一个年轻女子，未婚夫死后，父母不许她前去吊唁，于是她在家里给他立了一个牌位。"父母大怒，以为不祥。"晚香无法忍受他们的严厉责骂，自杀而死。陶澍的父亲听到此事很难过，告诉了县令。县令"因使人询其家，其父母益怒，摽使者出诸门，谓：'女缢鬼，未嫁而丧，焉用节烈为？'"[1]

据陶澍称，陶澍的父亲按照她未婚夫家的汇报，撰文申请 *119* 朝廷旌表。但由于家里没有钱，申请终止于衙门典吏之手而不

---

[1]《碑传集》：7327。

得上达。最后还是通过陶澍自己的官方网络,晚香才获得朝廷
旌表。

应对不寻常的"儿媳"

从原则上来说,贞女在父母家守贞终身,与在死去的未婚夫
家守贞一世同样可敬。但明朝期间,越来越多的贞女为守贞夫家
的模式所吸引。到了18世纪,大多数贞女都选择守贞夫家(如果
她们不是在听到未婚夫死讯时马上自杀的话)。社会对这一问题
的看法也有发展:如果贞女有意嫁入夫家守节,夫家就有义务接
受她。的确,面对贞女的请求,有的夫家出于责任感和社会期待,
做出了相当热情的回应。当江苏南部常熟的柏家被告知,已故儿
子的未婚妻想要前来守贞,马上派人把她接到家中,视之为"宗族
之光"①。

但是,守贞夫家这个选择并非单单取决于贞女,未婚夫家也
可能拒绝接纳她。如果调停失败,就可能出现悲剧。据说,冬青
女在未婚夫临死时想去看望他,被未婚夫的哥哥拒绝。未婚夫死
后,她再次提出请求,再次被拒。就在未婚夫葬礼之前,她第三次
提出请求,仍遭拒绝。直到葬礼之后,她更坚决地提出要求,未婚
夫的哥哥才同意。她到了未婚夫家后的第二天就自缢而亡(也许
是出于绝望、抗议或报复心)。未婚夫的哥哥把她的死看成是家
门的"秽虐",急忙找人驱鬼,叫人把她的尸体抬回娘家。②

120 这似乎属于极端的例子。但大多数现存的例子中,贞女的未

---

① 《清文汇》:1866。
② 同上书:1067。

婚夫家最初都为贞女的请求头疼,态度非常勉强。1707年,一个聘于蔺氏的贞女在未婚夫去世后痛哭毁容,请求到未婚夫家守节。父母无奈,只好通知了蔺家。据传记的作者所述,蔺家大惊:"舅姑叹息泣下久之,亦不可。两家戚友闻之,莫不称叹以为异,然皆曰'不可'。"①把贞女娶作儿媳会提高家庭的名声,但代价如何呢?

这里的根本问题在于,贞女在正常的家庭结构中没有位置,或者说,她给家庭带来了不寻常的问题。在正常家庭中,儿子和儿媳构成一个婚姻单位,生活在几代同居的家族结构中,或者单独另过。儿子是家里娶儿媳的原因。反过来说,没有了儿子,为儿子而娶的儿媳就没有了位置。的确,有的家庭会为未婚而逝的儿子举行冥婚,或者安排过继后嗣,来延续其一支血脉。但在这两种情况下,家里并不真的把一个年轻女子接入家中。贞女在夫家的尴尬存在,对家中其他人的家庭关系、经济利益、情感状态,将产生多种后果。

在贞女传记中,夫家不愿接受她的一个常用借口是,他们不愿看到贞女像寡妇一样度过一生。有的家庭对贞女道歉,说儿子的早死给她带来的悲惨让他们觉得内疚,并不遗余力地劝她千万不要走出这样的极端一步。② 传记也戏剧化地描述了贞女请求、夫家劝阻等高度感伤的时刻,以撩拨读者的情感。如黄贞女含泪来到夫家,请求让她留下。未婚夫的祖母拭泪劝慰她:"若诚贤,得孙妇如此,是我无孙而有孙也。顾来日方长,守节大不易。汝有是心足矣,汝听我老人之言,随父母归可也。"③夫家对贞女未

---

① 王源1985:502。
② 比如见《碑传集》:7225。
③ 姚椿1965:4104—4105。

来生活的关切，其诚意我们不必过于怀疑。但除了诚意以外，还有很多没有说出的原因。

夫家预见到的贞女的痛苦是双面的，既指她的情感需要，也指她的物质福利。穷人的家庭会觉得，何苦再来一个年轻女子与他们一同受苦，甚至加剧他们的生活挣扎？在更深的层次上，夫家似乎还心存疑虑，而这疑虑正是出自她不寻常的矛盾地位。从现实角度看，在她与夫家的关系中，没有丈夫作为调停人，她能很好地融入夫家吗？如果她和夫家亲属或其他家庭成员之间出现矛盾怎么办？有一位贞女据说"性刚毅"，"不能安其居"，最后不得不搬回娘家。[1] 曼素恩在《张门才女》(*The Talented Women of the Zhang Family*)一书中，详细描绘了常州张家如何体会到与一个难以相处、性情不稳的贞女共住同一屋檐下的痛苦滋味。法贞女是张惠言的弟弟张琦(1764—1833)已故大儿子的未婚妻。据说她常常"大怒"(有材料表明她大概精神上出了问题)，尤其给未婚夫的弟媳带来痛苦，因为弟媳在两者等级中的地位较低。[2] 类似的情况肯定会让任何家庭在接纳贞女这件事上徘徊犹豫。

但即便没有这样的冲突，夫家也会担心，年轻天真的贞女，在余下的岁月里未必能践行自己的决心。这个担心并不是无端的，因为的确有"勉于始而悔于后者"[3]。即便结亲的两家有密切联系，这种疑虑仍会使夫家不愿接受贞女。比如，清初的著名文人宋实颖(1621—1705)和计东(1625—1676)都来自吴县(现在长江下游核心地区的苏州)。计东在拜访宋实颖时常带上自己的儿子。男孩子的才华和举止给宋实颖很深印象，因此宋就把女儿许

---

① 王源 1985：502。
② 曼素恩 2007：170—173，又见 29—33，90—92；赵震 1931：5/12a。
③ 叶廷琯 1998：44。

给了他。结果计东的儿子 15 岁就死了。计东很犹豫该不该把宋家女儿接过来,因为"虑其少也"①——当时她才 13 岁。在此后十年中,宋家女儿一直吃素,从不装扮,不穿好衣服,一如寡妇,而两家的父亲费力地琢磨如何解决这个困局。宋实颖提议把女儿送到计家住,并如她希望的那样给她立嗣。他们不时讨论这个提议,但计东一直举棋不定,直到为时已晚——宋家女儿在有人提婚时绝食而死。只有这时计东才明白了她的决心。懊悔不及的计东流泪叹息道:"此真吾子妇也,吾负若多矣。"他亲自来到宋家,把她的棺材带回家中,与儿子合葬。②

有的夫家虽然同情贞女的遭遇,但也觉得她来夫家守节的请求从情感上来说让人痛苦。失去了年轻的儿子已经够令人难过,而贞女出现在家中,只会让父母想起失子之痛,使心灵创伤更加难以平复。毛奇龄就提到杭州贞女李宗的公公的事。儿子死时,李宗的公公不在家。回来看到李宗穿着寡妇的衣服出现于自己家中,他"嚎咷蹢两足曰,'吾不忍死儿后复见有此',且嚎且走,去武昌不返"③。更让夫家苦恼的是面对一位过于悲痛的贞女。常州金家勉强同意龙贞女嫁入家中。但龙日夜哭泣,公公难以忍受,说"妇之志过高,坚欲来,来则日浸于泪,亡儿不复生,将何以慰我耶!"④

面对悲剧,生活还得继续。但在这一点上,贞女和夫家之间

① 汪琬 1929:19/3a。在计东为贞女亲自写的墓志铭中,他又说了另一条理由:他没有同意她的请求,因为他担心他母亲和生病的妻子受不了她的到来造成的极度悲痛。计东 1997:228:723。

② 计东 1997:228:723;汪琬 1929:19/3a。

③ 毛奇龄 1968:1331。

④ 沈钦韩 2002:234。还有一个例子。李兆洛说,黄贞女嫁入未婚夫家后,"每黎明起,扫庭寝,问舅姑安否,入厨下,奉饐粥奠灵所哭"。祖舅谓曰:'吾年七十,止此孙,闻汝哭,断吾肠也',于是女啜泣不哭"。李兆洛 1878:15/8b。

可以说存在着利益冲突。诚然，双方都很悲痛。对她来说，悲痛的同时是表现她作"节妇"的德行的方式，而对他家而言，贞女的过度悲痛在心理上令人无法承受。这种不一致似乎直接导致了吴贞女精神崩溃的悲剧。吴贞女是程晋芳(1718—1784)的族姐，她的未婚夫是熊家的儿子。未婚夫死后，吴氏想要去熊家守节，当她母亲拒绝了她这个想法后，她甚至试图上吊自尽。而熊家也无意接受她。直到七年后，通过程晋芳的调停，熊家才同意接受她。她进熊家的日子定下来了。她希望在去熊家时穿丧服，熊家不同意。她伤心之下得病，失去了控制语言和行动的能力。[①]

在有的地区，除了上述这些考虑之外，当地迷信传说也会阻挠夫家接受贞女。按照方宗诚(1818—1888)的记载，安徽桐城东乡人认为，未婚妻前来奔丧，会给未婚夫家带来"坏运"。[②] 这种迷信对当地人的态度产生了相当强烈的影响，其结果是抵消了国家和很多地方士绅颂扬贞女的努力。

立　嗣

归根到底，在夫家的考虑中分量最重的也许是经济利益。如果贞女前来与夫家同住，从习惯上和法律上讲，她便具有从夫族中(主要是从未婚夫的兄弟或堂兄弟的儿子中)过继子嗣，来延续血脉的权利。清朝法律在规范死去男子过继子嗣的问题时规定，如果男子未婚去世，其未婚妻决心守节，有权过继子嗣。[③] 尽管过继的理由是出于维护未婚夫的父系利益，但贞女是这一法律条

① 《碑传集》：7230。
② 方宗诚 1971：前编/5b。
③ 《大清履历会通新纂》1964：880—881。

款的受益者。从本质上说,过继是朝廷赋予贞女的特权,是对她的杰出道德行为的嘉奖。与此相似,支持贞女的文人也从道德的角度看待她过继子嗣的要求:贞女是作为尽职尽责的妻子,为夭亡的未婚夫担当起重大责任。但是,很多夫家最关心的不是过继行为具有的延续祭祀的礼仪功能,而是其严重的经济后果:过继的男孩有权继承家庭的部分甚至全部财产,贞女作为他法律上的母亲则有权控制该财产。因此,是否欢迎贞女来到自己家,直接影响到家庭成员的经济利益。

贞女传记中对那些痛快地给贞女过继子嗣的家庭赞扬有加。他们的举动不是被看成对皇家规定的被动反应,而是看成表现了儒家的兄弟友爱以及夫家对贞女的尊敬和关心。厉鹗(1692— *124* 1752)提到了扬州18世纪的藏书家和诗人马曰琯(1688—1755)、马曰璐(1695—?)的父亲,他说服妻子把自己的一个儿子过继给已故的兄长:

> 伯兄恒早世,嫂汪氏聘而未行,守贞来归。时长子才髫龀,次子曰楚,生数月耳。公戚然曰:'是宜立后'。戚属保媪间或有以少须为言者。公以义谕恭人曰:'主兄公之祀,承长姒之欢,何靳一子? 不以慰逝者而安生者乎?'恭人毅然从之。①

在这件事中,他妻子和亲戚对过继表示顾虑被描绘成是出于情感(儿子尚幼小)。他们的担心不无理由:他和妻子只有两个儿子,把其中一个过继给兄长,就会减少甚至威胁到自己这一支的未来。考虑到当时很高的儿童死亡率,他们的担心情有可原。但

---

① 厉鹗 1965:7/21b-22a。

慷慨大方也会带来经济上的好处。如果家庭财产在马的父亲和兄弟之间划分，他的两个儿子一共只能得到一份。把一个儿子过继给兄长，则每个儿子都可以得到一份。

夫家是否欢迎贞女，通常取决于夫家的现有家庭构成。也就是说，没有儿子的家庭会很乐意接受她，而夫家如果有几个儿子，死者的兄弟就会把她看成分割自己应得的家族财产份额的潜在对手。① 在有的情况下，未婚夫的兄弟和族人会乐意为她立嗣，因为这样一来，他们以后就有机会控制这个过继男孩有权得到的财产。另一方面，如果他们预见到贞女会对他们的经济利益构成威胁，自然就会阻止她来守节。戚学标（1742—1825）就说到他的故乡浙江太平县的一个"恶人"。此人的兄弟死了，他"窃喜"，因为按照法律，没有结婚的男子无权立嗣。因此，当他看到兄弟的未婚妻身穿孝服哭泣而来时，又惊又怒。他逼着贞女回家，直到邻居们站出来批评他才停止，但他还是不愿接纳贞女来家，提出只要她跟她自己的兄弟一起住，他就每年给她送米供养她。②

在这个例子中，给予贞女以过继权的皇家法律和地方公论都没有占上风。实际上，甚至精英家庭也会干脆拒绝贞女的要求，无视社会舆论或朝廷法律。例如，举人之女王贞女绝食而死，未婚夫的兄弟拒不接纳她的棺材，"恐其置后且析产也"（即使贞女已死仍有威胁）。彭绍升记录此事时，她的棺材已经停厝了二十年还没有下葬。③ 有时，有人会答应为贞女过继子嗣却故意拖

----

① 这个局面类似白凯叙述的节妇的继承人情况。白凯 1999：49—50。
②《清文汇》：2103。
③《碑传集》：7322。

延，以消耗贞女的耐心，导致她绝望自杀。① 钱泰吉（1791—1863）评论了另一个悲剧。贞女与马家的儿子濂订婚："假令马氏宗族长者早为濂立后，迎女抚之，女必死乎？……为之立后，庶几可缓其死欤？"②

钱泰吉的评论表明，有的过继安排并不完全取决于夫家。族人也有作用，甚至可以是决定性的力量，如果夫家没有其他儿子时更是如此。觊觎分得一份财产的族人会千方百计阻挠过继。我们可以来看贺贞女的例子。她 15 岁嫁入死去的未婚夫郝家，而未婚夫是家中的独子。嫁来两个月后，"乃议立后，郝族无同行幼子，族人利其产也，阻其事不行"。为进一步阻挠贺的过继希望，这些人还散布谣言，说她的真正目的是想控制郝家财产。谣言之下，她不久就自杀，以抗议这些阴谋，表明自己的清白。③

像贺氏这样的年轻女性，显然不是那些盯着她夫家财产的家人或族人的对手。而且即便安排了过继，事情也会变糟。贞女蔡贞仙多次试图殉死，为了使她放弃自杀念头，夫家为她立了嗣子。她死去的未婚夫是个富家的独子。在他死后，"近属多生觊觎心，雅不喜妇守节立后，以故怨丛于妇"。而另一方面，公婆也并无诚意给她过继孩子，因为他们年纪并不太大，还希望能再生儿子。过继只是个"诱饵"，一个虚假的承诺，免得贞女自杀。贞仙说服婆婆为公公娶妾，希望妾能生子（妾果真生了个儿子）。据说此举使贞仙获得了婆婆的很大好感，她甚至把家庭的管理权交给了贞仙。但后来家庭内外的嫉妒和闲言恶语，迫使她从管家的岗位退下来。为了平息谗言，她把所有嫁妆都交给了婆婆，却引来了说

①《碑传集》：7103。
② 钱泰吉 1974：144—145。
③ 蔡世远 1983：1325：731。

她有"他志"（指再婚）的更多谣言。虽然她做了各种努力，修补自己在家中的关系，还是失去了公婆的欢心，在嫁至夫家后的第七年自杀。记载此事的作者评论说，她是被谣言吞噬的，"不死则终无以自明"①。

未婚夫家虽然开始很不情愿，但在很多无效的努力之后，大多数夫家最后还是把贞女接到家中，一是唯恐贞女出于绝望而自杀，二是迫于社会舆论。在社会舆论看来，贞女即便继续跟自己父母住在一起，她仍是未婚夫家的一员，让"儿媳"与她最终的"家"分离，对夫家来说面子上并不好看。② 同时，贞女的做法被很多人看成是一种德行，所以未婚夫家面临着很大压力，需要做出合适的反应。如果他们不愿意接受贞女，最终导致她自杀，他家的形象就会受到损害。这大概是陈贞女的公婆决定接受她的一个原因。陈贞女的继母虐待她，强迫她分开住。后来继母又逼她嫁人，她发誓要投河。当这消息传到她未婚夫家时，夫家就把她接了过来。③

¹²⁷

务实的新策略

18世纪后期，江苏南部的新阳一个名叫朱十姑的年轻女子，故意在冬天的半夜暴吹寒风，结果得肺病而死。十姑的未婚夫早亡，被母亲（一个富裕的寡妇）再聘他人。据说母亲非常疼爱她，

---

① 吴德旋1985：19：216—217。又见《清文汇》：1535。
② 比如，朱贞女在58岁时终于被未婚夫的族人接纳，他们承认，如果在她老年时仍让她跟兄弟住在一起（兄弟待她很不好），在道德上就要遭人唾弃了。李桓1990：159。
③ 同上书：179。

而她是个顺从的女儿，为怕伤害母亲而没有直接自杀。而且她母亲日夜守护，让她睡在跟自己的卧室相连的里屋，十姑也没有自杀的机会。唯一知道这个女孩子痛苦的是个邻家老太太，但十姑求她不要告诉自己的母亲。十姑死后，老太太打破了沉默，说，如果让十姑去夫家或在自己家里守节，她都不会死。十姑的传记作者吕星垣（1753—1821）叹息说：只有母亲能决定女儿的生死啊！①

　　这类悲剧对担忧女儿做贞女的父母自然会产生深刻影响。处理不当会导致女儿自杀，这让很多父母在使用自己的权威、拒绝女儿的决定时，不得不三思。他们似乎越来越意识到了贞女现象的"不可救药"，于是采取了新措施来应付。比如朝鲜学者朴趾源在18世纪末记载说，"有远见的"父母在女儿成人前不会给她们订婚。我们还不能确定，贞女现象是否真的在某种程度上弱化了童年订婚的风俗，但有一件事是明确的：到19世纪，文人学者开始给父母出谋划策，以应对贞女带来的家庭危机。

　　很多文人学者（尤其是反对贞女的人），相信贞女的行为是出于幼稚和理想主义，所以他们提出建议，送女儿去夫家同住之前，让她在家里长住一段时间。比如李慎传就提出，应该让女儿等上十年，然后再满足她的心愿。在这段"试验期"，随着女儿在心理和身体上的成熟，她会对自己的行为有更清晰的认识。如果她改变了主意，她还可以另聘别嫁，不会给双方家庭带来尴尬。资料 128 表明，有些贞女没有立即去夫家守节，也许是双方家庭实行了"暂缓入家"的策略。比如，李贞女的未婚夫在她17岁时去世，九年

① 高明 1960：1529。

后，当公婆确认了她的诚意后，夫家才接受她。① 在另一个例子中，当孙贞女的夫家举办了婚礼欢迎她来到他家时，离她未婚夫之死已是十年之久，她此时已经 29 岁。另一方面，浙江的张云璈（1747—1829）提出，最好的解决办法是让贞女永远在母家"守志"，这样她既能完成不再嫁人的愿望，又能对父母尽孝。② 张云璈显然是试图解决很多年轻女性都面临的问题：她们不顾一切地要与公婆同住，后来才发现生活比自己想象得要复杂得多。

无论父母是否注意到这些建议，在清代，娘家和夫家的态度似乎都发生了某种变化。随着时间的推进，父母威逼、女儿自杀的戏剧越来越少见，大多数父母似乎已接受了这种冲突，并采取了更加务实的策略。嫁入夫家作为一种婚姻形式被日益接受，"暂缓入家"则给父母和夫家提供了另一种更安全的策略。

---

① 费善庆与薛凤昌 1918：10/16b。又见《碑传集》：7243。
② 李桓 1990：172；张云璈 2002：232—233。

第五章　为理念而献身：选择殉节

贞女发誓忠诚于已故的未婚夫，其背后的动机与理由，从当时到现在都众说纷纭。比如，明清时期的批评者提出，贞女的选择是因对礼仪的误解所致。另一方面，当代历史学家则归将其罪于儒家的性别意识形态，认为贞女完全是被这种意识形态所迷醉，成了它的牺牲品。本章将讨论贞女的殉死问题，这是贞女现象中最惊心动魄也最令人费解的方面。本章旨在探讨贞女如何做出这一选择。

当时的丰富记载表明，贞女的自杀并非孤立、单一的行为。它出现在多种客观环境下，是对多种不同情况做出的反应。有的出于一时冲动，有的则预有准备。有的和立嗣等争执有关，有的则不受这类刺激的影响。这些情况体现了意识形态、社会、经济力量在不同层面与贞女自身的情绪情感间的作用，共同决定了贞女的行为。从下文引述的资料中可以看出，贞女是在各种制约之下判断自己的处境的。她们既理想化而又敏感，在陷入未婚夫之死带来的危机时，力图选择一条不会危及她们的品格和责任感的出路。她们的选择是基于对荣誉、责任、情爱等的理解，而这些观念又深深扎根于她们所处的明清时期的社会、文化、宗教制度之中。

选择死亡

传记资料显示,当听到未婚夫死亡的噩耗时,很多贞女几乎精神崩溃。有的变得歇斯底里或神志不清,有的晕厥。据说,18岁的陈宝娘正在纺线,闻讯后即跌倒在纺车边。另一个贞女正在朝炉子里填柴,闻讯后烧伤了手指都不觉得。[①] 如果我们了解贞女们所处的境况,这些反应就显得非常自然了。在大多数情况下,未婚夫的死讯都是突然传来的。即便有的父母知道未来的女婿得了重病,他们也可能向女儿隐瞒消息,怕引起她担忧不安,致使她对这一悲剧毫无准备。[②] 更糟糕的是,漫长的婚姻礼仪即将到达最后的阶段,婚期已定,新娘正为进入新的生活而做准备。未婚夫的死突然斩断了她的期望。

从贞女殉死的时间和情况看,一般可分为三类。第一类是贞女要求去吊唁死去的未婚夫,被父母拒绝后自杀。第二类,自杀发生在她的要求被满足后,她已守节了几天到几年不等的一段时间。第三类是她听到未婚夫的死讯时马上自杀。

在第一种情况下,贞女本不准备殉死。如果她的希望得到满足,她大概还能活下去。父母对女儿的愿望拒不让步,最终导致她自杀。这一过程似乎遵循某种模式。女儿先是提出口头请求。被拒绝后,她开始绝食——这是女儿强力抗议的一种姿态。如果绝食也失败,便只有诉诸自杀。到她决定自尽的时候,她已经穷尽了做女儿为达到目标而能动用的全部手段。在这些痛苦抗议

---

① 《碑传集》:7122,7166—7167,7176;蓝鼎元 1983:1327;717。
② 《碑传集》:7100。

的过程中,她寄希望于父母的同情和爱。关爱女儿的父母是不会看着女儿受苦或死去的。的确,大多数父母都向女儿的抗议和威胁让步,终于结束了这一煎熬的过程。

但是,有的父母并不认真对待女儿的抗议,有的甚至被其激怒。父母可能认为,如果他们拒不让步,女儿最终会放弃。而另一方面,女儿把父母的拒不妥协解读为父母对她缺乏关心或爱护。在这种情况下,女儿经历的是身体和情感上的双重痛苦,结果进一步强化了她自杀的决心。下面这段文字来自一个 20 岁渔家女的传记,描绘了当她听见未婚夫死讯时的反应:

> 请于亲,愿匍匐奔丧,承奉祖姑,抚婿之幼弟。亲拒之,女益恼,勺饮不纳者四日,夜乃私缢于房,众觉而解之。越日,父母他往,遂乘隙自赴于溪。①

在这里,向父母多方施压而无效所导致的悲痛、失望、愤怒、不满,似乎都促成了悲剧的发生。当她看到不可能如愿时,自杀就是她最后的出路。

有的父母在处理类似局面时更讲究策略,但如果他们不是真心地要满足女儿的要求,女儿仍可能会自杀。林辇娘的故事就说明了这一点。她恳求去参加未婚夫的葬礼,被父亲拒绝,之后她试图在半夜自缢,母亲"百端许以不再适人"。辇娘希望未婚夫家会给他立嗣,这样她就能搬过去与他们同住,但过了很长时间她仍未得到立嗣的消息。最后,父母又开始托媒人。绝望的辇娘"默然归房中,衣吴家纳币裳服,投井以死"②。

第二类自杀的情况则与此迥异。在这类情形中,女儿做贞女

---

① 吴定 1887:9/18a。
② 蓝鼎元 1983:1327:709—710。

的要求已得到满足，因此，如果说她是出于抗议或绝望而自杀便难以说通。但如前所言，即便贞女与夫家同住，关于立嗣或者财产的纠纷还是可能导致她自杀，公婆的虐待或者其他不幸也有可能压垮她的生存意志。① 如果她在娘家守节，在父母死后，她可能会把自己看成是兄弟或其他亲属的累赘。有的贞女在仅存的父亲或母亲死去时自杀（这总是得到传记作者异口同声的称赞，认为是她贞孝的表现），似乎就是出于这样的考虑。但在很多情况下，自杀并不伴着激烈的情绪，而是冷静有计划的。

132　　　　我们来看一下沈贞女和叶贞女的情况。沈贞女嫁入夫家，并过继一子。但她刚满三年守丧期就自杀。② 叶贞女在未婚夫墓前行了"成服"之礼，此后守着他的牌位，住在父母家。③ 三年守丧期一满，她也不再进食，七天后死去。④ 在这两例中，自杀的日期都先期而定。"三年之丧"是服制中最高的，是子女为父母或妻子为丈夫行的服制。这两位贞女选择三年服满而后自杀，表明合于礼仪对贞女来说多么重要。她们的行为强调了自我认定的作为忠诚负责的妻子的身份。

　　　　除了守满服制所要求的三年丧期外，其他的心愿也会推迟贞女殉死。广东海丰的张慎娘请求公婆在未婚夫第一百天忌日时为他立后嗣。此后她回到娘家照顾生病的父亲。一年后父亲身

---

① 洪亮吉详细叙述了一个因不幸而造成的自杀事件。贞女朱氏在失去婆婆后独居，省吃俭用，打算为死去的未婚夫和婆婆下葬。但她的所有积蓄都被窃了。她生了病，失窃后攒下的钱又用于求医问药。看到自己已无望将死者下葬，朱氏病情继续恶化，她绝食八天，最后自缢而死。《清文汇》：2160。

② 《国朝闺秀正始集》：补遗/12a。

③ "成服"是丧礼的一部分。在尸体放入棺材后，死者亲属按照与死者的关系，穿上不同等级的丧服。在贞女的情况下，"成服"之礼标志着她具备了死去新郎之妻的新地位。

④ 完颜妙莲宝 1836：3/5b-6a。

体转好。她又说服公婆为未婚夫寻找葬地。这个要求被满足后,
她说"夫有后,葬有地,吾事毕矣",然后自缢而死。① 给亡夫体面
下葬,让他的祭祀能传承下去,这是为妻之责。不论其社会地位
如何,贞女都把这些重要责任铭记在心。② 另一方面,贞女的家
人有时也以他们应尽这些责任为由,劝导她们放弃自杀(他们也
许希望随着时间的流逝,贞女们会最终放弃自杀的念头)。③

　　贞女自杀情况中的第三类,是贞女在听到未婚夫死讯时,既
没恳求前去吊唁,也没要求为之守节,而是立即自杀。是什么导
致她们的这一行动的? 对此直接线索很少。比如,农家女高春在
村里因聪明勤劳而闻名。那天她正在和面做馒头,她父亲手拿猪
肉,匆匆走进家门,说她未婚夫刚去世,让她赶快把肉烧好,他将
带去未婚夫家吊唁。她含泪烧好了肉。父亲走后,她把兄弟支
开,自缢而死,死时手中还留着面粉。④ 我们很难揣测,在听到未 　*133*
婚夫死讯和自杀之间的几个小时里,高贞女都想了些什么。从她
的举动之迅速来看,她甚至大概都没想过要活下去。另一位王贞
女也是这样匆匆自杀的。她的传记的细节表明,她走近死亡时极
为镇静。王贞女 9 岁许聘汪荣光,十二年后,汪荣光死去。消息
传来时,她正随继母在另一个院子里看望祖母:

　　　　女默然色变,兀坐暂时,遂托故携其妹归,复遣仆往候其

---

① 李桓 1990:255。

② 比如,毛贞女的未婚夫是在外地当雇工时死的。棺材运回家时,她痛哭着步行护送
　棺材一直到他家。她在他家纺绩了八年,才为未婚夫挣得一块丧葬地,然后她绝食
　而死。李桓 1990:258。

③ 比如,高贞女在未婚夫死后想自杀。有人劝说她不可自杀,因为她父母远在他乡,
　她无法得到他们的许可。四年后父母回乡,她嫁入了夫家。她又想在未婚夫坟前
　自尽。公婆阻止住她,说她的未婚夫还没有立下子嗣。又过了三年,在立嗣之后,
　她在未婚夫的忌日自杀。周亮工 1975:104。

④ 李桓 1990:238。

> 母。与妹烹茶坐饮，为述生平，款陈女戒，并勖所以事亲之
> 道……既而曰，"我倦甚，欲少憩"，入户即下键。其妹问之，
> 曰："我恐其有扰我也。"

等继母回家时，她已自缢身亡。[①]

这些年轻女性可以和其他很多贞女一样活着守贞。她们为什么尚在青春之际，便怀着如此大的决心结束一生？贞女的批评者称她们是"愚"，死得无谓，或者批评她们"轻生"。但是，对她们来说，这一选择不仅由强烈的情感所驱动，也基于充分的考虑。

传记资料说明，很多贞女的确考虑了其他选择，只有当她们看到那些选择将无法给予她们所期望的生活尊严时，才诉诸自尽。如果一位贞女想去夫家守节，父母会同意吗？公婆和夫家其他成员会拒绝吗？在夫家怎样生活？能过继子嗣吗？如果她留在母家守贞，对兄弟姐妹和其他家庭成员会带来什么影响？父母死后，谁来照顾她的生活？对这些实际考虑的每一个否定回答，都减弱了活着守贞的前景对贞女的吸引力。她预想到的社会和家庭制约，似乎成了不可逾越的障碍。我们来看一下云南昆明杨娸的例子。她的未婚夫段生去世时，杨娸想跳井。她母亲劝她，说她可去段家，也可在家守节。杨娸回答说，她不能跟段家人住，因为婆婆已死，而她未婚夫的兄弟都还未婚。但"女赖嫁赀以生，每见嗤于乡邻，祖姑与姑可鉴也，且弟妹或有间言，反伤骨肉恩，奚可哉！"[②]

如果她住在没有女眷的夫家，的确会很尴尬，甚至会引人说闲话。但住在父母家里也会引起问题。明清的家庭婚姻制度的

---

① 《碑传集》：7149。
② 同上书：7176。

基本形态是女儿出嫁,搬入夫家,加入丈夫的家庭。她们对父亲财产的继承仅限于嫁妆。[①] 住在家里的女儿常常被兄嫂甚至被自己也看成家庭负担。有些贞女在仅存的父母一方去世时自杀,后面大概就隐藏着这样的担忧。当然,这种担忧也可能是贞女自己造成的,因为有的兄弟真诚地爱护她们,并不以照料她们的生活为嫌。在杨娭的未婚的祖姑和姑姑这件事上,其生活遭遇的细节我们不得而知。但有一点很明显,在这一地区,对靠嫁妆生活的女人有很强的社会偏见。[②] 一个对自己的命运非常敏感、很在意兄弟姊妹和睦的年轻女性,大概不会愿意留在家里。

　　贞女们之所以忧惧不确定的未来,还有一个原因:她的父母也许不会履行让她独身一生的承诺(一些清朝学者就强调指出过这一点)。[③] 比如,薛坤在自杀前对姐姐说:"父母欲留我,岂能听其白首闺中耶?"[④]父母希望时间的流逝能够削弱女儿守贞的决心,因而常常暂时同意她的要求,以防她自杀。夫家也有可能强迫她嫁给别人。比如,言贞女的未婚夫离家求学,后来失去音信,甚至有谣言说他已死。言贞女已过了婚龄,未婚夫家反复劝她父母把她另嫁。只有当言贞女严厉斥责了媒人后,他们才放弃

① 明清时期,嫁妆是女儿仅有的财产继承形式。白凯、柏清韵指出,元朝以前,在很多情况下,已婚和未婚妇女可以继承家族财产的一部分或全部。大多数妇女是以嫁妆的形式继承家产的,她们控制着嫁妆,如果再婚还可以带走。但元朝变更了法律,很大程度上削弱甚至取消了妇女的继承权。妇女除了接受嫁妆外,没有其他的继承方式。此外,她们如果再婚,还要把嫁妆留在前夫家里。白凯1999;柏清韵2002。

② 这种对在家中守节的妇女的偏见大概是地方性的,因为在其他地区,贞女与父母同住似乎没有什么问题。

③ 见舒东对贞女成达娥的评论。李桓1990:305。

④ 《碑传集》:7087—7088。

努力。①

　　父母不再给女儿订婚的承诺显然不能令人放心。另一方面，
135　贞女自己也可能担心守节的艰难生活会最终摧毁自己的决心。
殉死则可一了百了。"枯井无澜"是一用来比喻节妇的心理状态
的常用成语。它指的是节妇已放弃了年轻女性的一切正常欲望，
不为所动。但这个词的另一面表明，要维持这种状态需要极大的
自我克制。17 世纪的凌存巽在自缢前，在桌上留下了这首诗：

> 鞠养恩难报，
>
> 此身愧欠多。
>
> 自甘同穴去，
>
> 不许井生波②。

最后一句话暗示说，对她来说，死亡可以杜绝使自己的品格和名
誉受污损的一切可能性。③ 我们从另一处材料得知，凌贞女是在
父亲正在考虑某亲属的提亲时自杀的。像其他一些贞女一样，凌
存巽在未婚夫死后一心向佛，吃素，穿朴素的衣服。④ 佛教徒的
生活方式可以让她心如"枯井"，但媒人的上门粉碎了她期望的那
种"枯井无澜"的生活。

---

① 见钱陆灿《严贞女传》，载于《清文汇》：561。又见邵氏的情况。她 13 岁就成了贞
　女，搬去与公婆同住。她的传记说公婆很爱她，但同情她年纪太小，希望她结婚，只
　是当她坚决反对后，才放弃了这个念头。吴德旋 1883：7/6a。
②《国朝闺秀正始集》：10/3b。
③ 凌存巽的绝命诗也见于 20 世纪初编纂的《清稗类钞》中，其作者有所不同，诗的第
　三句也不同。徐珂 1996：3088。
④ 吴德旋 1985：19—178。

风光的自杀：奔殉

贞女自杀有多种形式，包括上吊、绝食、跳井、跳河、跳楼、服毒，也有自焚或以刀剑自戕的记载。上吊比绝食来得痛快，其好处是不必面临父母和其他亲人的强力劝阻，因而不会中途丧失决心。有的贞女选择绝食而不是其他自杀形式，是为了表明自己的孝心，表明自己不会伤害受之父母的身体。①

最戏剧化的自杀是"奔殉"（赶去哀悼未婚夫后殉夫）和"搭台死节"。日期都是事先宣布，并有观众在场。如第四章所讨论的，这两种殉节的形式都只出现在福建。②　就贞女自杀而言，"奔殉"似乎比"搭台死节"更常见一些。③　下面一则地方志文献详细记录了 22 岁的林阶宋的事：

> 女闻讣，大恸，欲奔殉。母弗许。女曰："儿心已死三月矣。"（大概是从她听说未婚夫生病时起）母知计决，命舆诣陈，吉服拜宗祊翁姑已，更素衣，就丧次，展衾抚视，呼而吊者三，入夫寝室，出缳于袖，自经死吊。④

在另一个例子中，贞女"刺指血疏天定死日，凡七百余言"。到了预定的殉死日，贞女"晨起沐浴，更衣屦，拜天祖，读告文"，然

------

① 李桓 1990：325。

② 福建之外只有一例，见《河南通志》1660：30/8b。

③ 现有的"搭台死节"的例子一般都与寡妇有关。比如，第四章提到政府试图取缔该做法的三个例子涉及的都是寡妇，不是贞女。见《福建通志》1737：530：639—640；《福建省例》1964：1198—1199；《长乐县志》1869：20/24b－25a。田汝康在《男性焦虑和妇女贞洁》（*Male Anxiety and Female Chastity*）中引用的几个贞女"搭台死节"的例子，我还不能证实其真伪。

④《福建通志》1737：530：42。

后入内寝投缳自尽。①

在"奔殉"中，虽然殉节的时日是预先宣布的，其过程却在私室里实行，之前有一系列仪式。一旦贞女决心"奔殉"，父母便通知未婚夫家把她接去。在去夫家前，贞女先跟亲属告别，感谢父母的养育之恩。有时全族人都聚集起来为她送别。② 到了未婚夫家，她拜见祖先和公婆，并接受对她的祭祀。自缢的地点通常是她未婚夫的卧室。有的贞女在上吊前还会提出最后的请求。比如，刘坤宋把绳子系在梁上，索要米饭。她"强咽者三，曰'生为林妇，死为林鬼。今得食林家食矣'"，说完上吊自尽。③

这些贞女的自杀是否为父母或族人逼迫所致？如前所述，被逼殉节情况的存在是无可怀疑的。但也有证据表明，"奔殉"也可能是贞女自愿选择和要求的一种自杀方式。下面这件事发生在1686年，它表明这位贞女非此种方式不死的决心。19岁的吴淑凤为未婚夫奔丧。据说未婚夫的眼睛一直是睁的，直到吴淑凤说"我来矣"才闭上。她想殉死，但母亲和婆婆阻止了她，她因此：

137

> 不食十余日，饿则甚矣，而容色无伤也。劝之食，曰"许我死则食"。绐而诺之，女遂食，已复求死，众知不可夺，乃许之。女正容向夫枢拜，继拜母及姑，家人设馔生祭之④，女怡然受祭，答拜讫，以白缯悬门一系而绝。⑤

吴淑凤本可死于绝食（十天不吃饭，她肯定已奄奄一息），但她又重新进食，为的是能以"奔殉"的方式殉节。显然，她最为在

---

① 《福建通志》1737：530：42。
② 见薛金姐的例子，《福建通志》：72。
③ 同上书，46。又见该页林秀珠的情况。
④ 人们一般只给死者献祭。在这里，贞女还活着时就有人向她献祭。
⑤ 蔡世远 1983：1325：730。

意的是自杀的具体形式。在一个鼓动节妇公开自杀的地方,"奔殉"似乎比其他形式的自杀更令人仰慕。一旦贞女得到了家庭的允许进行"奔殉",她的死就会大张旗鼓地、相当公开地进行。如果说其他自杀形式会使该女子在死后获得美誉,"奔殉"的贞女则可在敬仰甚至崇拜她的告别和生祭仪式中,亲身领略这种美誉。

为名而自杀?

诸如此类的贞女殉死事件难免会引来批评:年轻女性追求做贞女是为了出名。这种批评在当时的记载中不时浮现,说明持此见者大有人在,尤其在那些批评贞女现象的人中更是如此。有时,甚至贞女们的家人也心有怀疑。比如,在阻止薛坤自杀时,她的姐姐就劝她,"何慕乎衰世戈戈好名者之所为哉"①。贞女的支持者们当然不同意并竭力驳斥这种批评②,认为这是对贞女道德品格的侮辱。

贞女自杀所引起的轰动充斥时人的记载。自杀可以使一个平凡女孩变得家喻户晓,获得当地名人的称赞,还有可能得到政府奖励。不难猜想,在贞女坚持要以某种方式自杀时(比如"奔殉"),借此出名可能是一个因素,因为这些贞女考虑最多的不是殉死本身,而是殉死的"形式"。而下面这个小故事则说明了贞女对名声的潜意识的想法。贞女姜桂自缢时,昏迷中听到一个声音对她说:"尔当享大名,何为是?"她醒来后发现脖子上的绳子已经解开。③ 她后来成为著名画家,为她的贞女名声增添了新的光

138

---

① 《碑传集》:7087。
② 潘德舆 2002:89。
③ 《清文汇》:1367。

环。另一个贞女张端秀留下了一首绝笔诗:

> 自古身名不两全,
>
> 俗情勘破寸心坚。
>
> 亲恩未报难回首,
>
> 掌上奇擎二十年。①

虽然张端秀为自己的死会给父母带来痛苦而伤感,但她从自己的行为中得到了心理满足,因为她知道自己将会名列于她所仰慕的烈士之中。用平凡的生活换取永恒的光荣而给父母带来荣誉,张端秀也许从这一想法中得到安慰。她似乎告诉父母,自己将留下好名声,大概希望以此略微减轻父母的丧女之痛。

追求好名声的另一面所反映的是许多贞女坚固的信念:她们的名声是坚决不能玷污的。1861年,柳贞女在太平军征服本地后自缢。她在留下的两首绝笔诗中说,"从来名节重如山",她已经守节了十多年,但她现在又多了一个理由摈弃自己生命,"今日微躯更可捐"②。她的理由很简单:造反者威胁到了她的名声和道德品格。

值得注意的是,即使贞女的支持者(不论男女)在贞女是否为名而殉这一点上莫衷一是,他们对贞女的赞美的重要一点是青史留名。范壶贞在《杨贞女诗》中写道:"喉间白练飞白虹,扶得青娥上青史。"③另一个诗人在赞美自己的贞女侄女时也说:"他年彤史著,间里表幽芳。"④

---

① 《国朝闺秀正始集》:17/14a。

② 吴秀之 1970:1527。

③ 《国朝闺秀正始集》:1/16a。又见 16/21b。

④ 费善庆与薛凤昌 1918:3/3a。又见《周贞女诗》,潘衍桐 2002:218。

我们可以推测,这类诗文对贞女的选择不无影响。明清时期的年轻女子本来无望载入史册,但作为实践了超越寻常德操的道德偶像,她们获得了本不敢奢望的关注。但是,尽管贞女对于自身名誉都极为敏感,如果说所有贞女的自杀动机或她们对贞女理想的追求均在于求名,则是偏颇之见。贞女殉死的情况千差万别,我们只能从当时更大的社会、文化、心理语境中,从贞女对生活意义的看法中,才能理解她们的选择。关于她们自杀的记载,为我们探讨这些问题提供了一条重要渠道。

自杀行为的文化象征

关于贞女自杀的记载保留下了各种细节,其中有两类细节特别值得注意。一类和她们的嫁妆和心爱的个人物品有关,另一类和她们的身体有关。在自杀前,贞女常常煞费苦心地把嫁妆做最后安排。有的写下遗书,说明哪些东西留给哪个亲友。[1] 有的则毁掉嫁妆。比如,康贞女就烧掉了自己做的所有"巾带",然后穿白衣黑鞋自缢。[2] 唐凤鸾将亲手缝制的鞋袜和衣服剪碎,从楼上的卧室扔下,随后跳楼身亡。[3]

毁掉嫁妆的举动有力表明了贞女必死的决心。首先,嫁妆是一个女子能亲自控制的唯一财产。但也许更重要的是,嫁妆中含有对女性来说浓厚的与婚姻有关的文化象征。在明清时期,备齐嫁妆需要大量制作时间,其中很多劳动都是女子亲力亲为的。几乎所有女子在年轻时就开始劳作,积累陪嫁物品。她们学会了刺

---

① 李桓 1990:305。
②《碑传集》:7085。
③ 李桓 1990:273。李兆洛也记载了一个类似的例子。李兆洛 1878:15/9a。

140 绣、织布,做床上物品、衣服、鞋子。针黹要在婚礼上展示,每件精美的物品都表现了社会对年轻女性期望的灵巧和勤劳。她刺绣的图案和织布的花纹,都象征着新人之间的情爱与和谐:布和刺绣都颜色鲜亮,有美丽的花和吉祥的成双成对的鸟、蝴蝶、鸳鸯。明清时期,随着陪嫁的压力增加(这是溺杀女婴的主要原因之一)①,准备嫁妆是一个女孩子最重要的任务。嫁妆上编织的是年轻女子的希望与梦想。当她决定结束自己的生命时,嫁妆也要随她而去。

贞女在自杀前毁掉其他珍爱的个人物品的举动,体现了同样的焦虑、绝望和决心。比如,陈宝娘在绝食过程中,"出笥中手迹,少时珍玩杂物,悉焚之"②。蔡贞仙在自缢前"取所读书,并自书手迹与所作诗词,泣而焚之"③。这让我们联想起 18 世纪名著《红楼梦》中林黛玉临终前焚稿的场景。④ 明清女性也会在其他情况下烧掉自己的文字,比如当她们认为写诗僭越了正当的性别角色时。而贞女在自杀前焚稿传达了另一种含义,它代表了切断与过去、与尘世的牵挂。

在生命的最后时刻,贞女尤其留意自己的身体形象,希望它会以符合自己想象的形式留于世。贞女们精心修饰服饰和外貌。周氏是个勤劳美丽的农村小商人家的女儿,1676 年,她在卧室自缢。自杀前,她"妆梳簪珥,有倍于常"⑤。她还换上新衣,通体干净而整齐。贞女最后的形象除了传达了她对于自身形象会留给

---

① 见王安 1995;郭松庆 2000:127—137。
② 蓝鼎元 1983:1327:717;又见《碑传集》:7085,7089。
③《清文汇》:1535。
④ 曹雪芹与高鹗 1979:1264—1265。
⑤《碑传集》:7070—7071。

人们何种记忆的希望之外，更重要的是，它还传达了她对于自己的死如何被理解的希望。身体是贞女刻写其信念和情感的特殊所在。在这个例子中，周贞女似乎表示，对她来说，死亡并非生命的终点，而是一个新旅程的开始。但是，也许还有其他的意义。

在自杀贞女的穿着中，两种衣服最有象征性：素衣和婚服。[①]　141
素衣一般是在家庭成员的葬礼上或守丧期间穿的。贞女以为死去的未婚夫穿素衣之举表明自己作为寡妇的身份——这个身份是她希望获得的，如果她活下来的话。贞女在殉死时有意穿戴成一个守丧的妻子，说明了礼与个人情感之间的深刻冲突。一方面，贞女尚未成婚，因而不能把未婚夫作为丈夫来哀悼，但在另一方面，她已把未婚夫作为丈夫看待。这两者间的矛盾更加剧了她的悲伤。穿素衣为未婚夫殉死，给了贞女表达受压制的悲痛的最后自由。

而贞女穿上新娘的衣服殉死则传达了另一种意义。死亡代表着她和未婚夫订婚的最后篇章，她与死去的未婚夫在另一个世界的结合是他们婚姻的最终结局。也许是在这种意义上，周贞女才精心穿戴上美丽的衣服首饰。有的贞女自尽时携带着未婚夫家的聘礼。比如，夏贞女的尸体被放入棺中时，人们在她的衣服里发现了"聘贴"。[②] 蔡贞仙在与公婆关系恶化后自杀的前一晚，拿出如意簪和手镯各一，流着泪反复抚弄。每个本来都是一对，在未婚夫下葬前，她把一对中的另一个给了他。她把如意簪别在他头发上，把手镯套在他手腕上。现今，决心随他而去的蔡贞仙把如意簪戴在自己头上，用白绳系住。她又戴上手镯，对女仆说，如果我死了，不要让人把手镯从我腕上拿下来。带着与未婚夫共

---

① 在自杀前穿白衣的早期例子，可见于明朝画家沈周（1427—1509）的一首诗。见沈周 1983：1249：633。又见黄容 1996：123：754。
② 钱大昕 1997：9：689。又见龚景瀚 1840：4/10a。

享的两件私密物品,她准备好了上路去与他相会。①

贞女还常用从未婚夫家收受的聘物品来殉死。在前面提过的一个例子中,吴贞女的父亲吴一蜚先答应女儿守贞,后又食言,结果导致女儿用一条丝带自缢。吴贞女死时在桌子上留下了两个金凤钗,她在帛上写道,"请以钗易棺,归尸宋氏"。帛和金凤钗都是未婚夫家送的聘礼。② 读者还可以回想一下第二章中详述的清初的三个例子:范贞女穿着婚服自杀,宋典用聘礼的白绸自缢,而王秀文吞下金环自杀——金环也是来自未婚夫家的聘礼。③ 王秀文活了下来(虽然她的健康受到了永久损害),但同样吞下订婚金环的贞女袁淑秀则没有活下来。袁淑秀是贵州安顺的一位 16 岁的女子,她留下了这首诗:

> 为守金环约,
>
> 还伤玉镜情!
>
> 无愧环与镜,
>
> 只觉此身轻。④

玉镜自然也是未婚夫的聘礼。

留下"绝命辞"或在丝帛上写下自杀词句,成了清朝受过教育的妇女的自杀仪式的一部分。⑤ "绝命辞"是一种文学体裁,其历

---

① 《清文汇》:1535。

② 王源 1985:501。

③ 其他例子,见《河南通志》1660:30/16a;吴德旋 1985:19—250。

④ 《国朝闺秀正始集》:5/3a;《碑传集》:7322。

⑤ 方秀洁(Grace Fong)分析了清朝的三篇绝命辞,它们是被土匪所掠的一个节妇和两个未婚女子留下的。方秀洁认为,这种自我书写行为代表着女性的一种能动性,"通过文字生产,这些妇女再现了中国对书写的一种特殊看法,作为自我记录者,她们把自己写入了历史"。方秀洁 2001:106。虽然贞女的"绝命辞"是在与此截然不同的情况下书写的,但它们都属于同一文化传统。

史比贞女现象早得多，但被贞女所用，体现了教育率的提高对抹平女性在自我表达上的传统失利状态的作用。这一体裁授予了贞女对自我身份作最后陈述的强有力工具。同样的，"尸归（夫家）"的短句也表明了女性教育水平的提高如何影响到贞女的自杀行为。这里，贞女们引用的是关于婚姻忠诚的两个古老典故。其一见于《后汉书》，讲的是阴瑜的妻子荀采。阴瑜死后，荀采的父亲把她聘给了一个郭姓男子。荀采被父亲招回家，她拒绝再婚，但还是被放入车中送到了郭家。她看到抵抗无望，在墙上写下"尸归阴"三个字后自杀（见图 5.1）。[①] 另一个故事最早出现在东晋（137—420）[②]，说的是韩朋的妻子何氏。宋王垂涎她的美色，把她从韩朋那里夺走，并将韩朋下狱。韩朋不久自杀。何氏在衣服上留下遗言数字，求宋王把自己的尸体与韩朋合葬，然后也纵身跳下高台自杀。[③] 明清时期，这两个故事在女训和其他通俗文字中出现频繁，为年轻女性提供了如何自杀的范式。在模仿这些著名女性的方式就死时，贞女必然也获得了精神上的满足。

　　还有的贞女在自尽前把上下衣缝在一起，从又一个方面表现了她对保护自我形象的关注。[④] 贞女陈达娥做得更周密，她以带绕脖，用绸盖头，然后把绸子与颔下的带子缝在一起。[⑤] 从历史上看，女性自杀前采取这样的措施是怕暴露或损坏身体或遭到性侵犯。而大多数贞女都是在家中自尽，这样的举措似乎不是为了防范，而是她们贞洁的表征。女性的身体是女德的标尺。明清时

143

---

① 范晔 1973：2798—2799。

② 此故事为东晋时期的干宝所写，但故事本身据说发生在战国。

③ 干宝 1999：366。

④ 钱大昕 1997：9：689。又见《碑传集》：7165。

⑤ 李桓 1990：305。

图 5.1　荀采准备自杀(资料来源:吕坤 1998:3/34a)

期,女性的肉体不应被丈夫之外的任何男子目睹——更不要说触碰,这一观念走向极端,以至于一些女性即便得重病也不肯见医生。宋代流传下来一个著名故事说,某节妇因为一个男子抓住了她的手,就把手砍了下来。① 在通俗文学中,唯有丈夫才能看到妻子肉体的观念被做出了另一种解释。在孟姜女通俗故事的很多地方版本中,万杞梁看到了孟姜女的身体,她认为“见我白肉是

144

----

① 这一故事的细节,最早见于宋朝史学家和文学家欧阳修撰写的《新五代史》。见柏文莉 2003:751—752。

夫君"①。这其中的逻辑应该反过来解读:只有丈夫才能看到她
的肉体。从贞女自杀前对保护身体做的细致准备中,我们看到了
在一个不同语境下对同一文化观念的理解。

义:不容推卸的责任

是什么促使贞女做出如此极端的举动? 明清学者认为"情
(恩)""义"是解释这个问题的两个重点所在。不过,当他们把贞
女与通常的节妇作对比时,却又感到困惑。"夫妇成而后情志合,
情志合而后礼义生。"②但与节妇不同的是,贞女并没有真正结
婚。那么她的"情"和"义"的基础在哪里? 清朝学者李柏(1630—
1700)在对比节妇与贞女时评论说,节妇是因对丈夫的情爱、对孩
子的关心或对财产的渴望而守节。但是,这些与贞女都没有关
系。③ 在为姨妈曾贞女做的传中,清初学者周宏起表达了类似的
困惑:

> 夫女子之于归也,婿即亲迎赞谒,登车授绥,共牢而食,
> 合卺④而饮。绸缪缱绻,义笃情深。即有不讳,其轻生执节
> 也固宜……若未庙见成婚,则东西南北之人耳,何所感激,而

---

① 万喜良(杞梁)看到了孟姜女肉体的情节,有几个地方版本。其中一个版本说,在一
个炎炎夏日,孟姜女脱衣走入家中花园里的池塘来清凉一下,并不知道万喜梁躲在
池塘边的一棵树后。在另一个版本中,她失足落入池塘里,被万喜梁救起。因孟姜
女曾发誓说"见我白肉是夫君",她告诉自己希望嫁给他。按照历史学家顾颉刚
的说法,这个情节早在唐朝就有流传。顾颉刚 1984:277—279;又见同上书:24—
73,尤其是 51—63 页。
② 潘德舆 2002:89。
③《碑传集》:7288—8289。
④ 这种婚礼叫做"合卺"。"卺"由半个葫芦做成,可视为婚礼上的特殊酒杯。新郎和
新娘各持由同一葫芦做成的"卺"饮酒,象征彼此同心。

视死如归若是？①

在分析节妇的责任和贞女的选择之间的不同时，王崧指出：

₁₄₅ "节妇发乎情止乎义；贞女慕义而抑其情。"②另一个作者秦瀛
(1743—1821)的观点则稍有不同。他认为贞女的行为"过乎情，
未始不合乎义"③。换言之，节妇与贞女有一个共同点：她们都合
乎义这一道德准则。节妇的守节行为出自对丈夫的爱，是情的表
现。而贞女守贞的决定是压抑了情的结果，或者如有的作者所
说，是把情履行到了极端的结果，因为对她而言，像节妇那样的爱
是不可能存在的。贞女的批评者把贞女行为看作耽于欲望，放纵
情感：贞女没能用原则节制自己的欲望④，是情感让贞女走上了
歧途。清朝学者对"情"有强烈兴趣，把它作为理解贞女行为的关
键，反映出晚明文化对"情"的崇拜的持久影响。⑤

清代的上述男性学者的视角，给我们分析贞女的精神和情感
世界提供了可贵的启示。但是，如果要揭示贞女现象语境下的
"义""情"的具体意义，我们必须超越男性视角，看一看贞女自己
是怎样看待这两个问题的。实际上，"义"正是贞女为其行为辩护
的主要理由。她们宣称，她们为死去的未婚夫守节甚至为他们而
死，是"义"的问题。15岁的刘希班绝食而死前，留下了这首诗来
安慰母亲：

　　大义千年重，

---

① 《清文汇》：427。
② 《碑传集》：7242。
③ 同上书：7166。
④ 比如，见礼仪家秦蕙田的评论。秦蕙田 1983：138；653。
⑤ 关于晚明对"情"的崇尚及其对性别关系的影响，见高彦颐 1994：68—112；孙康宜
　1991：9—18；卡斯(Cass)1999：15—17。

浮生一粒轻；

留儿贞节在，

儿死胜儿生。①

在另一个类似的例子中，张偶姐给父亲留下遗书，其中写道：
"儿义不得不死。"②另一个名为王卓的贞女写信给父亲，请他允
许自己跟已故的未婚夫成婚。她解释说，未婚夫死的时候她没有
自杀，因为她怕伤害母亲的情感，也因为她遵循了父亲（不能死）
的教导："倘鉴其诚哀而许之，卓在王为从教之女，在沈为守义之
妇，两得之矣。"③

"义"的含义是什么？守"义"为何如此重要？作为道德概念，
"义"可以追溯到孔子时代。从传统而言，"义"与礼、廉、耻组成儒 146
家的"四维"，和仁、礼、智、信组成儒家的"五常"。"义"的具体意
义要视特定语境而定，但到了明清时期，"义"在最根本上指的是
一人对另一人或对一种身份所负的责任。忠和孝等美德主要在
等级结构或亲族结构中存在。而"义"与之不同，它不强调此种结
构对人类关系的制约，在实践"义"以增强人与人之间的纽带时，
社会地位不占突出地位。也许由于其适用的广泛性，"义"在明清
的精英阶级和普通百姓中间，都代表了指导人际关系的最有吸引
力的道德价值。表现"义"的小说和戏剧都深受欢迎，如《三国演
义》《水浒传》和其他白话文学作品。"义"是明清作者衡量一个人
道德品格的主要标尺。实际上，"义"被认为既定义了人的品行，
也定义了动物的品行。明清时期有大量保护主人或为主人而死

---

① 《国朝闺秀正始集》：13/13a。

② 朱筠1985：344。

③ 《清文汇》：2203。

的动物的故事，以颇为曲折的手法地宣扬了"义"。① "义"的精髓是献身于某个角色或某种关系，完成该角色或关系附带的责任或义务，即便以生命为代价也在所不辞。履行责任比权势、财富、前途、生命都更重要。于是，自我牺牲和英雄主义构成了"义"的两个特征。

"义"作为道义责任，其内容视该角色或该关系而定。在婚姻的特定语境中，"义"是通过婚姻中的忠诚实现的。明清时期的鳏夫若不再娶，被称为"义夫"。② 对女性来说，"义"则概括在"从一而终"一词中。③ 在这个词里，"义"与"节"彼此重合，但"节"是以"义"为理由的：女性一旦确立了与丈夫的婚姻关系，就有责任完全献身于该关系。

从这个意义上来说，"义"是儒家性别价值观的一个重要组成部分，它为有序的社会奠定了基础。实际上，一些来自精英家庭的贞女就认为自己是在履行重大使命。她们自豪地宣布做贞女有助于维护社会道德。在其绝笔《谢母诗》中，叶贞女安慰母亲，详细阐述了"从一而终"的根本理想：

女身虽甚柔，

秉性刚似铁。

---

① 比如，写过贞女传的清初作者冯景，还把十个"义"兽的故事收集起来。其中"义驴"的故事是这样的：福建泉州府同安县的符有仁有一匹大白驴，负重善跑。有仁骑驴到了一座远山中，遇到老虎，老虎追赶他们。驴奔跑如飞，虎没有追上，有仁得救。县里襄阳许帅的儿子，恃势横暴，强要此驴。有仁说："驴有恩于我，怎能送人？即使给千金也不卖！"帅子大怒，叫土匪抢了有仁的家，并杀了他。驴子被带到坏人面前后，每日流泪。一天，坏人骑驴到府治的地方去。到了万安桥，驴子狂奔大嘶，跃入水中，与恶人同归于尽。见柯愈春1997：1251—1254。

② 见衣若兰2005。本章下文要讨论到的程允元和刘贞女的著名故事中，程允元与未婚妻刘氏失去联络后没有结婚，被称为"义夫"。这说明在某些情况下，丧妻者如果守贞也是美德，但社会和意识形态并不期待男子拒绝再婚。

③ "从一"中的"一"与"义"是两个不同的字。这里是丈夫的意思。

读书虽不多，

见理亦明决。

女子未字人，

此身洁如雪。

女子既字人，

名分不可亵。

幸长抱衾裯，

夫妇知有别。

不幸中道捐，

永矢守清节。

更惨未见夫，

夫命悲有缺。

女称未亡人，

此时宜同穴。

不为慷慨死，

三年俟服阕。

服阕方绝粒，

情激理难灭。

舍生违母心，

我心亦悲切。

从夫赴黄泉，

纲维庶不裂。①

在另一份资料中，我们得知叶贞女是由寡母养育大的。但母

---

① 完颜妙莲宝 1836：3/6a。黄泉是对冥界的比喻。在这里叶告诉我们她明白自己的
道德选择。面对贞孝的冲突，她选择了贞。

亲认为她做贞女的决定既不合于"礼"，也不合于"义"。叶贞女以一系列儒家观念表述自己的理由，告诉母亲说，"礼"依赖于一个人的"分"（社会角色），社会角色和"名"两不能分。既然她已与死去的未婚夫订婚，那么她已有未婚妻之名和分，怎能不守节？[①]叶贞女不只是把自己的行为狭义地看成履行个人责任。她以肩负社会道德责任的儒家妇女自任，在绝食而死时拥有精神上的力量。

这种儒家的道德信念感在宋景卫的故事中也表达得同样强烈。宋景卫12岁与程树订婚，20岁时在程树下葬前嫁入程家。[②]就在宋景卫入程家守贞后不久，当地的贞女陈媛为抵抗再次订婚而自杀身亡。宋写了一首长诗纪念陈媛，赞美她是著名儒家学者之后，秉承了"家学"。[③] 这首诗是以儒家的典型语言书写的，它不仅是在纪念一个与宋景卫志同道合的人，也表达了宋景卫自己的贞女理想。诗的一部分是这样的：

> 礼义廉耻四维立，
>
> 纲常名教万古植。
>
> 无愧于口无愧身，
>
> 无愧于身尤汲汲。
>
> 妇人再醮知身污，
>
> 若乃未婚心每惑。
>
> 一身岂可容二心，

---

① 吴德旋 1985：19：220。

②《碑传集》：7316—7321。一封据说是宋景卫写的信的题目是"致父"，重印在《历代名媛书简》中。王秀琴 1941：147。信的目的是劝说父亲让自己嫁给程树。但是该信的真伪尚未有定论，因为以前的记录中并未提到过它。

③ 陈继（1369—1433）是陈媛的祖先，是当时受尊敬的理学家。在诗中，宋景卫称他为"五经先生"。

心失谁云身不失?

......

当知勉义非溺情,

身洁心安理亦得,

幼从父母最初言,

初命是遵戒私媱①。

不悖于理日无违②,

许嫁之语由亲出。

弗亏其体弗辱亲,

立志不渝贵在必,

夺则随亡不夺存,

志不可夺命则毕。③

跟陈媛一样,宋景卫也熟悉儒家经典,也是忠臣之后(她的高祖曾与满族人战斗,并为明朝牺牲)。理解了这样的背景后我们更清楚地看到,为什么像宋景卫这样的年轻女性给自己为未婚夫守贞的选择赋予了如此广泛的儒家道德意义。宋景卫对家庭的道德传统非常自豪。与她眼中的陈媛一样,她也努力秉承"家学"。做贞女的个人选择,在她看来是实践儒家原则的严肃道德使命。

叶贞女和宋景卫的诗都表明了儒家价值观在塑造年轻妇女 *149*
精神世界的力量。但如果把贞女的行为普遍说成是儒家教导使然,未免过于简单化。一些贞女(如宋景卫和叶贞女)认为自己的

----

① "初命"指的是陈媛的父母为她安排的最初的订婚,称其为"初命"是为了区别于父母后强加给她的、导致她死亡的第二次订婚。在这里,宋景卫强调陈媛并没有违背父母,因为她所忠于的第一次订婚关系也是父母为她定下的。

② 宋景卫这里指有人批评贞女是违抗父母,所以不孝。

③《碑传集》:7317。

行为捍卫了儒家道德,但也有其他一些人,包括一些同样受过较高教育的人,把自己的选择主要看成个人义务。徐文琳的未婚夫的母亲是著名女诗人徐灿(1628? —1681?),其父陈之遴(1605—1666)本是前明朝官,后降清为显官。但陈之遴政治生涯的结局是全家流放沈阳,徐文琳的未婚夫最后死在了那里。徐文琳谢绝再聘,说:"富贵而许,患难而背,我不为也。"① 对徐文琳来说,"义"意味着不论情况如何变化,无条件地终身坚守承诺,而打破承诺就是背叛。

在这里,信守承诺这一美德并非男女有别,不只是订婚或已婚妇女才应遵守的义务,而是男女都应遵守的基本道德,它定义了社会关系中的"可敬性"。一些贞女的确希望未婚夫也能同样信守订婚承诺。陈三淑的母亲打算把她另聘给一个有钱人,骗她说她的未婚夫已经另娶,陈三淑剪断了头发以示终身不嫁的决心。她病倒临死前,她母亲找了她的未婚夫来安慰她。她痛心地说:"既有成言,何为又他娶也?"②

即便对方已死,打破承诺也被视为背叛行为。而且,对失去了未婚夫的未婚妻来说,信守"义"不仅意味着维持作为未婚夫的寡妇的身份,也意味着要履行与该角色相关的责任。贞女常常出于自我牺牲和英雄主义的精神冲动,要求与未婚夫的家人同住,因为她们觉得自己有义务给未婚夫献祭,或者养活未婚夫的贫困家庭。为履行这一义务,她们宁愿受苦。17 岁的唐贞女在未婚夫的葬礼后拒绝回家:

① 完颜妙莲宝 1836:1/16b。徐灿是当时著名的"蕉园诗社"五诗人中的领袖。对徐灿的更多讨论,见黄嫣梨 2002。
② 冯景 1985:751。

"所以来者,为亡人一杯麦饭计耳①。不然,独不可母家老哉?"舅姑终怜其幼,令女之父母谕意。女怒曰:"奈何以女许人,死而背之,令作无嗣鬼耶? 若必欲相强,女惟一死谢耳。"② 150

在她的坚决言辞中,我们可以感觉到她的天真的理想主义的决心和精神上的满足感,因为她突然发现自己的一生可以做很多奉献。

这里必须注意的是,虽然"义"是被大力推崇的道德价值,如果"义"与贞女的情感之间毫无联系的话,它不会对贞女产生如此强大的吸引力。贞女是在深刻的心理条件下回应"义"的号召的。这些心理因素的关键来源在于各种婚姻习俗,尤其是明清时期很常见的幼年订婚的习俗。

幼年订婚的心理影响

古典的婚姻涉及男女两家之间的一系列礼节交换。明清时期,古礼的很多部分被简化甚至忽略,但这一时期有关婚礼的最重要的变化不是婚礼复杂性的降低,而是完成婚礼所需的时间变长。一些清朝学者已经指出,古人订婚和结婚之间的间隔很短;男女在成年时订婚,之后不久就结婚。相比之下,在清朝,男女双方订婚时一般都很年轻(常常是幼年),所以多年后才会举行婚礼。③

---

① 也就是说她给死去的未婚夫献祭。
② 陶澍 1998:38。
③ 比如,见田兰芳与李文藻的评论。《碑传集》:7088;李文藻 1985:357。

这会造成怎样的问题？一方面，岁月漫长的婚姻礼仪，会加深年轻女子对自己作为未来夫家一员的身份的意识。从订婚仪式的第一步起，她的身份就开始被重新定义。换言之，从婚姻中"六礼"的第一步，她就开始了从女儿到妻子、儿媳的身份转换。当婚礼还遥遥无期时，年轻的女孩就知道自己属于谁家，要嫁给谁，即便她未必理解婚姻的真正意义。我们可以看一下明朝作者夏良胜所写自己女儿的事。小女孩 3 岁前就已经订婚，3 岁时她未来的婆婆死了，她躲起来哭，还一遍遍地叹息说，她的未婚夫现在无依无靠。[①] 虽然尚在幼年，她已经意识到那个家庭对自己的特别意义。这种与未婚夫家的联系感与归属感，是对年轻女孩的脆弱心灵逐步塑造的结果，有时旁人对她的订婚加以逗弄也会达到这种效果。1772 年，一个 19 岁女子的未婚夫为准备科举苦读过度而死。她自杀前，对来劝止自己的姐妹说："妹五六岁时，父母以我许于陈，陈氏故有酒业，乡里亲戚抚我而戏呼之曰陈薄酒，我小耳熟焉。妹之家姓陈，陈姓可得更邪？"[②]

在订婚与结婚之间的年月里，贞女也许见过夫家的人，也许对夫家和未婚夫的所知甚多。明朝的钱福(1461—1504)就较为贴切地探讨了婚姻过程的这一侧面。在他看来，与古代不同的是，明代人订婚过程的各种礼节并不背着男女青年双方而进行："纳彩醴傧，男之家壻已侍筵，女之家外言已入，保姆或戏之曰：某家某郎妻矣，甚或为若之父母者亦谓之曰：汝舅若何，汝姑若何，郎若何。"[③]钱福认为古时男女双方自身不参与订婚礼仪，这一制

---

① 夏良胜 1983：1269：796—797。
② 朱筠 1985：320。
③ 黄宗羲 1983：1453：708。

度判断不无理想化之嫌，但他的说法揭示了明代订婚的男女两家在礼仪和其他方面的往来。亲友之间的订亲尤其如此。比如，刘贞女几岁时就定给了表兄（姑妈的儿子）。由于这一层关系，她未来的婆婆对她宠爱有加，"岁时馈衣服簪珥缨帨丝舄无不备"，刘贞女小时会把收到的礼物穿戴上，给未来的婆婆鞠躬致谢。[1] 当然，并非每个年轻女子都与夫家有这样密切的关系。不过大多数家庭都会长期维持与亲家的联系则属常见，未婚夫的任何成就都会马上告知女方家。[2] 两家的每一次互访都会让年轻女子想起自己的特殊身份。

这些事例说明，对已订婚的女子来说，"义"这个抽象概念是有具体意义的。在订婚后的年月里，她无时不在为未来妻子和儿媳的身份做准备（她最终将通过婚礼仪式获得这些身份）。当未婚夫突然死亡的时候，她很难抹去自己的回忆、想象以及与夫家的心理联系。不仅如此，在她看来，无视这些联系就是背信弃义。

包办订婚中的"情"

贞女们对"义"的理解和他们对"情"的感受是交织在一起的。[3] 培养了她的"义"的两家的礼节来往，同时可能也微妙地促

---

① 《碑传集》：7199。
② 比如，表示未婚夫进入县学的"名纸"就贴在她家大厅的柱子上。《清文汇》：2203。
③ "情"这个词有很多翻译。见罗威廉 2001：103—108。在清朝关于贞女的文人写作中，"情"一般指男女间的爱情，所以我将其翻译为 love，但我要强调的是，"情"与我们今天的浪漫爱情的观念并不完全相同。

进了她的"情"的萌生。① 在明清学者关于贞女的讨论中，"情"和"义"常常被分别看待。如前面提到的，周宏起等很多人都认为贞女的决定是出于"义"，而不是"情"，理由是贞女和未婚夫之间还没有亲密的婚姻纽带。但另一些学者则意识到贞女和未婚夫之间的情感联系。比如，钱福指出，关于未婚夫和夫家的善意的逗笑，仿佛打开了女孩的心灵，唤醒了她的"情"。② 熊宝泰（1742？—）在其《王孝姐传》中就强调，王14岁订婚，"习闻为刘家妇而神往矣，一往而不移者，情之至也"③。朱彝尊也是这样推理的：

> 自将之以行媒之言，信之以父母之命，委之以禽，纳之以纯帛④，则犹山泽之通气，其感与之理已深。故曰：男女睽而其志通也。⑤

这些看法虽然是从儒家礼仪的角度而言的，却触及了长期、复杂的订婚过程带来的年轻女性心理发展的一个重要方面。婚153聘的各种礼节对培养未婚男女之间的感情来说起到了重要作用。而年轻女性的生活在很大程度上围绕着准备嫁妆（刺绣、做鞋、缝衣等）而展开。婚聘礼节以及缝制嫁衣等都有助于建立她与未来丈夫的情感联系。在订婚后的漫长岁月，她刺绣着成双成对的蝴

---

① 当然，"情"不一定是从"义"发展出来的，在没有"义"的情况下也可以存在"情"。明清关于爱情与忠贞的白话文学作品就说明了这一点。比如，在明清白话小说和戏剧中有一个典型母题：一位年轻美丽的女子对某年轻男子一见钟情，但他们的爱遇到了意外的障碍和困难。故事的核心是女子（有时也有男子）面对巨大的困难，如何仍忠于二人的关系。洪淑苓 1997：239—249。
② 黄宗羲 1983：1453：708。又见田兰芳和李文藻的讨论。《碑传集》：7088；李文藻 1985：357。
③ 《碑传集》：7186。
④ 这些是订婚古礼的一部分。禽（一般是雁）和纯帛是新郎家送给新娘家的。
⑤ 朱彝尊 1929：58/12a。

蝶、鸳鸯、喜鹊时，必定会想象自己与未婚夫的未来生活。

只有认识到这种心理复杂性，我们才能更好理解下面这则贞女传记中描述的未婚夫之死对贞女影响的细节。陈贞女的未婚夫是19世纪学者王效成的一个朋友的弟弟。据说因她早年丧母，祖母特别爱她。她17岁时，未婚夫去世。祖母叫全家不要告诉她，同时把她定给了另一家。家人希望把这个悲剧慢慢告诉她，但这一计划被媒人无意中破坏。陈贞女听说之后，"瞪目寒噤，木坐不能起"。她一天一天地吃得越来越少，睡得越来越少，健康恶化，最后死亡。王效成评论说："《易》有之，男女睽而其志通，盖天之性也。冥昭虽判而心之奉两髦之日久矣。"①订婚的女子对死去未婚夫的情感，当然不同于节妇对死去丈夫的情感，但两种情感也许同样强烈。宋景卫在她的诗中就为贞女的行为辩护，强调说年轻女性追求"贞"并不以身体上的亲密为前提条件："性真相感当循率，殷勤何必同衾裯。"②

如果我们考虑到明清时期常见的表亲婚，其他亲友之间的定亲、童养婚，把女儿许配给自己的学生等婚姻实践，那么，那种认为包办婚姻使男女双方在婚前无见面机会的现代看法，纯粹是言过其实。在所有这些婚姻形式中，年轻女性都可能在家庭互访或其他场合见过未婚夫，两人甚至可能是一起长大的。③ 虽然儒家对于男女大防有严格规定，但因真正的互动而彼此吸引也是完全可能的。1792年，21岁的成达娥于未婚夫死去的第二天，在自己

154

---

① 王效成 1855：3/14a‑b。

②《碑传集》：7318。

③ 沈复的《浮生六记》生动描述了作者与未婚妻（是他的一个表姐）在家庭互访时彼此吸引。沈复 1983：26—27。洪亮吉关于母亲家庭的回忆录《外家纪闻》中，记述了他在外祖母家跟很多表亲（有男有女）一起度过的快乐童年。其中一个表亲就是他的未婚妻，他从几岁大就跟她定亲了。洪亮吉 1969。

的卧房上吊自尽。她的传记描绘了她的订婚：

> 谭、成为世好。谭母成出。女婴年时，二母固相得甚欢，故以女许谭，而抱以告庙……谭子儿时故尝随母来成氏，与女两小无嫌，数相见。后不复见。及是病革，女晨昏默吁天。俄一日昏瞆中语曰："四妹至"，能历指其坐作状，一室惶惑。①

读者大概记得第二章中王秀文的故事，那也是两个要好的年轻母亲给儿女订婚。换言之，成达娥这样的订婚并不属少见。两小无猜的日子可以培养订婚男女日后的感情。在成达娥的故事中，我们可以猜想此事的结果：未婚夫迷糊中所说"看到"她的话，很可能在亲戚口中传播。而对成达娥来说，这段悲伤的插曲只能增强她追随未婚夫死去的决心。实际上，自从未婚夫病情转重，成就开始准备自杀。在她死的那天晚上，她叫弟弟第二天告诉父亲说她"行宿谭氏地也"②。

在另一个故事中，朱贞女 7 岁与王侨订婚，13 岁作为童养媳住到他家。据说公婆非常爱她。王侨正在准备科举考试，年轻女孩"左右随姑，未尝觌面，偶见则面赤，走避，姑转笑之"③。朱 16 岁时，王侨死去，她绝食三天后自杀。④ 我们推测，在这些情况下"义"和"情"是不可分割的，同是激发她们追随未婚夫而死的精神力量。⑤

---

① 李桓 1990：305。
② 同上。
③《碑传集》：7167。
④ 同上书：7168。
⑤ 关于中国童养媳的人类学研究，强调的是年轻夫妻之间缺乏性的吸引。比如见武雅士（Arthur P. Wolf）与黄介山（Chieh-shan Huang）1980。但是本书中的例子说明实际情况要复杂得多。

虽然贞女传记中很少提及贞女与未婚夫的互相吸引问题,但故事本身却往往给人留下了揣摩猜度的线索。一些贞女的诗同样有隐约的启示作用,暗示着她们对才华出众的未婚夫的恋慕。比如,薛贞女含泪看着已故未婚夫的肖像,并写道:"诗狂未获生前见,书癖还从死后闻。"[1]薛贞女自然不可能对未婚夫的爱好学问毫不知情。这两句诗强调的是,如果能够结缡的话,他们夫唱妇随的精神生活将何其融融。还有的贞女在诗中以感伤的口气回忆"旧梦",痛心地回望自己曾设想的幸福生活。但是,"旧梦"随着未婚夫之死已永远消失。[2] 高彦颐指出了这种特殊情感的更大语境,那就是晚明的伴侣婚姻思想的兴起。伴侣婚姻强调夫妇的精神融通(而这在很大程度上是由才学来衡量的),将其视为理想婚姻关系的基石。[3]

从这个角度来重新审视其他传记,我们可以说,即便是在严格儒家教导下长大的女孩子,"情"也会悄悄进入她们敏感的心灵。周辉 7 岁就已经学习了《女训》。父亲把她聘给了他最得意的学生。这门婚姻本来前景光明,未婚夫却不幸早死。周辉"礼不敢踰阈奔讣,吞声痛悼,自废其食饮。应文(她父亲)忧之,纠戚属谕意,不少变,旬有二日,遂自经于中堂"[4]。此事发生在 16 世纪的明朝,当时为未婚夫奔丧的风俗还不像清朝那样普遍。和很多贞女相比,周辉表达感情的方式更加克制。儒家教育无疑会影响到她对这一悲剧的反应,但如果我们考虑到这对年轻人婚姻的美好前景,我们可以想象未婚夫的死对她的

---

[1] 阮元 2002:1684:488。
[2] 比如,见徐七宝和熊琏的诗,《国朝闺秀正始集》:9/15b – 16a,13/6a。
[3] 见高彦颐 1994:86—89,183—190。
[4] 黄宗羲 1983:1457:742。

致命打击。因此,把她的自杀单纯看作出于儒家道德义务就不免太简单化。实际上,即便是严格遵守儒家道德原则的宋景卫,也可能对 10 岁就订婚的未婚夫有情感依恋。他是她的表兄,13 岁成了诸生,而且两家还比邻而居。① 两个人都很优秀,都受过良好的经典教育。这些因素都可能会使得彼此吸引的情感得以萌发。

156　　　贞女的传记等文字常常会提到与已故未婚夫的神灵的相会,透露出贞女与未婚夫的情感联系。比如,13 岁的叶贞女在梦中看到未婚夫穿白袍、骑白马进了自己的房间,两人执手,几天后传来了他的死讯。② 1793 年夏天,就在未婚夫意外淹死之前,唐贞女梦到他对自己说话,神色哀伤。③ 曹贞女的父母向她隐瞒了未婚夫的死讯,但她在自家院中遇到了他的灵魂。④ 未婚夫死的那天晚上,黄贞女觉得仿佛有人透过自己的床帏向里窥视,还听到了一声叹息。⑤ 史贞女从未见过未婚夫(未婚夫跛了右脚),却在梦中发现了他的残缺。⑥ 还有一个例子。洪汝敬正绝食时,一只鸟半夜在屋顶鸣叫。她说:"当是郎魂幻化,邀余往也。"她写了一首绝命词后咽气。⑦ 这些梦和幻想让我们看到了贞女的心理状态,这也与朱彝尊的观点吻合:订婚的年轻男女虽然分开居住,心志却是相通的。

---

① 《清文汇》:1174。
② 李贤 1983:473:31。
③ 《碑传集》:7326。
④ 陈文述 1967:2675。
⑤ 姚椿 1965:4104。
⑥ 《碑传集》:7169。
⑦ 同上书:7230。

相聚于另一个世界

这类逸闻同时还暗示了贞女心灵世界的另一因素:即相信来生来世。如果贞女笃信自己的灵魂死后尚存,而在来世里和未婚夫能最终团圆,那么,死亡似乎并不可怕。贞女相信来生这一点,在前文所述的她们在自杀时穿上婚服或佩戴聘饰的细节中已略见一二。此外还有更直接的例证。谢贞女在卧室中自缢前几小时,对妹妹表达了自己的顾虑:自己没见过未婚夫,那么他们在地下相遇,也未必能认出彼此。① 陈琼使"奔殉"的时候,既没有流泪,也并不显得伤心。她说自己就到另一个世界了:"顷刻泉下人,恐毁容无以相见。"林秀珠也是"奔殉",她跟未婚夫的妹妹在夫家前院后院里走动,说自己先熟悉熟悉此地的周围环境,以便死后更容易"往来",不久她就上吊。② 节妇曾如兰在绝命诗中,希望人们不要把她的自杀看成"烈":"我自归家去,人休作烈看。"她写道:"西陵松柏下,夫子共盘桓。"③

在人们对未知世界的想象中,魂灵和神话占据了重要位置,它们屡屡出现在关于贞女的公共话语中。贞女的死亡常常与不可解释的神奇现象联系在一起。比如陈贞女于暴风雨中在瓜架下上吊,尸体却没有雨淋的痕迹。④ 黄贞女在酷暑上吊,但一天后她仍栩栩如生,其尸体停放的房间充满了香气。⑤ 贾贞女吊死

157

---

① 吴德旋 1985:19—247。

②《福建通志》1737:530:42,46。

③《国朝闺秀正始集》:5/3a—b。

④《碑传集》:7101。

⑤ 李兆洛 1878:15/9b。

后看上去仿佛活着,口中没有涎沫,脖子上也没有伤痕。她托梦给父母要求与未婚夫合葬。第二天她的棺材里发出声响,直到父母答应满足她的要求,声响才消失。① 在另一例中,有人看到一个刚刚自杀而死的贞女,跟她的未婚夫并肩而行。② 不论是文人学者还是老百姓,都怀着惊叹和敬畏重复这些故事,将其看成上苍天对异行的反应。儒家学者一般都会批评他们认为是迷信的想法或做法,但他们也相信这些奇异的现象表明了天意,也承认"贞烈之气久而不灭也"。③

未知世界中的力量能让贞女与未婚夫团聚甚至升天。钱仪吉提到云南昆明的一个年轻女子自杀前留下的遗书。该遗书本来由钱的侄子(是该女子所在县的县令)得到并保存,但他侄子还没来得及为她做传便去世。钱仪吉注意到,遗书是她用自己的血写在一片绸带上的,有 94 个字。因为她只受过初级教育,而且字条用本地方言写成,钱只能辨认其大意。字条一开始要求把这份遗书献给皇帝,然后说到忠孝贞烈,请神灵保护未婚夫的家庭,表达了为未婚夫立后的愿望,最后宣布说她要在二月九日"升天",那可能就是她自杀的日子。④

¹⁵⁸ "美丽的想法"从何而来

明清的一些学者注意到,立志守贞成贞女,与这些女性的年龄有很大关系。他们指出,大多数贞女都是十几岁,还没有多少

---

① 《碑传集》:7123。
② 《碑传集》:7231—7232。
③ 尹会一 1985:239。
④ 钱仪吉 1834:9/18a。

生活经验。比如，李慎传就写道：由于她们"情窦未开，世故未熟，骤闻美名，岂有不愿！"①她们在不完全明白后果之前就迅速下了决心。这个举动是年轻女子一时冲动之下做出的。② 王效成指出，贞女是为当时的风尚所激动。他们追随自己一片年轻纯洁的心，没有深思熟虑。③ 这些说法都强调了年轻女子天真冲动的一面，却很少考虑到她们的选择从根本上来说受到了当时的社会、经济、文化制度的制约。不过，这些说法的确提出了一个关键的历史问题：年轻女子是如何获得做贞女的"美名"的？换言之，做贞女的想法如何传递给女性并影响了她们敏感的心灵？

很多历史因素都可以塑造年轻女性的心灵，比如对道德英雄主义的文化迷恋，强调道德修养的理学教化，政府和文人对女性贞节的大力弘扬（表现为公开表彰贞节女性的祠、牌坊、墓、碑），这一切都建构了意识形态的、既实体又象征的环境和氛围，有力影响到年轻女性如何看待世界和社会性别角色。同时，我们也必须考虑贞女理想得以传播的其他一些情况。

如果说在前现代社会中，女性主要通过家庭来吸取社会价值观和行为规范，那么在明清时期尤其如此，因为明清时期的性别体系非常歧视在家庭之外活动的女性。在精英家庭里，性别规范被严格遵守，使家庭对年轻女性的精神发展产生的影响更为强大。从宋景卫的情况可以看出，家庭的道德传统在塑造年轻女性的世界观和道德价值观上起了重要作用。贞女们为自己能继承家族传统而骄傲。再举一例。言贞女是孔子的弟子子游的第七

---

① 李慎传 1884：1/43b。
② 朱翔清 1910：10/9b。
③ 王效成 1855：1/11a。

159 十世孙，她骄傲地自称是"礼宗之女"①。一些贞女也可能直接受到了自己家中近世祖先的义烈行为的启发。比如，宋贞女(宋实颖的女儿)就来自"贞孝"之家。1645 年，满洲兵至，她祖母带领两个儿子、一个女儿、一个儿媳(宋的母亲)跳井自尽，结果祖母和一个儿子死去。② 贞女吴满好是本书一开始提到的贞女吴淑姬的侄女，吴淑姬在未婚夫下葬前自杀的的故事她必定耳熟能详。③

文学教育是年轻女子赖以接受"忠贞"的社会性别观以及贞女"美名"的关键渠道。明清时期，商业印刷的持续发展使大众更容易获得书籍，这反过来又促进了大众人口中识字率的提高，尤其为女性读者和作者的问世提供了肥沃的土壤。④ 针对女性读者的教谕文字日渐增加，并常辅以有视觉吸引力的插图。⑤ 这些趋势在贞女传记中也留有印迹。传记的作者常常提到贞女熟习儒家典籍或者大众教谕文本，包括《孝经》《内则》《列女传》《女孝经》《女诫》等。

《列女传》的影响在贞女的传记中尤其频频提及。李龄寿(1833—1890)回忆说，自己和兄弟上学时，"有书贾携图绘《列女传》来，则入以视姊。姊喜甚，遂购之。每无事则与兄弟言古事。遇忠孝节烈，若义形于色者"⑥。幼年时种下的仰慕古代英烈的种子，在她后来选择走贞女之路时终于开花结果。据说古代的典

---

① 《清文汇》:561。
② 李集 1985:13;530。又见清国史馆 1985:104;744。
③ 见吴定为这两位妇女所写的传记，吴定 1887:11/5a-6a,11/12a-13a。她们都出自吴定的本家。
④ 高彦颐 1994:1—67。
⑤ 柯丽德 1991。
⑥ 《清文汇》:2929。

范女性也打动了其他年轻女子。陈贞女曾指着古代操行优秀的妇女的故事对父母说，自己想效仿她们。① 值得注意的是，陈贞女来自普通百姓家庭。在她的绝命诗中，沈贞女写道：

> 少小曾翻烈女编，
>
> 敢将心迹拟前贤。
>
> 只知从一而终义，
>
> 一命追随到九泉。②

160

贞女化道德教化为人生实践的故事，为蓝鼎元等清代地方官提供了妇女教育的重要性的证明。在评论林贞女时蓝鼎元指出，她天性固然就好，但《女诫》仍对她有很大影响："世俗动言'教女不令识字'，何其谬哉！"③但袁枚的看法不同。他哀伤地说：教育是造成他妹妹袁机的悲剧的一个因素（见第七章）。如果她不是熟习儒家经典的话，也许就不会把贞节看得如此之重。④

来自那些至少能接受一些初级教育的家庭的孩子，常常很小就受到忠义贞节的道德或文化思想的熏陶。大量蒙学读物中的谚语和故事都有强烈道德涵义。比如，广泛使用的蒙学课本《千字文》中有这样的句子："女慕贞洁。"⑤另一个流行课本则教育道："妇人不二斩，烈女不二夫。一与之齐者，终身不改乎。"⑥这些思想常常是通过历史故事或文学形象来传达的。⑦

---

① 《碑传集》：7137。又见同上书：7100，7169。

② 阮元 2002：505。"九泉"是冥界的比喻。

③ 蓝鼎元 1983：1327；710。陈宏谋（1696—1771）等地方官也支持蓝鼎元对女性教育的这种态度。见罗威廉 2001：426—429。

④ 阮元 1993：7；229。见第七章对该问题的讨论。

⑤ 韩锡铎 1993：8。

⑥ 同上书：256。

⑦ 比如，见《纯正蒙求》《幼学求源》《龙纹鞭影》。韩锡铎 1993。

值得注意的是，女子教育并不限于初级的女训。学者家庭的女儿会泛阅从历史、文学、诸子到宗教等很多科目的书籍，从而养成儒家课程以外的兴趣。明清的很多女性本身就是诗人、作家甚至学者。晚明时期，对"情"的崇拜席卷了男女文学圈，阅读推崇情感与浪漫爱情的小说或戏剧，强烈影响了女性对情爱的看法。[①] 在清朝，对于什么是女性学习的适当科目，人们意见并不一致。一些男学者认为，诗歌于女性的道德教育无益。[②] 诗歌是表情达意的工具，而某些女诗人在其作品中表现的"放纵"情感或欲望，被认为严重威胁到儒家的家庭和社会秩序。[③] 但贞女诗人们证明了诗歌并未阻碍她们在儒家道德方面的成长，二者彼此补充，可以造就道德上正统、情感上合宜的女性品格和志向。贞女将诗情按照儒家道德体系的路线加以引导，在看待人生意义时把"节""情""义"融合在了一起。

近期的很多研究都质疑了把妇女看作社会的一个封闭群体的传统看法，证明明清时期的社会性别关系绝非单一和固定不变。[④] 在作为帝国文化中心的江南地区，女性文化尤其繁荣。[⑤] 各种女性之间的网络联结都促进了贞女理想的传播。能诗善画的贞女在访友和交换诗画的过程中获得情感支持。[⑥] 在她们的

[①] 最能说明问题的例子就是高彦颐讨论过的三个女性阅读并评论《牡丹亭》的事。高彦颐 1994：68—112。又见孙康宜 1991：9—15。

[②] 曼素恩 1994：28—32，1997：83—94。

[③] 一个极端例子是晚明女诗人翁孺安。她出身于江南常州的精英家庭，被人批评说其行文和举止如同妓女。据说她的兄弟为了保护家声将其杀死。见谢俊美 1999：19—26。

[④] 关于这一题目的主要论著，见高彦颐 1994；曼素恩 1997；卡斯 1999。

[⑤] 高彦颐关于女性文化的创造性研究集中于 17 世纪的江南（见高彦颐 1994），在很多方面，该文化在清朝余下的时间里似乎都持续了下去。

[⑥] 《国朝闺秀正始集》：16/21b－22a，18/22a，8/7b－8a。

节妇朋友眼里，贞女可敬而艰难的生活正是自己的情感创伤和信念的写照。① 与男子不同的是，女性似乎并不是应请而撰写赞美贞女的文字。彼此的理解和类似的生活经历把她们和贞女联结在一起，常使她们的诗中显现出男子文字中缺乏的亲切与自然。

宋景卫的情况生动说明了贞女本身组成的紧密网络所提供的群体支持。上文说过，宋景卫与已故未婚夫成亲不久，当地的陈媛为殉未婚夫而自杀。宋写了一首长诗献给陈媛。当宋景卫在激情赞美她们共同的信仰时，她本人对其她贞女来说也成了一个被仰慕的道德偶像。比如贞女姜桂就送给宋景卫一份特别的礼物：一幅题为《柏舟》的画，上面还有一首题诗。诗和画都出自姜桂之手。按照完颜恽珠的说法（完颜恽珠也是画家），姜桂精妙的绘画有元朝风格，享誉一时。② 姜桂送这幅画是为表达她对景卫的敬慕之意。③

在宋景卫家中，一位地位与她迥异的年轻女性卫喜，也在宋景卫的影响下加入了贞女的行列。卫喜是景卫的婢女。在未婚夫死后，卫喜效仿景卫的榜样，终身守节，并终身跟随景卫。宋景卫的另一个女仆陈寿二十几岁就失去了丈夫，也跟宋景卫生活在一起，没有再嫁。④ 作为儒家才女的宋景卫，成了当时女性矢志不渝未婚守节的道德脊梁。

不过这种影响不总是从主人到婢女这一个方向。比如，15岁的贺氏希望与死去的未婚夫成婚，父母不同意。一时间，她家中挤满了邻居、亲戚和族人，都七嘴八舌地用"不入耳之言"来劝 162

① 《国朝闺秀正始集》：10/7b-8b。
② 同上书：8/7a-b。
③ 《碑传集》：7322。
④ 同上书：7321—7322。

阻她。只有贺的 17 岁的名叫安的丫环站起来对小姐说："悟姑（当地的一个贞女）可为，谁不可为者？我愿偕往相依，举世哓哓之口不足听也。"听到一个丫环这一番激昂言语，人群霎时变得很安静，"举座不能置一喙"。事情就这样定了下来，两个年轻女孩搬入了贺的未婚夫家。① 从这个场景中我们很可以推想，安在小姐背后是有很大影响的。后来，贺要求过继子嗣，被夫家的族人拒绝，两个女子一起上吊自尽。在自杀的当晚，她们沐浴更衣，把一切要分掉的东西都标记好了。安后来被朝廷嘉奖为"义婢"②。

这个例子能说明两个方面的问题。到清朝时，贞女现象已经很普遍，榜样可以激励当地其他妇女追随她们的脚步。嘉庆朝（1796—1820）初期，杨媄自杀的故事"播里党间"，这时，许二姑失去了未婚夫。她哭过后绝食，也希望成为贞女。家人严密地看守着她，害怕她"效尤（杨媄）"，最终同意她成为贞女。③ "义婢"安在贺贞女事件中的重要作用，也再次说明了"义""节"等社会价值已渗透到各阶层妇女心中。社会地位较低的女子常常引用谚语，比如"马无双鞍，女无二夫"，"一家女不受两家茶"等④，来支持自己的决定。明清时期"义""节"的抽象概念在很多俗语中得到了生动表达，社会价值观暗暗植入了无法受到儒家典籍教育的社会下层女子的心中。

明清时期大众娱乐（尤其是戏剧）的发展，形成了贞女理想传播的另一渠道。当时各种地方戏和说书活动都很兴盛。在城镇，在大户人家，在乡村的晒谷场上，在年节和宗教节日里，各种演出

---

① 朱轼 1871:2/33b-34a；蔡世远 1983:1325:731。

② 蔡世远 1983:1325:731。

③《碑传集》:7241。

④ 同上书:7123；黄廷鉴 1985:205。茶是明清时期常见的订婚礼物。

都满足着大众对娱乐的需要。戏剧和说书中的情节非常多样,其中有悖儒家正统的内容会令地方官警惕。但是,那些关于忠、孝、节、义、情的流行戏剧和说书,则在大众中有效传播了核心的社会价值和文化理想。在有浓厚商业气氛的地区(比如徽州),表现节妇的礼仪剧的演出,向当地居民传达了男女有别的"贞"的价值观。[1]

　　在最受欢迎的戏剧中,有一出是关于贞女秦雪梅的。[2] 此剧的最早版本是成化年间(1465—1487)的《商辂三元记》。[3] 故事说的是,商林是个有文化的富商,与秦雪梅定亲。他意外看到雪梅,被她的美震动,后来相思而死。他死后,他的妾(在后来的某些地方戏版本中,这个妾是雪梅派来服侍商林的)生了一子——商辂。雪梅告别父母,嫁入商家守节,并把商辂作为自己的孩子来抚养。在雪梅的严格教育下,商辂成长为杰出的年轻人。他在乡试、会试、殿试都得了第一名。朝廷为雪梅立了一个"五凤牌坊"。

　　剧中的主要人物商辂在明史上确有其人,他在科举考试中连中"三元",作为受尊敬的朝廷大学士,仕途也很成功。[4] 剧中故事的其余部分则与商辂无关,而是来自他的同事章纶。章纶是一

---

① 郭琦涛(Guo Qitao)2005:151—177。

② 按照田汝康的说法,第一出贞女戏剧是朱有燉(1379—1439)的《赵贞姬身后团圆梦》,写某年轻女子在未婚夫死后自杀,其依据是七年前(1426年)发生的与明朝皇室有关的一个真实事件。但庄一拂在其《古典戏曲存目汇考》中所给出的该剧的大意,似乎明显说明这并非贞女故事(朱有燉的剧本已经不存)。庄一拂 1986:415;田汝康 1988:61;郭琦涛 2005:159—160。

③ 此剧的作者是谁还不清楚。或以为作者乃明朝剧作家沈受先(见王森然 1997:645),但郭英德认为是无名氏。最早的文本出自万历年间(1573—1620)。郭英德 1997:95。

④ 商辂的完整传记,见《明史》。张廷玉 1974:4687—4691。

个直臣，由贞女母亲抚养大（见第一章）。① 这个来源不一的戏剧是如何成形的，为什么剧作家把章纶换成了商辂，这些我们还不清楚。一个可能的解释是，商辂是有明一代唯一连中"三元"的人，可以给该剧带来戏剧化的色彩。从 16 世纪到 20 世纪初，贞女秦雪梅的感人故事被改编为很多名目不一的地方戏。安徽、广西、河南、陕西、山东、河北等地区都存有该剧剧本。② 各地方戏的情节在细节上彼此不一，但有的场面在各地都很受欢迎，尤其是"上坟""吊孝""教子"，都集中在展现雪梅对死去未婚夫的"情"和"义"的戏剧化高潮时刻。另外两个发生在她未婚夫死前的场面是"观画"和"观文"，它们的广受欢迎反映了观众趣味的另一面。雪梅趁未婚夫不在，去他的书斋里查看他的文字（在"观画"中是看他的画作）。当她看到他以前写的糟糕文章时，非常失望，但看到他的进步后又很欣喜。正当她兴奋地念诵着她最爱的句子时，他回来了，向她求欢。她拒绝了，跑回家中。③ 戏剧中描绘的雪梅既有学问又贞洁，而且还有性的吸引力。

清朝乾隆年间，另一贞女事件引发了另一出戏剧。这件事在朝廷的"旌表"中记载了大概：

> 江苏省淮安府山阳县监生程允元，两岁时与直隶平谷县人刘登庸之女结婚。后程允元回南，刘登庸身故，眷口留寄天津，女至茕独无依。彼此音问不通五十余年，各坚守前盟，矢志不回。后程允元在漕船教读，随船北上，行抵天津，闻里人传说有贞女刘氏隐迹尼庵。细访始知即系原聘妻室刘氏。

---

① 章纶的故事记录在不少文本中，包括《温州府志》。郭英德 1997：95—96。
② 见王森然 1997：30,505,507,508,606。田汝康记录说，"六十年后，我仍能记得小时候看这部剧时女观众无法克制的抽泣声"。田汝康 1988：62。
③ 王森然 1997：508。

当经该县传刘氏至署，再三劝谕，令当堂与程允元合卺，随帮南下回淮。① （见图 5.2）

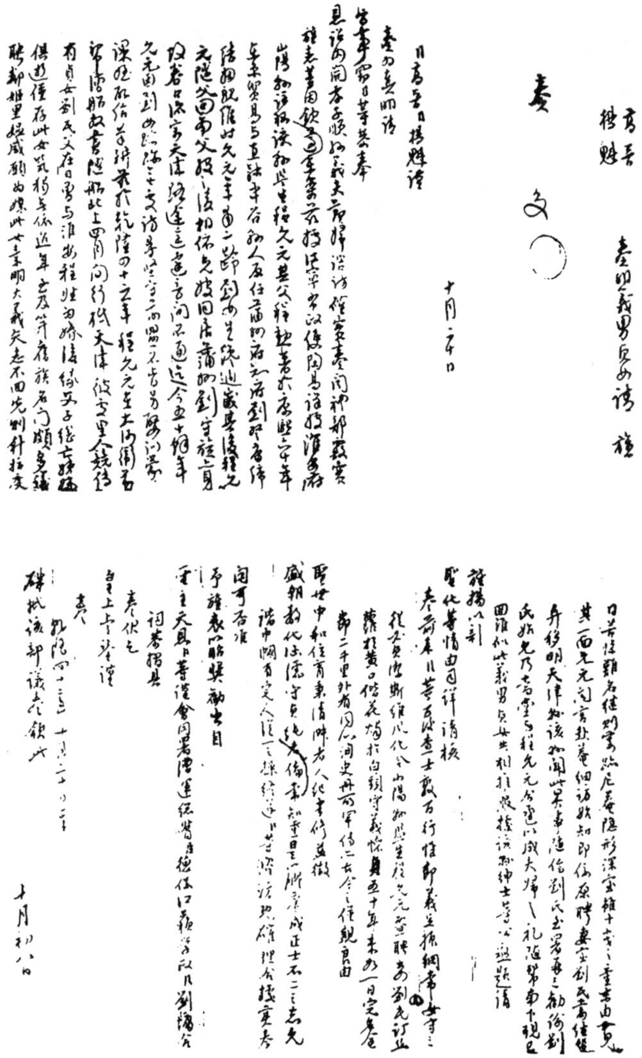

图5.2　一位地方官给乾隆皇帝上的奏文，为程允元和刘贞女申请旌表，乾隆批示命礼部讨论此事。[资料来源：中国第一历史档案馆(北京)]

①《钦定大清会典事例》：10422。

这个故事以离奇的细节出现在当时很多记载中。[①] 比如，据说在刘苦守婚约时，慕名而来求亲的当地望族有几十家，寻常人家来的更是络绎不绝。[②] 他们回到淮安程允元家中后，刘相继生了两个儿子（另一则记载说三个儿子），虽然她已经年逾六十，过了生育期。[③]

这个故事以富于戏剧性的欢快笔调弘扬了"义"。清朝的贞节故事常常是关于受苦女子的。而在这一故事中，男女双方都恪守责任，本来的悲剧意外变成了喜事。实际上，这个故事除了对老百姓外，对其他人也有吸引力。1777 年，夫妇二人团聚后，乾隆皇帝命令给他们银两，立一座牌坊，并给他们立碑，上刻"贞义之门"[④]。据说，"由是江淮南北能文士，竞为歌诗文辞述其奇节，而农父贩夫妇人孺子暨舟中往来人，无不知有程刘义夫贞女之事"[⑤]。事后出了一些诗歌和戏剧。[⑥] 吴恒宣在故事发生时住在淮安，他于 1778 年（程刘团聚后的第二年）写了《义贞记》。吴恒宣的作品之后，还有两个剧本搬上了剧场：李天根的《白头花烛》、徐鄂的《白头新》。[⑦] 这些戏剧的故事情节不尽相同，但在一个要点上是一致的：潜在的悲剧引出离奇的团圆结局，奇德异行得到了荣耀的回报。当然，归根究底，故事的关键不在于奖赏，而是两个普通人如何终生践行了奇迹般的"义"。

---

① 《碑传集》中有两个传。此故事还载于俞蛟的《梦庵杂著》（俞蛟 1994：191—193）、王椷的《秋灯丛话》、李次清的《天岳山馆文钞》等。见郭英德 1997：1057。
② 《碑传集》：7027。
③ 俞蛟 1994：193。关于三个儿子的叙述，见郭英德 1997：1057。
④ 《钦定大清会典事例》：10422。
⑤ 《碑传集》：7028。
⑥ 其中一首诗《贞义行》由汪启淑记录了下来。汪启淑 1998：165—166。
⑦ 郭英德 1997：1057。

第六章 年轻的生命，漫长的旅程：贞女的生活

> 夏氏二女，寿州人。姊许字方自申，妹许字刘璇，俱未婚两婿死。妹约姊死殉。姊曰："父母老矣。我为其易，汝为其难。"姊投缳死。妹遵姊命养父母，守贞六十余年。①

这段摘自乾隆朝《钦定大清一统志》的简短而戏剧化的文字，让人联想起弘扬忠义和自我牺牲的经典故事《赵氏孤儿》中的主人公。② 作者通过化用《赵氏孤儿》的语言，把两个年轻女性推入了古老帝国的英雄行列。这个故事中最动人的一点是对死亡的矛盾看法。一般而论，死亡与生存相比，是一种更难的选择。因而，把自杀看成二者中之易者，作者既赞美了姐姐的视死如归，又强调了妹妹孝养双亲、守贞终生时须克服的巨大挑战。

贞女守贞终生的生命历程，受到母家和夫家的社会经济状况

---

① 《钦定大清一统志》：475：757。

② 《赵氏孤儿》说的是战国时期的两个男子为主尽忠的事。程婴是晋国上卿赵朔的朋友，公孙杵臼是赵朔的门客。公元前 596 年，赵朔成为宫廷权力斗争的牺牲品，不仅自己丧命，而且对手还杀了他全家，只有小儿子幸存下来，但仍被追杀。公孙杵臼问程婴，是死难，还是活着抚养孩子更难。程婴说前者更难，公孙杵臼就说他来做容易的。他们找到另一个小孩子，公孙抱着孩子出去说自己隐藏了赵氏孤儿，公孙和那个孩子都被杀。程婴秘密地把真正的赵氏孤儿赵武养大，后来赵武给父亲报了仇。程婴在履行承诺后自杀。司马迁 1959：1783—1784。明清时期，这个故事被改编成了通俗剧，广为人知。此剧的英译本，见刘荣恩（Liu Jung-en）1972。

以及其他一些变量的制约，但对这个历程具有决定性影响的是她与众不同的身份角色。贞女被赋予的道德权威，在不同程度上转化成了一般年轻女子无法拥有的影响力、社会保护甚至权力。然而，给她带来荣誉的特殊身份也是使她易受侵害之根源，由此给她带来种种特殊的经济、社会和情感问题。无论是被赞美还是被同情，贞女都被看成为崇高理想而牺牲了青春和幸福的悲剧英雄。她的母家和知识精英则担负起家庭和社会责任，为陷入纠纷或遭受困难的贞女提供急需的支持。

从根本上来说，这些贞女的故事是一则则关于抗争、意志、自制、隐忍的不寻常故事。她们的独特经历显示了年轻女性的意志力。贞女对自己的特殊地位有高度的自觉意识。也许是为了保护自己免受来自社会的怀疑目光的审视，她们恪守一套共同的行为规则，既遵守当时通行的社会性别规范，又履行贞女独有的、具有仪式意味的生活。她们以强大的忍耐完成了年轻时的承诺，矢志不渝，终生无悔。

婚　礼

结婚是重大的人生仪式，而婚礼是"大喜"的时刻。但在贞女与死婿成亲的畸婚中，喜庆的气氛被悲伤所替代。婚礼的高潮是流泪的新娘向死去未婚夫的棺材或肖像跪拜。这是一个催人泪下的动情时刻。据说有的新娘昏倒，也有生病的家庭成员在婚礼上当场死亡的。比如1635年冬，女诗人叶小鸾（1616—1632）的哥哥叶世偁死去，其未婚妻嫁入叶家。叶世偁是祖母最爱的孙子。在婚礼上，老祖母握着新娘的手痛哭，结果昏倒，抬回卧室后即去世。①

与正常的婚礼一样,贞女的婚礼也把年轻的新娘变成了儿媳。但二者也有迥异之处。常规婚礼使男女两家得以展示财富和地位,贞女的婚礼则带来了两家都可利用的道德资本。在这闪光而悲伤的舞台上,主角是贞女新娘,她的美德通过婚礼的大场面得到传扬。贞女的婚礼既是家庭私事,又是地方的公事,它不仅吸引了左邻右舍,也吸引了远近有影响的人,如果男家或女家的社会地位很高时尤其如此。1715年山东德州的一个例子就说明了这一点。李贞女是刑部侍郎李涛的女儿,她已故的未婚夫是曲阜孔子后裔。在贞女行婚的那一天,"州缙绅冠盖骈辐,接迹委巷,市民牵裾曳袂,扶老携幼,填街塞衢,送之郭门,为太息泣下"。她到了曲阜城郊时,受到了同样的欢迎。② 此段描述显然经过了文饰,但相当生动地传达了贞女婚礼的大张旗鼓的特点。这自然和两个家庭的社会地位有关。但即便是普通人家的贞女婚礼,也会在地方上造成轰动。③

儒家赋予婚礼以极高的地位。《仪礼》和《礼记》都规定了婚礼的原则和正当程序。但礼仪文献没有有关贞女婚礼的条文。事实证明,礼经上的这一空白,给一些受过教育的贞女创造了对自己的婚礼有了一定控制的机会。比如,当朱轼不情愿地同意女儿嫁入李家后,女儿问朱轼(朱轼精熟经典礼仪),举行婚礼时自己应当穿什么样的衣服。朱轼对她的决定还很生气,便对她说

①叶绍袁 1998:2:850—851。

②《清文汇》:1569。

③比如,二十年后的 1735 年,德州又发生了一件这样的事,这次是平民女儿齐贞女的婚礼:"一时州人士知与不知,尽躏其门,交相聚语,叹息之声彻路衢。"《清文汇》:1569。

"于礼无之,尔裁之以义"①,让她自己看着办。她离母家去李家时穿的是普通服装,登船后(大概是接近目的地了)换上了白色丧服。李家家人也通身披麻戴孝,痛哭着迎接她。② 对有学问修养的女性来说,这样的婚礼可以成为展示自己精通古礼的机会。而贞女自定的婚礼细节,吸引了学者们好奇的目光。彭绍升写的宋景卫传记详细描绘了她的婚礼。毛奇龄也描述了1677年的一次婚礼。贞女王自瑶是江苏南部吴江人,定给了苏家:

> 苏迎妇如礼。自瑶乃加髻,与父母别。苏遣小姑迎于门。自瑶乞撤彩止乐,始入。是日雨雪,远近来观者皆泣下。既升堂后,拜夫影(肖像)。③

170

虽然儒家经典中无相关定规,但在清朝期间,贞女婚仪日趋标准化(虽然仍有地区差异),基本上据正常婚礼修改而成。喜庆的因素大体除去,但并非传统婚礼中的所有仪式都弃而不用。有时,贞女新娘戴着传统的新娘头饰,穿着新娘的衣服,坐着新娘的花轿。④ 但对于新郎缺席这个问题,必须有创新之举来解决,于是贞女婚礼又吸取了丧礼的因素。比如在江苏南部的一些地区,人们在婚礼上设一个"魂帛"。"魂帛"是葬礼的用品,乃把一段白绸子扎成人形,有头、耳和腿,腿上写着死者的生卒日期。⑤ 新娘"奉魂帛为匹偶"举行婚礼。⑥

---

① 朱轼关于儒家礼仪的评论,在方苞卷帙浩繁的著作《礼记析疑》中被多次引用。在担任浙江巡抚期间,朱轼采取措施改革了辖区内的婚俗,他认为当地的婚礼太铺张了。他还刊刻了礼仪文献来促成改革。《钦定大清一统志》1983:478:772。

② 《碑传集》:7210。

③ 毛奇龄 1968:3110。

④ 《清文汇》:3105。

⑤ 吴荣光 2002:815:164—165。

⑥ 沈钦韩 2002:1499:231。

最常用来代表已故新郎的是牌位，由此出现了贞女婚礼的一个通用名称，叫做"奉木主成婚"或"抱主成婚"（见图6.1）。[1] 从词名可以看出，和正常婚礼中新娘新郎并排而立的情形不同，贞女新娘是捧着死去未婚夫的牌位举行仪式的。"抱主成婚"的做法似乎源于明中叶，随着时间推移日益被接受。[2] 画家吴友如就描绘了19世纪80年代的这样一个场面。

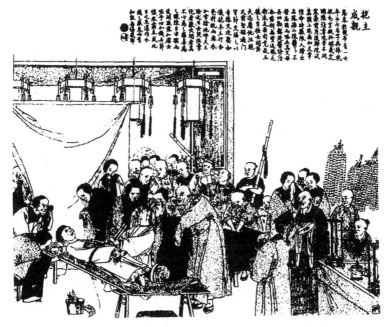

图6.1 抱主成亲（吴友如画）（资料来源：孙继林 1996）

有的新郎家也会对婚礼做一些调整来表示对贞女新娘的感激。比如王自瑶的公公很为她的守贞行为感动。在自瑶向她已故未婚夫的肖像跪拜后，他告诉她不要马上以媳妇的身份行礼。

---

① 见丁世良与赵放 1995：829。

②《明一统志》中易妹贞的条目，是关于该习俗的最早记录之一。李贤 1983：473；32。

他含着泪，朝西叩头四次。自瑶答拜，朝北叩头四次，然后才行了"成服"之礼。① 这段记载很像 1806 年的一个例子，当时夫家请新娘朝南而坐（这是最尊贵的位置），接受公公婆婆的叩头。② 公公婆婆对贞女新娘的敬意提高了新娘的地位，这与正常婚礼中新娘的次等地位形成了鲜明对比。

171 　并不是所有贞女都举办婚礼。贞女以何种方式完成有象征意义的、从女儿的身份到妻子和儿媳身份的过渡，这受到家庭经济等条件的制约。有的贞女看到让父母同意自己"贞守"已无希望，就自作决断。王孝姐是河南的农家女，她的未婚夫 1786 年（大饥荒年）离家出走。六年后，孝姐年已 24 岁，父母促她改嫁，她瞅准机会，来到未婚夫的村子找他母亲。因为她与未婚夫的母亲从未见过面，孝姐拿给她看自己多年前收的聘礼，说服她让自己留下来。孝姐的父母"怜其诚"，也就无奈默许了。③ 也有这样的例子，贞女往未婚夫家奔丧后，发誓不再回娘家。在这种情况下，一场婚礼便简化成了夫家匆匆安排的"成服"之礼。④ 这些例子说明，在有必要时，农家女儿也会自作主张，绝不让成规阻碍自己矢志不渝、贞守终生的志向。

172 　不论是否举行预先准备的"抱主"婚礼，贞女生活的转变是非常戏剧化的。在一天之内，新娘变成了寡妇。当贞女新娘象征性地换下婚服，披上丧服，她的新娘身份瞬间得而即失。等待她的将是非同寻常的人生旅程。

---

① 毛奇龄 1968：3110。叩头在这里的具体意义还不明了。

② 姚椿 1965：4073。

③《碑传集》：7185。

④ 比如，潘贞女跟弟弟偷偷来到未婚夫家，未婚夫家安排她行了"成服"之礼，确认了她作为儿媳的新地位。她母亲意识到她心意已决，派人送来了嫁妆。《碑传集》：7197。又见关于高贞女的叙述，《碑传集》：7202。

特殊的儿媳

魏承枞(1837 年中举)总结了在夫家守节的贞女的角色和贡献:"未经作妇,毁面存贞,奉翁姑,负螟蛉,为泉下人终未了之事。"①在明清的道德话语中,贞女作为重要的道德偶像闪耀着光辉。贞女传记一般都聚焦于贞女的模范行为,尤其是她履行儿媳角色时的言行举止。贞女儿媳的德行包括亲手劳作辛劳持家,从婆婆手里包揽厨房活计,为生病的公婆煎汤熬药,"割股"或"割肝"给公婆合药,给婆婆洗内衣,忍受公婆(尤其是婆婆的)虐待,安葬已故的家庭成员。贞女传记也常常赞美贞女的管理才能,描写她的精心筹划如何使家庭兴旺,包括她通过劳作来积累财富,或将自己的嫁妆和朝廷旌表的钱用于家庭所需。还有的称赞贞女会劝说婆婆给公公纳妾(如果他们没有别的儿子),以期为家庭获得子嗣。

这些记载主要是为了赞美贞女的道德品格,但传记中也常有一些发人深思的细节,表明德操作为一种资本如何作用于家庭中的等级结构,影响到贞女在夫家的生活经历。贞女在夫家的地位不仅取决于社会结构和社会规范,也取决于一系列变量,包括娘家的社会和经济地位。贞女故事还表明,道德声望是贞女新娘的一项重要的社会资本,而一些贞女很懂得利用好这项资本。

我们从王自瑶的婚礼中可以看出,贞女身份赋予了她普通新娘所不具有的特殊地位。贞女甚至会在未婚夫家的亲属中激发敬畏之感。传记作者常常用"敬惮"一词来描绘未婚夫的亲属对

————————

① 《清文汇》:2580。

她的感觉。① 即便在自己家中，贞女也是不可小觑的人物。齐贞女的曾祖母据说有个"黠而悍"的情人，住在她家。但当他听说齐贞女回来，就很恐惶，"引罪请去"。在传记作者们看来，这表明了贞女的"德化"力量。②

教育无疑会增添贞女的权威。一些有学问的贞女成了闺阁女眷中的老师，担当起把正确的价值观灌输给家中年轻女性的职责。比如王贞女在夫家建"内塾"教育家中年轻姑娘。她们"焚香洁几"，跟着她学习经典。当地文人把她比为 3 世纪的女学者宣文君。③ 宋景卫担忧"女教不明"，因此写了一首 128 行的长诗来阐述儒家的自我修养和古圣贤经典中体现的人伦之道，令家中的年轻妇女吟诵之。④ 完颜恽珠 1831 年看到此诗，叹为观止，决定将其与宋景卫的另一首诗一起，作为其选编的《国朝闺秀正始集》的压卷之作（见图 6.2)。⑤ 但并非所有受过教育的贞女都肩负这样的重大责任。在自己封闭的房间里读书度日，打发孤独时光，同样可以在贞女的道德声望上增添光彩。⑥ 很多贞女都继续她们写诗的爱好。虽然清朝有些学者认为妇女不应当吟诗作歌，但公众显然很赞赏贞女所写的诗。她们的诗刊刻在当时的男性或女性辑录的集子中，能被入选，既因其高尚的道德内涵，也因其高超的艺术成就。

---

① 比如见《清文汇》：7185，7209，7225。

②《清文汇》：1569。

③《清文汇》：2203。宣文君（283—？）出生在治周礼的学者之家。前秦王曾请她来教授 120 个学生，使周礼之学免于失传。清朝关于宣文君的描述，见完颜恽珠的《兰闺宝录》。完颜恽珠 1831：6/5b-6a。

④《碑传集》：7319。

⑤《国朝闺秀正始集》：补遗/29a。

⑥ 比如，汪贞女就住在完全装饰为纯素色的房间里，每天晨昏她下楼向公婆问安后就回到自己的房间，焚香、饮茶，整日诗书，甚至不见亲戚或邻居的女伴。"一时贞誉籍甚"，各级政府官员"俱赐之旌额"。杨锡绂 1996：（史 126)62。

图6.2 宋贞女(宋景卫)作诗歌以教娣姪(来源：《图画新闻》，见《清代报刊图画 *174* 集成》2001：7：228)

贞女在家庭中的威望并不完全来自她们的道德成就或教育背景。妻子的本职是辅助丈夫，而当丈夫缺位时，权力结构便向

175 贞女倾斜。如果贞女的夫家没有成年男子或年长的妇女，家政就常常交给她主持。比如王孝姐就全权负责家事。她家中人口包括婆婆、未婚夫的两个弟弟。孝姐勤勉能干，白天纺织，晚上舂米做蒸饼，第二天早上让两个小叔去集市上售卖。辛勤耕耘终于得到报答：十四年中，夫家老屋得以重修，一个小叔娶妻成亲，一年后生了个男孩。此外，还用省下的钱买了五亩地。①

丈夫的缺位是一把双刃剑。它可以扩展贞女的自主权，但也意味着她必须担起养家的重任，有时甚至是一肩独挑。在贫困的农民家庭，她必须每日辛苦劳动。很多贞女都投身到一些超出"女工"范围的劳作，比如种菜、制鞋，做点心等卖到集市上②，有的甚至打工赚钱。浙江仁和的贞女计二姑据说就每天做雇工，制作丝线和锡钱，赚取低微的收入以奉养公婆。③

贞女身上的道德光环赋予很多贞女以影响力或权力，但它并没有给所有的贞女带来同样的结果。贞女获得的道德尊重并没有能在夫家一概转化成某种制度性的力量。与其他普通的新娘一样，贞女也会被公婆虐待。影响她在家中生活的一个重要因素是公婆是否真诚地感激她的自我牺牲，而这又在很大程度上取决于夫家的家庭结构。虐待的情况常常是因为公婆一开始就不愿接收她。在这些情况下，即使是贞女的身份也未

---

① 《碑传集》：7185。
② 白馥兰(Francesca Bray)把"女工"翻译为两种英文：当"道德家和官员"使用"女工"一词时，译为 womanly work，因为他们把女工看成"一种与性别身份相关的、体现在纺织中的道德活动"；或译为 women's work，在这里"女工可以意味着女性旨在生产出可以辨认的商品的各种劳作"。白馥兰 1997：256。这个差别在考察"女工"中的性别内涵时是很有用的。但在传统文献中，"女工"只是指女人做的某些种类的工作，即纺织、制衣、刺绣。曼素恩指出，这些工作都和"针、纺锤、纺车"有关。曼素恩 1997：166。又见卢苇菁(Lu Weijing)2004。
③ 毛奇龄 1968：1590。锡钱用在献祭仪式或葬礼上。

必能使她摆脱普通新娘常受的苦。我们将在本章的后半部分
分析这一点。

"处女母亲"

对很多贞女来说,最能带给她们情感满足的是母亲的角色。
很多贞女早在发誓贞守终生时,就把抚养嗣子想象为她未来守贞
生活的一部分。[1] 过继子嗣遭受挫败是贞女自杀的主要原因,说
明了它的极端重要性。[2] 当然,并非只有贞女希望做母亲,但对
这些年轻女性来说,扮演母亲这一角色具有特别的意义。她们通
过这个角色体现了自我认定的身份,实践了道义责任,取得了情
感满足。

在正常婚姻中,生子是提高新娘在家中的地位,确保她晚年
和来生幸福的关键(在中国的父系家庭体系中,儿子担负传宗接
代主持祭奠的责任)。虽然贞女"抱主成婚"不可能生育,但并没
有被剥夺做母亲的权利。如第四章所言,贞女为丈夫立后的请求
常常被忽视或被拒绝,但在清朝,贞女的这一请求也被视为一种
道德行为,夫家有义务满足她的要求。朝廷立法支持贞女的过继
权利,使贞女过继子嗣取得了最终合法性。贞女的超乎寻常的美
德,赢来了她做一个"处女母亲"的特权。

虽然过继子嗣对贞女来说极为重要,但过继这一基本原则却
不是建立在她的需要上,而是建立在已故未婚夫的需要上,建立
在父系家族原则上。有了男性继承人,才能确保血脉延续和姓氏

---

[1] 比如,见《碑传集》:7167。
[2] 《碑传集》:7103。在类似的一个例子中,贞女在与夫家过了一段时间后自沉于水。
她的一个死亡原因是"未有嗣"。同上书:7137。

不绝，才能履行对祖先的孝。没有子嗣，就意味着家庭的基本功能面临威胁。明清时期，血脉传承的重要性已经不再是纯粹的儒家观念。汉族人的祖先崇拜信仰，因加入了汉传佛教的通俗观点而进一步强化：如果没有继承人来给他（她）死后献祭，他（她）将成为冥间的"饿鬼"。

潘德舆（1785—1839）等文人赞赏贞女，正是因为她过继子嗣的行为确保了未婚夫血脉的传承。如果某人在娶妻前去世，他家不一定要给他立后，然而有贞女为他守节就不同了："而得一守贞之女为之妇，则不得不立后，是能令其夫死而不死也。守贞之功，且倍于节烈矣。"①只要血脉得到传承，死者虽死而犹生。贞女立后，为未婚夫履行了重大的父系职责，确保了他在下界的平安。因此，立后就表明了贞女对死去未婚夫的不渝忠诚。

177　　在下文关于李贞女的叙述中，可以看出立后对贞女意味着什么。李在未婚夫葬礼后曾反复试图自杀。据说，只有当父亲和兄弟劝她说，她应当承担对夫家的责任，立后继承未婚夫的血脉，她才打消自杀的念头。不久，未婚夫的弟弟结婚了，弟媳生了一个男孩。公公决定把这个男孩过继给贞女和她死去的未婚夫。"贞妇喜且悲，告于继姚（未婚夫）之灵而誓之，引刀断一指，置奠筵曰：'所不尽心力以鞠此子，所不酬吾初志者，有如指，指先往矣。'见者皆大惊，众哭失声。"②贞女如此看重父系价值观，我们不应觉得奇怪。在当时的社会中，衡量妇女成功的标准是她对夫家的服务，对丈夫的辅助，对孩子的抚养。离开了这些角色，她的生活就没有多少意义。而且贞女为死去的未婚夫立后，也稳固了自己

---

① 潘德舆：2:90。

② 《碑传集》：7129。

在家中作为妻子和母亲的地位。已婚妇女在礼仪上的身份,是与丈夫和儿子的身份不可分割的,她来生的福祉也与他们的相连。

虽然为夫立后似乎主要是由父系价值观驱动的,但贞女也有现实的考虑。杨贞女就劝婆婆给公公纳妾,她说:"妇所赖以守者,子也。今族中鲜可继,盍选侍?天幸生小叔(死去未婚夫的弟弟),待其长而生子,即妇有子不虚耳。"这段谈话后不久她婆婆就死了。贞女"遂大斥所有成其事",慷慨地卖掉了自己的东西,筹钱给快 70 岁的公公纳了一个妾,后来那妾还真的生了个男孩。①

研究表明,在中国社会,母子之间的情感联系特别深厚,母亲的角色对妇女极为重要。② 对贞女来说,母亲的角色更具有特殊意义。它既能弥补情感上的孤独,又能弥补礼仪上的缺陷。儿子有义务照顾年迈的父母。从理论上来说,没有儿子,老年就没有依靠。当然,儿子能带给母亲的不只是物质意义上的孝顺。作为 *178* 母亲的最大希望是儿子成才,给家庭带来名望、财富和地位,也给她本人带来荣耀。③ 对贞女来说,儿子还起到了填补她生活中的

---

① 杨的意思是,如果她未婚夫的弟弟出生了,弟弟后来又生了儿子,她就可以过继一个儿子,来延续丈夫的血脉。体味杨跟婆婆谈话的口气,杨似乎是当家作主的人。实情也很可能如此。杨贞女的未婚夫李家勋,是杨家的佃户的儿子。李家勋 9 岁时与贞女的父亲相遇,李家勋"资格清秀",贞女的父亲"异之,劝之学",送他去上学。几年后,李家勋应县试的获第一。杨父不顾妻子和儿子反对,将女儿许聘给李。他让李搬到自己家里,跟自己的儿子一起读书,希望这个年轻人能尽快中举,中举时就成婚,为此一切都已准备就绪。但李没能迅速中举,全家对他都变得冷淡。一天晚上李回家,要点灯,家里居然无人回应。杨在帘子后面对他说:"男子该知道如何过体面生活,何必依赖别人,叫人看不起!"李被她的劝说打动,立即离开,再也没有回来。1750 年,李 26 岁时终于中举,并表示如果没当官就不结婚,但他四年后在都城死去。杨搬去与李的父母同住。尽管她是儿媳,但似乎掌管着李家的事,因为李家把她看成恩人。《清文汇》:1722。
② 卢蕙馨(Margery Wolf)1972;伊沛霞 1993:172—187;曼素恩 1997:62—69,94—117;熊秉真(Hsiung)2005。
③ 男子如果做到高官,朝廷会颁给他母亲和妻子与他的官阶相应的荣誉称号。与通过旌表获得的称号不同的是,通过成功的儿子获得的称号代表着权势和幸福。

情感空白的作用。没有丈夫，过继的儿子是她的全部，母子二人在她公婆家组成了一个以感情维系的"子宫家庭"①。此外，儿子往往是从未婚夫的兄弟或堂兄弟那里过继的，他可以成为贞女和夫家的纽带。在正常婚姻里，儿子可以加强母亲在家中的地位。在贞女的婚姻中，儿子同样是她和夫家在情感和物质上的联结链条。贞女没有丈夫作为自己和夫家之间的桥梁。过继的儿子既给她以情感安慰，也给了她归属感和安全感。

一个成功的儿子可以给贞女母亲带来巨大的回报。在通俗戏剧《商辂三元记》中，贞女母亲含辛茹苦地抚养儿子，结果儿子给家族和贞女本人都带来了荣耀。这样的故事并非在虚构的文学作品中才出现。18 世纪的汪贞女和儿子朱珔（1769—1850）把所有贞女母亲的梦想变成了现实。这个成功的处女母亲的真实故事发生在安徽泾县。汪 16 岁失去未婚夫，搬入了朱家。② 不久未婚夫的哥哥也死了。临死前，他命妻子把第二个儿子过继给汪。朱珔就是那个男孩子，过继的时候他才三个月大。他后来回忆说：

> 家慈汪未婚守志。珔幼多病，噢咻调护，而期望甚殷。岁终命灯下读书，平时具馆师饮馔务精洁。朝夕侍食，尤勉勖立身行己之大。③

朱家是个精英家庭，经济富裕，所以贞女母亲汪氏能给过继

---

① "子宫家庭"（uterine family）一词最初是卢蕙馨在研究台湾农村的妇女和家庭时提出的，指中国家庭内的一个非正式单位。"子宫家庭"不是根据财产权、生产或消费，而是根据个人纽带而存在的单位。它包括母亲和她的孩子，尤其以母子关系为核心。通过"母系"家庭，母亲（地位脆弱的"外来者"）获得情感满足，发挥自己的影响。Wolf 1972。

② 陶澍 1998：324—325。

③ 朱珔 1829：16/19a。

为嗣的儿子提供良好的教育。她无微不至的关怀终于得到回报。
1802 年，33 岁的朱琦中了进士。此后的二十年中，朱琦做过几任
官职。他擅于作诗治经，尤精文字训诂之学。他辞官较早，其后
主持钟山、正谊、紫阳等著名书院。朱琦与姚鼐（1731—1815）、李
兆洛（1789—1841）齐名，"鼎足而三""并负儒林宿望"，是当时最
受推崇的学者之一。①

　　朱琦决心结束仕宦生活，部分是出于对两个母亲（即贞女母
亲和生母）的深厚感情。1822 年他自京返乡时，他的贞女母亲刚
刚去世，他深深地遗憾自己没能在她弥留之际侍奉她。他的生母
第二年也去世了。服丧期满，朋友都劝他结束退休生活，重踏仕
途，他说："禄不逮养，即万钟何加焉？"钱再多却不能奉养母亲，有
何意义？不过可以想象，他的贞女母亲死去时必定很满足。她获
得了朝廷的旌表，朱琦亲自监督为她立了一座牌坊。② 此外她还
得到了"宜人"的称号，这是颁给五品官的母亲或妻子的。延续丈
夫血脉的愿望也实现了：朱琦生了五个儿子，朱琦去世时，已有十
二个孙子、七个曾孙。③ 朱琦的很多诗都反映了母子间的紧密纽
带。像当时的很多身为学者的儿子一样，朱琦遍邀海内名人和官
员作诗以纪念母亲，将其辑录为《阐贞记》。他还请了位画家朋友
作了一幅画，题为《霜帷课读图》。当时，请人作这样的画是一种
纪念自己寡母的通行方式。④

---

① 缪荃孙 1973：18/6a；李桓 1966：5337—5338。

② 朱琦在一首诗中提到，因为当年歉收，他不得不推迟牌坊的修建。朱琦 1829：17/
　15a。

③ 李桓 1966：120/5337—5338。

④ 朱琦 1829：16/19a。"霜"是节妇的传统比喻。朱琦为母亲求请到的一首诗是两江
　总督陶澍所写（二人为同年进士）。陶澍 1998：324。

贞女的行为规范

在传记中,贞女的克制和苦行是她杰出品格和道德成就的标志。作者们用极端赞美的词汇描述这些行为,尤其留意于贞女的饮食、服装、居室,以及和他人的接触。但是,这些细节所传达的往往超出作者本意想要表达的。它们表明,贞女对自己特殊的社会身份有深刻的意识。通过履行特有的行为规范,她们定义了自己的特殊地位,将自己与其他所有女性区别开来。

贞女的部分行为规范来自传统的寡妇守节时恪守的行动规则。听到未婚夫死讯的那一刻起,贞女就脱下有色彩的衣服,御下首饰,只穿朴素的棉布服装,不再敷脂粉,并开始吃素。在传记中,作者经常用下面的套语来描述这类行为,如"衣麻茹素","变服长斋","毁妆素服"。父母觉得女儿的行为太过头或很反感,是不无道理的。① 为避免冲突,有的贞女秘密服丧,比如用白绸子束发,外面缠上彩线,或者在素服外穿普通的衣服②,以免显眼招议。

作为"未亡人",寡妇应该摈弃世俗快乐。但贞女还不只是普通的寡妇。这种自我意识似乎导致有些贞女采取更加严厉的自苦行为,走向完全摈弃物质享受的极端。上文提到的张允随的女儿在嫁入未婚夫家后,"屏居一小室,聚瓴甋为坐卧具。唯一老妪

---

① 比如,15 岁的严女脱下彩色的绣花丝绸服装,用"缟绳"扎头发,父母很不安。后来父亲强逼她再次订婚,她因此绝食而死。毛奇龄 1968:1289。
②《清文汇》:1215;李桓 1990:163。

与俱"①。孙贞女与此类似，她 12 岁时未婚夫夭亡，自杀未遂后，获准到夫家守节。无论冬夏，她的床都是草垫子，枕头都是木头。她无视自己的容貌，留短发。她一辈子对人说话时都从未露过牙齿。② 与粗食、素服、摒绝铅华、无视容貌等行为相应，贞女坐卧有节，不苟言笑。大声谈笑被认为对任何女性都不合适，但是贞女即使启齿微笑也极少见。

　　贞女的生活空间是显示其德行的另一标志。白馥兰指出，中国住宅的一个功能是"从空间上区别家庭成员"③。房间的配置表明了住宅内人员的社会和性别等级。有资料表明，贞女一般都住一个封闭的小房间里。而家庭富足的，则可单独住一幢楼。房间一般在二楼。有的与寡妇婆婆或家中别的寡妇共住一室（见图 6.3）。④ 贞女把自己关闭在这样的空间里，回避社交，将人际交往减到最小。与正常世界保持距离是节妇的美德，对贞女来说则是更突出的规则。不论她的生活条件如何，任何男子（有时甚至她自己的兄弟）都不能进她的房间。⑤ 最离奇的自我隔绝故事是明朝作者记录的。⑥ 据说明朝有些贞女住

181

①　卢文弨 1985：212。这个故事当时必定广为人知，因为汪启淑的《水曹清暇录》中也有类似记载。见汪启淑 1998：36—37。张允随出身汉军，其著名的职务是云贵总督。见李桓 1966：2560—2564。
②　断发是发誓守节的举动。在这里，留短发可能是她想表示自己要履行誓言。她从不露齿，表明她大概从来不笑，从来都低声说话。徐世昌 1985：201：562。
③　白馥兰 1997：53。
④　楼上的房间因其位置而更加隐蔽，也受到更好保护。它们常常被作为女儿的卧室，"小窗户上有帘子，保护女儿不被窥视"。白馥兰 1997：133。
⑤　比如方宗诚 1971：续编/13/8a。
⑥　见《古今图书集成》：49042，49193，49205，49275，49576—49577，49631。有的贞女甚至睡觉时也不脱衣。见上书：49228。

图 6.3　明朝的两层楼

在一个"暗房"或者紧锁的有高墙的房间里，至亲家人甚至父母都很少能与她见上一面。① 另一个贞女住在小楼里，日常饮食都是用绳子和篮子经从窗户输送，她脸上的毛长达一寸。②

182　　　在 18 和 19 世纪的记载中，这种戏剧化的细节明显减少，但通过空间上的自我隔绝来保持正当界限的观念，已渗透到各社会阶层。像精英家庭的妇女一样，农家妇女也有与自己身份相符的行为准则的意识。童养媳张氏在未婚夫死后，再没出过家门，即

---

① 见《古今图书集成》：49612，48955。

② 同上书：49275。"寸"是一种长度单位，大约是一英尺的十分之一。我们还不清楚这个贞女为什么脸上长了很长的毛（也许是因为疾病或者营养不良）。作者旨在强调她对自己外貌的无视。

便亲戚来接她,她也拒不前往。① 另一个未婚夫姓黄的农家女据说也是这样:"既归黄,以礼自守,人无睹贞妇面者。"②16 岁的刘贞女则是"独居一室,闭其门,虽族戚妇人至,罕得面,隔牖答语而已"。隔窗答话,能闻其声,难睹其面。③

　　从下面的例子看,贞女自闭的期限要一直延续到 50 多岁。据毛际可所记,他的叔祖的未婚妻张贞女在小楼里坐卧四十多年。④ 另一位程贞女 15 岁嫁入汪家,之后她住在楼上四十二年,从来没下过楼(见图6.4)。她的故事被左宗棠(1812—1885)注意到。左宗棠核实其真实性后,给她家亲手写了匾额"此楼千载"⑤。显然,贞女自闭的时间与她获得的尊敬是成正比的。但对于需要劳作来生存的贞女来说,这种自闭就是一种承受不起的奢侈。即使对比较富裕的人家而言,这么做有时也不太现实。龙贞女 17 岁失去未婚夫,后来住在夫家,直至立为后嗣的儿子已 7 岁,入塾开始跟老师学习后,她"始下楼勤苦作活"。她已经在楼上闭守十六载。⑥

　　贞女传记中的一个突出主题,是贞女幼年时就具备了女性美德,天性安静,不苟言笑,不喜华丽服饰,很少跟同龄辈嬉戏玩耍。据说朱贞女(朱轼的女儿)就是如此:"贞女幼恶华彩服,加身辄惊啼,稍长,或以绛总其发,扪得辄掷之地。"⑦陈菊娘是广东潮阳的一个农女,秉性与朱相似:

183

---

①《碑传集》:7226。

② 吕世宜 1985:148。

③ 方宗诚 1971:次编/8/6a。

④ 李桓 1990:222。

⑤ 环球社编辑部 1999:1:207。

⑥ 沈钦韩 2002:234。

⑦《碑传集》:7209。

　　幼端重，不妄笑语，孜孜以纺绩为事。乡间俗朴，无纷华，惟春社腊臘，梨园歌舞，妇女群趋，视为游乐。女终日静坐不出房闼，固强之，亦弗赴，众谓陈氏女不好游云。①

图6.4　汪节母楼(资料来源:《图画日报》,载于环球社编辑部 1999:1:207)

　　我们应该把这类故事放到它们的历史环境中加以理解，而不是简单地把它们看作道德套语。无疑，作者如此描述是为强调这些年轻女子的道德品格甚至将其神秘化，但这样浓彩的笔墨无疑透露出，摈弃物质享受、严守男女大防，在当时的现实生活环境中是很难得的。无论城市乡村，去寺庙进香，庆祝其他

———————————

① 蓝鼎元 1983:1327:718。

宗教节日，看地方戏，都是常见的活动。在康雍乾三朝，朝廷反复发文，地方政府也三令五申，以约束这些现象。① 即便是有良好家教的闺秀也希望走出家门之外，而外貌美则是女性的吸引人的特点。②

　　在商业发达的富裕地区，如长江下游（贞女现象的中心地带），要抵制流行时尚或节日欢庆的诱惑，需要很大的自我约束。《锡金识小录》中所录的社会活动和宗教活动的当地日历，让我们窥见了妇女一年四季可在家庭闺房以外享受的各种娱乐欢庆活动：元宵节、过三桥、迎神赛会、朝圣、拜庙进香、踏春、庆祝神的生日，还有其他宗教活动。在大多数这类节日活动中，男女混杂在"填塞无隙地"的拥挤的环境里。《锡金识小录》描绘了某个节日的场景："抢亲及生产于山者岁有之"③，或抢新娘成亲，或山上临盆产子，年年发生。这种情况当然让儒家道学先生忧虑。17 世纪的理学家申涵光说，妇女在舞台前看戏，她们的轿子与男子的人群混杂在一起。多么可怕的习俗！演员为讨好观众，肆无忌惮，口无遮拦，什么都说。未婚女孩子听到这些，看到这些，这合适吗？④ 当然大多数贞女传记的宗旨并非批评那些忽视儒家教导的人，而是旨在呈现贞女的高洁形象。贞女抵挡住了繁华的诱惑，以高标准约束自己。她们维护了当时的正统价值观，与芸芸众生形成鲜明对比。

---

① 见何素花 2003。
② 18 世纪女扮男装的情况以戏剧化的方式揭示了女性对户外活动的渴望。比如见沈复的《浮生六记》。沈复：1983：44—45。关于 17 世纪把美作为女性特征的讨论，见高彦颐 1994：160—163。
③ 黄印 1983：85。
④ 申涵光（无年代 b）：19b。

贞女最令人敬畏的举动是自残。自残通常发生在父母逼
迫贞女再次订婚的时候，是用来证明贞女矢志不渝的决心的行
动。在大多数情况下，这种骇人的举动足以令父母让步。比如
安徽宣城的一个贞女"以麻勒双目瞽"，即用麻线把双眼勒瞎。[1]
浙江上虞的一个贞女用簪子挖出了双眼。[2] 另一个贞女当其兄
长去祭她刚死去的未婚夫时，"手刲左耳盛器中"交给他，让他
拿这个耳朵去祭祀。[3] 黄贞女来自湖北应山，当媒人跟她父亲
说话时，她"即于室中举刀截指，数指俱断，客惊走出。故人皆
知女志不可夺"[4]。这些自残举动多少还是在模仿教谕文本中
的故事，但有些表达贞节的自残形式是新的，比如在脸上刺字。
史贞女用针在脸上刺了四个字："中心不改。"[5] 在古代，文身是
与文化落后的蛮夷联系在一起的。但这些意志坚强的妇女并
不是把自己降到野蛮人的层次。相反，她们赋予文身以新的功
能。她们借此既有力地宣告了她们的意志，又迫使父母或夫家
让步。把她们的决心如此展示在脸上，没有男子还会娶她们
为妻。

对比明朝与清朝的记载，我们发现贞女自残的烈度在清朝逐
步退潮。道德实践的重心从自残转到了自苦。随着明朝激烈的
政治文化和对"奇异行为"的崇尚的减弱，女德实践似乎也改变了

---

① 《古今图书集成》：49205。
② 同上书：48872。
③ 同上书：49569。
④ 《清文汇》：236。
⑤ "国范"，转引自费丝言1998：4。这个故事后来似乎流传很广。它还见于《女范
节录》(见《古今图书集成》：47562)和一些清初的文献，包括查继佐的《罪惟录》。
见查继佐1985：28/5；又见《碑传集》：7170。

形式，更强调忍耐而不是英雄主义。有关严重自残（割耳、割鼻、挖眼）的记载日渐减少，但比较温和的形式——断发——则仍较普遍。下面是清朝学者吴定关于自己姑姑吴满好的一段描写。吴家前已出了个贞女吴淑姬，她于清朝初年在未婚夫的棺材旁自杀（她的传记见本书的"引言"开头）。满好并没有像姑姑淑姬一样自杀（尽管她曾有过一次自杀举动），但是，她显然不会接受再次订婚：

> （未婚夫死后）久之，里人复来议婚。姑闻之默然。诘朝楼上有哭声。大母趋往视之，见姑伏跽先人寝前，以头触地，甚哀，曰："儿不孝，羞见父母也。"即之，发截矣。于是母子相抱而哭。家人后至，皆哭。自是媒妁不敢通言。① *186*

虽然断发不像割耳割鼻等形式的自残那样会对身体造成损伤，但它同样强烈地表达了贞女的决心。明清时期的这些自残行为都是文化的载体，其象征意义来自儒家教谕文学和宗教传统。割耳、断指、断发等行为自古都与发誓有关。其中剪发是最常见的，男女都使用。② 但这些行为也含有社会性别意义。当为女性所采用时，自残可看成捍卫贞节的手段。比如，高行听说有男子因为她美貌想娶她时，就割掉鼻子，自毁容貌。16 岁的方节妇割掉左耳，以阻止父母令她改嫁的企图（见图 6.5 和图6.6）。③ 在另一个著名的烈女故事中，夏侯令的女儿断发"以为信"。父亲后来 *188* 又逼她再婚时，她割掉了耳朵和鼻子（见图 6.7）。④ 明初作家宋

---

① 吴定 1887：11/12b。
② 关于男子断发以立誓的记载，见薛居正 1976：477。
③ 刘向 1966：117—118；吕坤 1998：3—57a。
④ 吕坤 1998：3—54a；韩锡铎 1993：298。

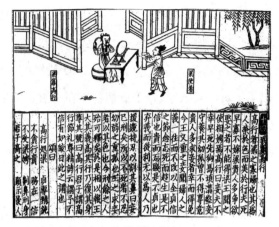

图 6.5　节妇高行(资料来源:刘向 1966:117—118)

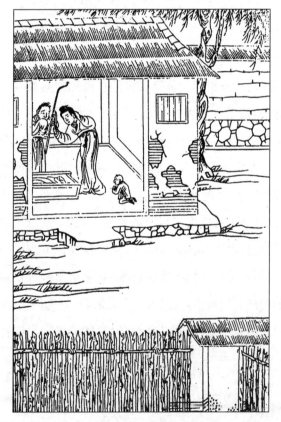

图 6.6　方节妇割耳(资料来源:吕坤:3/56b)

图 6.7　夏侯令女毁容(资料来源：吕坤：3/53b)

濂(1310—1381)指出，这些行为是为了表明她"不欲类于人"①。自残的重点是脸部，而脸部是年轻女性容貌美之所在。头发也是女性身体的一个动人部分，是男子想象女性美的核心。因此，断发就代表着毁掉女性的性吸引力。

同样地，只穿素衣或粗服、蓬头散发，也是贞女为了保护贞节而采用的措施。这样的做法在很多较早的教谕文字中已经出现。189

① 宋濂 1983：1223：587。

唐朝(618—906)的一个故事说的是年轻的李节妇18岁丧夫,从那时起,她每天给丈夫献祭,"布衣蔬食"。但六七年后,一个潇洒的男子在她的梦中出现,求她嫁给自己。她拒绝了,但鬼每日来托梦,符咒也阻挡不住。她终于明白这必定是因为自己的容貌还没有凋谢。于是她"拔刀截发,麻衣不濯,蓬髻不理,垢面灰身。其鬼又谢李氏曰:'夫人竹柏之操不可夺也',自是不复梦见"①。外貌美对年轻节妇来说也是一个重大危险。

由于女训等文字大量出现,这个故事以及很多其他的描述年轻女子自残或自苦的故事,都在明清时期广泛传播。它们无疑对贞女的行为有启发作用。诚然,明清妇女与此前妇女的一个不同点在于,她们不仅阅读传奇女主人公的故事,而且把传奇的范例变成了模仿的对象。无论是实践或是道德说教,妇女的美德都在自残肢体的年轻女性身上得到了最好体现。在中国历史上,女性自残的故事从没有像在明清时期那样打动了那么多年轻妇女的心。

明清的宗教文化也影响了贞女的自苦行为。消灭人欲,摈弃物质享乐,这是佛教拯救理论的基本观念。在佛教的做法中,尼姑受戒时断发以发誓身心清净。道家传说中则有自毁面容的女圣人。比如宋朝女道士孙不二的师傅对她说,她的美会妨碍她修行,她就把热油泼在自己脸上。② 有些贞女的自苦方式显然更接近宗教实践。她们一心向佛,日日诵经,描画佛像和菩萨像。③ 黄氏14岁就成了贞女,十一年后死在夫家。朱琦在一首诗中这样赞美她,她"端坐禅龛了无苦,化作白莲花,千年不成土"④。一

---

① 张鷟 1979:58。
② 戴思博(Despeux)与科恩(Kohn)2003。
③ 比如见陶澍描绘贞女信佛的诗。陶澍 1998:437。
④ 朱琦 1829:15/7a。

般来说,妇女只有上了年纪,已完成了家庭责任或把责任交给下一190
代后,才有时间满足自己追求佛教的精神生活的愿望。[1] 但对贞女
的限制则比较少:她不必生孩子,不用侍候丈夫,最多只有一个孩
子要她抚养。当然,更重要的是,贞女迫切需要精神上的慰藉。

贞女的上述种种行为,可能也深深植根于现实的考虑。贞女
把自己关闭在与世隔绝的房间,甚至拒绝见亲戚,自毁面容,或把
自己变成俗家的佛教徒。在这些行为中,"性"是没有明言但却无
处不在的问题。贞女的年轻和处女身份,既给她的道德形象增添
了一道光环,也暗藏着使她越轨犯戒的危险。她是诱拐的潜在目
标。在张琦家的法贞女故事中我们看到,即便是深闺,对女性来
说也并非安全的港湾。公公的一个文书对她产生了兴趣,想通过
女仆来接触她。[2] 此事表明了贞女面临的威胁,也有助于我们从
现实立场看待她们似乎极端的行为。通过减少与外界的接触,自
毁容貌,贞女可以和潜在的性诱惑保持距离,避开大众多疑的目
光和无行男子的窥探,从而保护自己和自己的名声。贞女在性上
是易受伤害的,而这种脆弱的根源既在外部的社会,也在她的内
心世界。

枯井波澜

明清的文字把节妇的情感和性生活比喻为"枯井无波"。贞
女的自我期望与此相似:决不给情和欲留下滋生的余地。比如,
与自己父母同住的陈贞女,把家中一个花园命名为"无波",并以

---

① 曼素恩 1997:66—69。
② 曼素恩 2007:90。此事发生后,家里把女仆痛打并逐出家门,但因其他原因,并没
　有对文书提出指控(文书说自己并未参与)。

此为笔名。① 但是,枯井平静的表面下,难道真的没有情感的潜流吗?

贞女波动的思绪常表现在她们的诗中。"愁"是中国古典诗歌的一个常见主题,但在贞女写的作品中,"愁"远不只是修辞。安徽歙县的才女徐七宝在一首题为《伤心吟》的诗中写道:

> 寂寥人醉未调琴,
> 谁为求凰卜好音?
> 妆阁已拖青镜影,
> 夜台应抱白头吟。
> 薄缘似月还同缺,
> 旧梦如云不可寻。
> 回望夕阳松里屋,
> 空留苍翠万峰阴。②

徐七宝是曹榜的未婚妻,婚礼正在筹备时曹榜去世。徐七宝本人在写下此诗后不久也去世。此诗写于一个凄凉的傍晚,当时她满怀忧伤。文学修辞表明了她对婚姻快乐的感伤想象。琴瑟相对,凤凰相伴,都代指和谐的婚姻生活。"白头吟"是汉朝的一首诗,据说是一个被爱人抛弃的女子所写,其中有如下两句:"愿得一心人,白首不相离。"这一典故与其说表达了徐七宝对已故未婚夫的忠贞不渝,不如说表达了她的悲伤:拥有这样一个伴侣的梦已永远破碎。"旧梦"这个形象表现了同样的伤感:她期望的理想生活已经永远逝去。

熊琏的一首诗表现的情感与此稍有不同。熊琏的未婚夫患

---

① 《国朝闺秀止始集》,4/11a。
② 同上书,9/15b–16a。

终身残疾之症,虽然夫家请求解除婚约,但熊琏坚持要嫁给他。婚礼之后,熊琏由于夫家的贫困回到娘家。她最受称赞的作品是写"愁"和"悲"的。这些作品的成功无疑与她的文学才华有关,但她不幸的生活形成了这些作品的背景。如下面这首《感旧》的诗所示:"叹我浮生不自由,娇痴未惯早知愁。弱龄已醒繁华梦,薄命先分骨肉忧。亲老偏逢多病日,家贫常值不登秋。眼前俱是伤心事,几度临风泪暗流。"①这首诗据说是在她回娘家与母亲、弟弟同住后所写,显示了深刻的低沉情绪。像徐七宝一样,熊琏也曾想象另一种生活。如果不是她命途多舛,她甜美的梦也许就可以实现。天命之感在顾季蘩的诗中也可以看到。该诗题为"薄命赋绝命词",是 21 岁的顾在已故未婚夫的父亲来拜访她家时所写,诗写成后她在自己的卧室自经。②

192

这些诗作有助于我们领略艰苦守贞的贞女的某些复杂情感,而这些方面在其他文献中很少提及。维持"枯井无波"的心态需要克服很多困难,她们沉默的外表掩盖着深刻的情感挣扎。实际上,如果我们从这个角度出发去阅读有关贞女的传记就会看出,所谓的贞节行为反映的是一些妇女很低的生存欲望。未婚夫的死亡本身就是不幸的兆头,而物质生活等方面的困难也使她对生活缺少兴趣。下面这段文字说的是朱轼的女儿朱贞女:

> (在她搬入夫家后)家人间往视之,则曰:"归语大人,儿无苦也。百年瞬息,未亡人待尽而已。"……甲辰元日,邻人不戒于火,延烧数百家,势甚烈,家众仓皇迁避。贞女端坐室

---

① 《国朝闺秀正始集》:13/6a。
② 吴德旋 1985:19—250。贞女叹息薄命的其他例子,见徐媛的诗,收于阮元 2002:489;又见蔡世远 1983:1325;731。

中,曰:"死吾分也,吾岂嘈杂麠瞾避火求生者?"众人惶骇莫措,迨熊夫人破户入,持出之,火遽息。是夏之季,冢宰(她父亲朱轼)闻仲弟讣,恸甚,呕血不止。贞女归省,私泣达旦,以是得寒疾,不令父及翁姑知,又不肯医药,曰:"吾女子也,吾手何可令医人诊视?"冢宰谕之,辄云"无疾"以解。弟户部员外郎必阶、孝廉基,泣请之。贞女笑曰:"我岂畏死者?宁死,必不于医人指下生也。"①

朱贞女不久就死了,死时 34 岁。这段传记文字的一个压倒性主题就是她对自己生命的轻蔑,而她的行为都是以美德的形式呈现的:她不愿比死去的未婚夫多活太长时间。节妇常常自称"未亡人",这强调了极端的贞节观念:一个女子的存在完全围绕着丈夫,寡妇是没有理由贪生的。显然,朱贞女并非只把这当作道德修辞、表面文章。

在关于节妇的记载中,拒绝看医生或者拒绝逃难是一个常见主题。像朱贞女一样,王媛在洪水将至时也拒绝逃生,说:"吾未亡人也,此楼一下,胡以见两姓人,吾死此。"她继续端坐在小楼里。使人惊奇的是,邻里的所有房子都坍塌了,只有她的保存了下来。② 这些故事无一例外地旨在说明贞女的德行:即便要付出生命的代价,贞女矢志不渝的道德原则也不容妥协。最终贞女神秘地获救,表明了上苍对她的眷顾。

再看下面李贞女的故事。我们大概还记得她切断了手指。李贞女有一个守寡的嫂嫂,她的两亩肥田被丈夫的兄弟强夺。李回家探望时,寡嫂向她哭诉。李贞女对她说,既然她父母已死,也

---

① 《碑传集》:7211。
② 同上书:7225。

没有孩子,她过的就是无用的生活,还需要田地做什么。她接着说,"死易,不死难耳","如不信者,吾为汝先"。当天晚上,李贞女在梅树下上吊而亡。[1] 这里值得注意的是,李自己并没有践行她宣布的原则。尽管她没有公婆需要服侍,却有个过继的儿子需要抚养(也许他已经长大)。李贞女的传记没有指出她说的"死易,不死难"的意思,但有一点很清楚:生活对她来说并没有多少吸引力。那么,对这些女性来说,为什么死亡比生存更吸引人?

　　一些 19 世纪学者已经意识到,夫家缺乏对贞女的情感滋养。王效成在其《贞女论》中说:"执义之身,势弗获室老。衰裳而往,则戚党愕疑。动起少疏,责毁踵之。"由于缺乏丈夫的接引和居中调停,她与公婆以及妯娌的情感联系很弱。她伴着白帷和烛光, *194* 形影相吊,"惨结谁语?饮涕永宵",只能整夜咽下泪水。[2] 王效成进一步指出,据他所见所闻,当地的贞女很少有不夭折的。她们缺少情感慰藉,没有婚姻恩爱,祈望长寿十分艰难。虽然王效成关于贞女寿限的论断或有夸张(现有资料中,有的贞女二三十岁夭折,也有的活到老年),但他指出的贞女守贞生涯的困境大概并非夸大其词。在最坏的例子里,当现实令人难以忍受时,单纯的贞女只有自杀,比如第四和第五章提到的蔡贞仙的例子。在自杀前,据说蔡贞仙跟自己的叔叔有过交谈,叔叔问她公婆有没有虐待她。她没有回答,反过来问她叔叔,"古贤妇"会不会抱怨自己的公婆?对女性来说,忍受公婆的虐待是美德,蔡贞仙希望实践这一美德。但即便她能对自己的娘家倾诉抱怨,又能解决什么实际问题呢?[3]

---

① 《碑传集》:7130。

② 王效成 1855:1/11a。

③ 《清文汇》:1535。

当然，也有的公婆真诚地关心贞女，希望贞女能在自己家过得好。1737年，在蔡贞仙自杀三年后，附近某县的龙贞女嫁给了死去的未婚夫。龙贞女当时17岁，独居在楼上，除了每月朔望给公婆问安行礼，从不下楼。她整日端坐，有时候为婢媪补纫。家里人很同情她，劝她看笑林、鼓词以消遣时日，或以游戏自娱。她都拒绝了。多年后她解释说，她之所以没有碰那些书，就怕里面的"邪说乱心术"①。这样年轻的贞女媳妇将如何度过漫长的守贞岁月？家里人一定非常担心，他们希望缓解她的挣扎，但他们能做的也只限于此。

清朝的几个例子说明有些贞女已经精神崩溃（尽管其情况有所不同）。曾贞女的未婚夫得了不治之症，有人建议用结婚冲喜来治新郎的病。但曾的未婚夫拒绝了这个提议，说他不愿让她受苦（即不愿使她成为寡妇）。他死后，伤心的曾希望到未婚夫棺材前去哭，在他坟旁"庐墓"守丧（"庐墓"一般是儿子为父母守丧时行的古礼）。但两个要求都被拒绝。她开始梦到他，而且举动也越来越奇怪。她是独居的（可能是在她病情恶化后）。她会朝天自言自语，似乎在解释什么，她的话都是她对未婚夫的回忆。②在张家的法贞女的例子中，我们不清楚她患病的原因，但她的精神病问题不断给家里造成困难。包夫人（她的未婚夫的弟媳）据说很关心她，时刻满足她的每个愿望。如果法生气了，她就忍气吞声，怪自己造成法的不快。③法家和张家都擅长行医，但显然都没能治好法贞女的病。

造成贞女对生活缺乏兴趣的障碍和困难不尽相同，它们可以

① 沈钦韩 2002:234。
②《清文汇》:427。
③ 赵震 1931:5/12a。又见曼素恩 2007:90—92,170—173。

是经济的、个人的、情感的，或这些因素的组合。但所有这些年轻女性都必须面临一个问题：性。

性的问题

性在贞女传记中是一个禁忌话题，但大众对这个话题的迷恋却仍然留下了痕迹。文人对贞女的性压抑的兴趣，甚至渗透到了他们为贞女撰写的诗中。这些关于贞女的诗是道德的赞歌，但常常委婉地暗示贞女没有性满足的可悯的生活。比如纪昀（1724—1805）在写到蔡贞女时，描绘的背景就是孤独的长夜和冷清的空床：

> 月冷霜凄缟帐空，
> 桃花原未识春风。
> 伤心不及新婚别，
> 烛影独摇一夜红。①

陈文述在为贞女吴柏舟写的诗中，这样想象形只影单的守贞生活："闲来独倚朱栏坐，不玩文鸳玩白鸥。"②焦循是很严肃的学者，对贞女极为尊敬，撰写过一些为贞女辩护的文章。但即便这样一位学者也难免触及到贞女独守空房的构想，"鸳帐空兮缟帷舞"③。贞女在诗中的形象，是一个正值青春华年而不幸被剥夺了夫唱妇随的婚姻恩爱和性快乐的女子。

大众对贞女性生活的浓厚兴趣，生动反映在 19 世纪初的一

₁₉₆

---

① 纪昀 1997:371。
② 陈文述 1967:2658。
③ 焦循 1985:59。

则逸闻中。郑贞女是仆人之女，但她从小就懂得"自重"。她的主人李有一次叫她"服役"，她坚执不从，尽管父母打得她流血。郑的未婚夫在她 25 岁时死去，她晚上偷偷跑到婆婆家，发誓要做她的儿媳。丈夫家没有她可以过继的儿子，她主人就把自己 8 岁大的小厮过继给她为嗣子。当地的富有人家敬慕她的贞节德行，常给她以生活上的帮助，使她得以对婆婆尽孝，一直到婆婆去世。不幸的是，她的嗣子跟坏人为伍，以游荡为生涯，后来不知去向：

> 贞节自伤命之不良，两目哭成昏花。是时李宦已殂，安人迎之入宅，待以上宾之礼。内外大小，皆敬礼之。至四十九岁，沐浴谢主，瞑目而逝，临终时满室馨香。殓时，易其下衣，犹然处子。安人妇女，环绕而泣。①

这最后一个情节大概是故事中最有嘲讽意义的：郑贞女一直被称赞为妇女楷模，被女主人当做"上宾"接待，但她的品格其实一直受到怀疑，她的行动受到注视。没人真的相信她能名副其实地守节，他们对她的性的问题的兴趣和怀疑，甚至使他们抓住唯一的（实际上也是最后的）盖棺定论的机会，检查她的尸体，以确认她究竟是不是处女。当然，这个故事不仅透露了大众的深切关心，也透露了作者本人的超常兴趣。

有的作者则从学术的角度考虑贞女被压抑的性生活问题。比如，李慎传认为，强迫年轻妇女独身会产生严重后果。在他看来，问题的关键在于，女子成为贞女时乃在"童稚之年"。当她们得知未婚夫死讯时，极度痛苦。她们年轻而无知，或被贞女的"美名"所吸引，或被家人劝说做了贞女，但并没有料想她们将会面临

---

① 慵讷居士 1999：178。

什么样的前途。她们"情窦未开,世故未熟"。但"积日累月,血气渐盛",随着她们身体的发育,性本能觉醒,"初闻夫死"的"一时之痛"逐渐淡化,她们才发现自己"与婿家绝无恩义"。李慎传指出,贞女与节妇不同,节妇已经融入丈夫的家庭,而贞女并没有由这种融入带来的内心情感力量来帮助她们克服性冲动。其结果非常严重,"劣者末路,所不忍言。中材之人,抑郁赍恨。逆天地之理,害阴阳之气"①。

　　李慎传的"所不忍言"暗示,有的贞女不无越轨嫌疑。由此看来,我们在郑贞女故事中觉察的对贞女的怀疑有其缘由。李慎传当然很谨慎,他并非怀疑所有的贞女。他区分两类情况,强调说,对那些性欲望被压抑的贞女来说,最昂贵的代价是她们的健康和年寿:

　　　　余尝观守贞之女,其出于至情、引义苦节者多臻上寿。彼心无顾恋,斩绝人欲,神完性定,所以能寿。勉强自持者,大都早夭,否则带病延年。是何也? 摧情割念,心不平而气不和也。②

年轻女性的性欲望是天理和阴阳和谐的表现,它随着身体发育的自然周期而发展成熟。满足这种需要是天经地义的事。与任何男女一样,失去未婚夫的年轻女性也应当获得性满足。李慎传对贞女现象持温和的批评态度,他把阻止女儿做贞女的责任放在了父母身上。他提议,"至必不可挽,尤当徐俟诸十年之久,血气大定,引义分明,乃可遂其志之所欲为"③。

---

① 李慎传 1884:1/43b - 44a。
② 同上书:1/44a。
③ 同上书。

　　李慎传的看法并非独一无二。在其他语境中，我们也读到了关于性的类似思想。比如，王有光谈到年轻男女及时婚娶的重要性，认为婚姻必须安排在 20 岁（如果已经 21 岁或 22 岁，就应加紧），因为"男女大欲与饮食同，饥不与食，渴不与饮，强者攘之，弱者窃之，或蔑礼败度，或灭性戕命……及父母知觉，已不救耳，遏之固，悔之晚矣"①。在同一篇文字中，王有光还解释说，寡妇再婚就如同"阴"求"阳"，乃自然之道。② 对这种自然欲望的压制会导致心理忧郁，更甚者，则导致对"贞节"道德规范的令人难堪的违背。

　　上述讨论透露出，在普遍的沉默后面，"性"问题在儒家学者心目中是占有核心地位的。它们同时也提醒我们，透过现象看待贞女的苦行问题的重要性。从这个角度来看，贞女拒绝物质享受或者回避社会生活，通常被视为她们贞节的表征或自我宣言，实际上也可能是自我控制、自我约束的手段。苦行的生活方式有助于她避开与物质享乐紧密联系的世俗诱惑，把渐盛的"血气"引导到精神追求中去。在这里，佛教的素食、诵经等生活方式，成了践行儒家美德的有效工具。

　　清朝的作者尤其戏剧化地提到节妇和贞女控制性欲的一个方法。据说白天她们忙于家务。在漫长的夜晚，她们会在卧室的地上抛撒很多铜钱，然后在黑暗中一枚枚拾起，直到筋疲力尽。下面这则文字是 19 世纪初记录的，故事中的节妇据说年纪很轻就失去了丈夫，从那以后，她每日都撒钱：

　　　　每夜就寝，关户后，即闻撒钱于地声，明晨启户，地上并

---

① 王有光 2002：69—70。
② 同上书：68。

无一钱。后享上寿。疾大渐,枕畔出百钱,光明如镜,以示子
妇曰:"此助我守节物也! 我自失所天,孑身独宿,辗转不寐。
因思鲁敬姜'劳则善,逸则淫'一语①,每于人静后,即熄灯
火,以百钱散抛地上,一一俯身捡拾,一钱不得,终不就枕,及
捡齐后,神倦力乏,始就寝,则晏然矣。历今六十余年,无愧
于心,故为尔等言之。"②

类似的描述一直到 20 世纪初尚有流传。历史学家蔡尚思就提 *199*
到,他曾听说一些节妇反复将硬币撒下、拾起、点数,一直到天明,
筋疲力尽了才小睡一下。③

在控制李慎传所说的"灭性戕命"的欲望时,有的贞女据说采
取了类似的方法,但她们撒的不是铜币,而是和妇女的劳作有特
殊联系的绣花针。在一篇题为《撒绣针》的诗中,朱琦记录了朱氏
家族中胡贞女的这一德行。他在诗序中解释说:"《撒绣针》,阐贞
节也。本铆公未婚妻胡氏守志居一楼,常黑夜撒针于地,拾之无
遗。如是者四十年。"④如果胡是在快 20 岁时成了贞女,那么,当
她停止"撒绣针"时,她已过了生育期。

这里令人不免狐疑的是,这类行为据说是在私密的卧室进行
的,没有别人在场,那么它们是如何为人所知的? 这类事例与其
说是确切的事实记录,不如说是公众对这类传说的极端兴趣的反
映。我们还不清楚铜钱是否有象征意义,但我们可以对绣花针的
意义推测一二。与铜钱相比,绣花针小而尖,需要更大的耐心和
注意力才能在黑暗中从地上捡起。这项比捡铜钱更有难度的每

---

① 模范的明智母亲敬姜的故事,见刘向《列女传》。刘向 1966:15—18。
② 青城子 1999:185。
③ 蔡尚思 1991:115。
④ 朱琦 1829:12/8a。

日(或"每夜")必做的活动,强调了贞女并非普通的节妇。她们处于贞节偶像的更高地位,因而需要更难、更极端的行为以展示其美德。而且"针""贞"同音,暗喻贞节之意。我们可以猜想,每次贞女从卧室地上拾针,都是在提醒自己的身份和责任,并从中汲取坚持下去的精神力量。

伸张正义

抵挡公众的目光,压抑身体的欲望,苦熬孤独的长夜,这些仅仅是贞女必须承受的残酷现实的一部分。传记中记录的贞女遭受的艰难困苦和社会、经济种种因素相缠结,说明无论国家旌奖还是社会尊崇,在转化成影响力对贞女加以保护时,都是有局限的。单纯的贞女用不了多久就会意识到,她的夫家未必赞赏她的举动。更糟糕的是,正因为她的非同寻常的存在,她会发现自己处于过继、财产等严重纠纷的中心。

清廷对贞女大加表彰,但当贞女受到家庭虐待时却很少干涉。只有当虐待和财产纠纷恶化,地方政府才会介入,诉讼的结果是国家重申贞女的权利,赞美她们的忠贞。与此形成对照的是,地方文人精英作为道德的监护人和贞女经济利益的保护者,扮演了更积极的角色。最值得注意的是,在某些情况下,不屈不挠的贞女会主动出击,为她们已故的未婚夫伸张正义,承担起维护夫家利益的责任。她们作为贞女的道德地位很可能给了她们勇气,鼓励她们采取行动。

被公婆虐待是一般都不被提及的话题,在贞女传记中也是偶露端倪。萧贞女22岁搬入夫家,就代婆婆做饭、洗衣,小心伺候公婆。但她的传记作者钱宝甫(1771—1827)这样描述她的处境:

姑性悍，翁素惮之。既不欲女来，又见其贫也，昼夜詈女，女唯唯无一言。居邻不忍闻，以理责翁姑。翁意稍喻，而姑即詈翁詈邻人。邻人无如何，重为女忧，谓："君盍约城中人往觇之，使知事闻四境，不特邻人为之不平也。"[①]

钱宝甫和他一个朋友果真召集了一帮人来到该村。不出所料，这 201 些城市士绅吓倒了婆婆。当她"见坐者皆衣冠，户外环立数十人，不敢詈，但与其夫曰：'我不与女同室居。女亦无食我饭。'"于是众人明白这个刁妇已不可救药了。钱宝甫和朋友们教训了她丈夫一番："贞女光尔门，尔宜善视之也！"夫家没能履行责任，责任就落在了邻里和文人身上。众人达成协议，在房子后面盖一座小楼给贞女住，并筹钱帮助贞女的日常生活。由钱宝甫的姓戚的朋友和贞女的邻居们操办此事。[②]

涉及财产的虐待则更残暴。下面这个极端的例子表明，即便已经立嗣，贞女仍会陷入恶毒的财产纠纷，但她的道德偶像的身份最终在这场生死斗争中起了作用，正义得到了伸张。故事发生在江苏南部常熟"多奸顽"的羊尖村。支贞女的已故未婚夫是富有的朱家的独子。支贞女归嫁夫家后，族人把他未婚夫的"同祖兄"文耀的儿子选为她的子嗣。七年后，婆婆（是夫家唯一剩下的成员）死去，之后过继的孩子也死了。族人提出第二次过继，但继子的生父文耀反对，因为这无异于剥夺了他死去的儿子的财产继承权，也就意味着他将失去了控制此笔财产的机会。他与族中一个叫材任的人密谋，后者想出了诡计：如果他们赶走支贞女，过继

---

① 《清文汇》：2231。

② 同上书：2231。但并非所有恶婆婆都是一成不变的。据说，江贞女的婆婆"始犹暴遇之"，但她后来习惯了身边有江，就开始喜欢她了。《清文汇》：1821。

的事自然就废止了。

> 乃贿女媒而劝之嫁,且言:"汝不嫁,将纳强人污汝"。贞
> 女皆不答。文耀又谋诸材任,百计辱贞女,贞女日对夫棺泣。
> 族有举人汝霖者知之,召其族人,具贞女状闻于学使,学使下
> 学校官廉之,果实,书额以奖贞女。文耀既莫可谁何,材任竖
> 一指语文耀曰:"党!""党"者,击也,羊尖人方言。由是文耀
> 屡纠其众击贞女,贞女泣,赴渊,将投渊,过其弟支锡昌而告
> 以故,且曰:"尔畏朱氏暴,不敢过羊尖而坐视我死,我死而白
> 诸天。"锡昌曰:"邑有令公在,不生白之,而死白之乎?"乃偕
> 入金匮县城而讼诸令。

202 这时,两个恶人散布谣言,污蔑贞女跟一个给她父母干活的人通
奸。两恶人和文耀的全家冲进她的房间,逼她嫁给那人,幸亏邻
居及时赶来,将她救下。下面这一段叙述的是贞女把文耀和材任
告上县官公堂后的事:

> 贞女讼于令,口呐不能具状。令捕文耀,不至,三捕之始
> 至。既吐实,众跪阶下,詈材任非人类,堂下环视者数千人,
> 皆裂眦欲吐文耀面。令先以大杖杖材任、文耀,按朱氏谱择
> 其族文熙子守信母贞女。①

但事情还没有了结。文耀利用自己在政府中的关系,让府里的一
个官员为自己说情。他还到学使那里告状。幸运的是,郡守没有
上当,判材任和文耀流放。因为皇帝大赦,他们的惩罚得以减轻,
两人被枷,当街示众,追随者都被杖责(见图6.8)。②

----

① 《碑传集》:7228。
② 同上书:7229。

图6.8　支贞女伸冤立嗣(资料来源:图画新闻，载于《清代报刊图画集成》2001:7:382)　*203*

这个戏剧化的案例把我们带到了清朝鼎盛时期的乡村，由经济引起的冲突导致了社会秩序的混乱，给地方政府带来相当大的压力。在"多奸顽"的地方，贞女很容易被族中强人欺压。她的弟弟本应担当起保护她不受夫家和族人欺负的责任，但因"畏暴"，他也不敢伸手相助(尽管她的诉苦最终似乎触动了他的良心)。当地文人士绅被描绘为一种正义力量，但从这个例子中看，他们也并不总能胜过当地强人。当然，最后作者显示，正义最终战胜邪恶。地方政府起初并没有干涉，但在"清官"的主持下，县衙终 *204*

于支持了她，执行了法律。下面的两个例子说明了一些相似的问题，但两个例子中的贞女与其说是受害者，不如说是女英雄。

第一个例子发生在康熙朝。范二妹5岁许配给方家。未婚夫的父亲死去，未婚夫的母亲招赘了一个叫萧伸的人。萧伸贪婪残忍，挥霍了方家的全部财产。不久，范二妹的未婚夫和他的一个哥哥、一个妹妹都死了。15岁的范二妹坚持嫁入方家，才发现未婚夫死得蹊跷（死于萧伸之手）。"贞女欲赴官雪夫冤，而事无证佐，且不得实，独时时号痛，切齿恨伸。"同时，萧伸千方百计要把范二妹嫁给自己的侄子。范二妹断然拒绝，并痛骂萧伸（见图6.9）：

图6.9 范贞女割额去污(资料来源：图画新闻，载于《清代报刊图画集成》2001：7：372)

伸怒，以手指贞女额，仆之地，贞女愤甚，骂曰：'奴污吾首矣！'以刀割去其所指处，血淋漓被面，见者莫不怜焉。先是方氏有屋九楹，伸卖其六，复欲尽卖，又引匪人日夕窥伺，欲以败贞女名。贞女以死拒，终不可犯。弟恪讼之官，建水牧高君右黄廉正吏也，惩伸而以屋归贞女，俾置祠奉方氏祀，士论称之。①

像前面的那个例子一样，贞女范二妹的娘家和地方官都介入来支持她。县令关于方家财产的判决，也许是考虑到萧伸低人一等的入赘男子的地位和二妹贞女的身份。② 但这个案例的要点不是贞女被虐待。范二妹代表的不是受害者，而是一心申冤报仇的无畏斗士。她的勇气和斗争精神再次说明，她作为贞女的道德身份增加了她的胆魄。

第二个例子中的贞女也是在娘家支持下为未婚夫家成功申冤。张明贞7岁与周士英订婚，周是富家的独子，后来父母双亡。不久，叔叔文望将他谋杀，夺取了他的财产。邻居们完全知晓这一罪行，却因文望的凶狠而敢怒不敢言。张明贞当时19岁。她本来想追随未婚夫而死，但又转念："吾即死，仇不复，忍令死者含冤九泉乎？"她落发为尼，毁了自己的面容，穿上破烂的衣履，每天由舅舅陪伴四处告状。最后冤情终于昭雪，文望被按照法律惩处。③ 明贞觉得自己的任务尚未完成。像任何一个尽忠夫家的儿媳一样，她把周家死去的家庭成员（包括祖父祖母、公婆、未婚

205

206

---

① 《碑传集》：7207—7208。

② 招赘的婚姻并不总是被看成与社会地位较低的人相关，或者被看成不太体面的婚姻方式。在清朝文人中招赘也常常发生，是社会流动的一种重要策略。见卢苇菁1998。

③ 《碑传集》：7200—7201。

夫)全都体面地下葬。那时家产已经所剩无几,部分家产被文望吞并,余下的都用在了打官司和葬事上。明贞把余下的房产改为一座祠,给周家的死者献祭,念诵佛经,为他们在西方世界祈福。

在这个罕见的复仇故事中,贞女把自己视为未婚夫家唯一的幸存者,下定决心为他报仇。她的行动最终赢得了政府的支持。值得注意的是,张明贞还没有成婚,没有举行过成为儿媳的仪式,但这似乎不成问题。在官方眼里,允许贞女从法律上代表未婚夫的家庭,而她被给予控制未婚夫家财产的权力,也肯定了这一点。

当地精英和贞女的娘家

> 有妹有妹矢从一,
> 女而不夫老于室。
> 青灯红泪五十年,
> 博得乌头耿曒日。
> 螟蛉负子教诲劳,
> 它年九地心堪质。①

这首诗是石夫人 70 岁生日之际怀念妹妹而作。她的妹妹 19 岁成了贞女,靠母亲给她的一块田地维持生活,后来过继了一个儿子,两人"相依为命"。和其他女诗人关于贞女姐妹的诗一样,这首诗诚挚而感伤,把爱、同情、悲伤、尊敬编织在同一作品中,反映出了姐妹眼中贞女不寻常的生活。②

如果贞女女儿留在家里,父母和兄弟负有供养她的主要责

---

① 《国朝闺秀正始集》:10/1a。
② 比如,见《国朝闺秀正始集》:18/23a-b。

任。如果她嫁入夫家，该责任就转移到了夫家身上，但女儿和娘 ₂₀₇
家的关系是不会终止的。如果在夫家无法活下去，或者公婆去
世，贞女常常搬回来与自己的父母或兄弟同住。① 贞女女儿也视
照顾娘家为己任。据姚鼐的记载，张贞女的未婚夫得了不治之
症，但张还是矢志嫁给了他。一年后，丈夫和公婆都去世。之后，
她请父亲和兄弟跟她同住，照料他们。当她父亲去世时，她依礼
举行了葬礼。②

　　但是，娘家给贞女女儿提供的帮助受各种因素的制约。在大
部分涉及到贞女被虐待的情况下，娘家只有当事情恶化时才会干
涉。其中一个原因是女儿不让父兄知晓实况，这被认为是女儿的
美德。娘家的克制也暗示，一旦女儿住在夫家屋檐下，娘家干涉
太多是不得体的。③

　　明清时期的中国是流动性很高的社会，家庭命运常常发生骤
变。贞女的娘家和夫家在短期内全都没落的情况并不少见。方
苞就写到过他老师的侄女的故事。她 22 岁与死去的未婚夫成
婚。公婆已故去，夫家有未婚夫的祖母、叔叔婶婶及其子女，此外
还有公公的一个妾。叔叔是这个大家庭唯一的收入来源。夫家
入不敷出，娘家的情况也在恶化。自从贞女的伯伯（方苞的老师）
去世后，家境开始没落。后来她父亲和叔叔也死了，家中唯一的
男子就是叔叔的儿子，可他流滞在外。于是，"贞女父党无一人可
倚"。在一个大冬天，方苞拜访了贞女，看到她"敝衣菜色"，无冬
衣御寒。方苞非常震动，专门写了一篇文章，请求自己的朋友以

---

① 见毛奇龄 1968:2174；《碑传集》:7231,7322。
② 姚鼐 1965:文 10/5a－b。
③ 这种想法显然体现在 18 世纪小说《红楼梦》里迎春的悲剧中，她是贾家的四个女儿
　之一。

及老师的亲友捐款。他建议把筹募的钱交给当地一个可靠的学者保管，以收取利息，利息可供贞女的衣食之用，并支付她故世时的丧葬费用。[①]

在某个层面来说，方苞的举动是为个人的责任感所驱使：方苞是这位贞女伯父的学生、她家的老友。当她还是小姑娘时，方苞从她的举止和外貌判断，以为她有一个幸福的将来。因此，当方苞看到她穷困的状态，意识到她余生要历尽艰辛时，尤其悲伤。但方苞的责任感也许还有另一个层面：作为儒家学者，他有责任照看一个有德的女性，使她不致因履行高尚的道德而终生受苦。

道德责任的召唤让很多人都行动起来，帮助急难中的贞女。我们在第二章讲述了王秀文的故事。在她终于嫁给贫穷的未婚夫后，他家的家境继续没落。她的自杀举动留下了重伤，使她无法从事体力劳动。而丈夫在科举考试中屡屡不中，不得已放弃了科举仕途的追求，开始做生意试运气，不幸都以失败告终。这时，当地一个有声望的学者把她全家都接入自己家，并亲自教了她丈夫一段时间。不久她家再次遭遇不幸，丈夫挣的钱还不足以养活自己，于是他离家到别处寻找教职，留下了王秀文和他两个弟弟，无依无靠。更糟糕的是，当地还发生了严重饥荒。著名作家尤侗和他的朋友陆志熙对王秀文的遭遇非常同情。尤侗写了篇文章，附上陆志熙提议的一篇《助法》（帮助的办法），呼吁当地文人向王秀文伸出援助之手。当王秀文的故事发生时，很多文人都写过赞美的诗，但现在是行动的时候了。尤侗写道："诸君子之诗歌赞扬亦至矣，然使坐视贞女之冻饿以死，虽言如金石黼黻，则何

---

① 方苞 1968：17/420。

益哉!"①

我们不知道文人们对尤侗和他朋友的呼吁如何反应。但在类似的一个例子中,著名学者的呼吁的确吸引到了不菲的捐款。1823 年,陕西富平的杨孝廉拜访张澍(1781—1847)时,谈到自己家乡 16 岁的王贞女的故事。王是个农家女。三年前未婚夫死去,父母开始安排第二次订婚,她偷偷跑到未婚夫家,父亲想带她回家,她威胁要跳井,父亲不得已允许她留下来。她的公婆早已过世,只有未婚夫年逾七十的祖父母还在。家里一贫如洗,她辛苦纺织,还是无法维持生计。听说此事后,张澍马上为杨写了一篇长文。文章描述了王贞女的德行。在结尾处,张澍呼吁:

> 茕茕一女,奉晨夕膳,实亦维艰。世岂乏仁人君子,慨施泉布,为之置田,俾得赡白头二老以终其身,贞女亦得稍苏息,无枵腹之虞,奖成节义,扶持纲常者乎? 余拭目竢之。②

杨孝廉当时是西安府的幕僚。他拿着张澍的文章找到太守,后者将其拿给别的太守和幕僚看。最后杨募集到了一千多两银子的捐款。杨继续在当地富裕士绅中散发该文章,又筹集到八百多两银子。他给贞女家买了地和房子,其余的钱借贷出去生息,以维持家里的日常开支。③

在类似的一例中,吴省钦(1730—1803)也为贞女王兰英发起募捐活动。王兰英 15 岁嫁入夫家,婆婆死后她一人独居。捐款者包括太守、县令、县里的学监。钱交给县令作买义田之用,贞女

①《碑传集》:6969—6972。
② 张澍 1837:22/5b。
③ 同上书:22/5b-6a。

可以靠义田田租生活。① 吴写了一篇回忆此事的文章,赞美贞女的道德成就。他还加上了自己的一笔,说他的两个亲属,一个是叔母的妹妹,一个是自己妻子的妹妹,也是贞女。支持困难中的贞女既是弘扬道德的公开活动,也有受自身经历感召的个人意义。

很多文人都亲自参与到帮助穷困贞女的活动中。到了 19 世纪,专门帮助节妇的慈善机构已在全国大部分地区迅速出现。按照梁其姿的研究,这些"清节堂"或"恤嫠会"的发展,代表了精英阶层对日益威胁到节妇理想的社会现实的反应:节妇缺乏经济手段养活自己和家人,强迫节妇再婚的社会暴力日益加剧。清节堂成了"当地精英在不利的物质条件下,维护贞节现象的工具"②。值得注意的是,在有资格得到救助的人中,贞女可以被清节堂优先接收,然后依次是 30 岁前守寡的、30 岁到 40 岁之间守寡的、40 岁以后守寡的妇女。③ 贞女的特权既强调了贞女作为女性美德的核心象征地位,也体现了一种现实考虑:贞女与夫家的纽带更弱,而且是处女,所以更容易被逼再婚。贞女比其他年轻节妇更脆弱。

①《清文汇》:1910。

② 梁其姿(Leung)1993:6。

③ 同上书:4。

举世昧经谓过中，

此旨不明道几熄。

——宋景卫,《正俗歌为陈媛作》①

16 世纪初,贞女开始大量出现,这立即引起了批评家的不满。最早的批评者认为贞女的举动过于极端,后来这在清朝发展成了一场范围广泛的激烈争论。争论的核心是"礼",但也牵涉到更普遍的问题。儒家礼仪是否允许未婚女性为死去的未婚夫守节,或者殉未婚夫? 对该问题的两种截然不同的回答,进一步衍生了一系列问题。比如,在订婚过程的哪一刻起,婚姻关系得以确定? 古礼(儒家教导的核心经典)在变化的社会中还适用吗? 贞女行为的社会后果如何? 是破坏了还是美化了社会习俗?

①《国朝闺秀正始集》:补遗/31a。

　　这些令人不安的问题看起来似乎是只涉及贞女的学术问题,实际上它们深刻体现了明清文人的意识形态矛盾与分歧。这一争论让我们窥见了当时以男子为主的学者世界,在这个世界里,学术原则并非人们想象的那样客观,学者受到个人道德观和情感的限制(从下文考据学家参与辩论的方式就能看出这一点)。同时,这一争论的前所未有的规模、强度和时间跨度,再次表明贞女现象在当时人们生活中的核心地位,从另一个角度说明了年轻女性在塑造更大历史事件中的力量。她们影响了当时思想界的议程。

第七章 古礼与新解：关于贞女的争论

贞女现象的勃兴与节妇现象的蔓延密切相关，但两者之间的相似性，到了儒家文士对她们的看法这一点上，便戛然而止。在整个明清史上，仅有少数文人对寡妇守节提出质疑。他们指出，要求丧夫的女子忍痛守寡而允许男子耽于逸乐是不合理的。[1] 然而，儒家精英对贞女的态度则针锋相对，其冰火不容之势与整个明清时期相始终。

贞女行为是否符合儒家意识形态？这一问题的争论部分植根于儒家礼仪的极端重要性。礼仪长期以来是学者研习的科目，是儒家道德生活的指导。在 17 和 18 世纪，其重要性更被强调，礼的实践被视为"培养儒家道德的最有效方法，排斥异端的可靠途径"[2]。清代考据学的兴起，使关于贞女的争论更加激化。考据学是一次革命性的思想学术的重新定向，强调通过实证研究的

---

① 几位批评者中包括吕坤和俞正燮。吕坤写过一些女训方面的书，他关于性别的一些看法不象同时代人那样保守。见韩德琳（Joanna F. Handlin）1975，1983：143—160。吕坤在《呻吟语》中认为儒家礼仪偏颇不公，男子（包括社会地位较低的男子）可以有妾婢，却要求妇女守贞节。吕坤 2000：323。吕坤还质疑了"七出"（七条休妻理由）中的两条："无子"，"有恶疾"。吕坤 1998：1/72a-b。俞正燮反对妇女守节的著名论点见其《节妇论》。俞正燮 1965：493—494 页。还有几位清朝学者（包括臧庸和吴敬梓）也反对妇女守节。见罗溥洛 1976。关于清朝支持妇女守节的总体讨论，见周佳荣 1994：209—211。

② 周佳荣 1994：8。

方法,重新检验一切现有知识,重新发现经典的真正、原初的含义。① 当儒家之礼被放在了考据学研讨的前沿时,贞女现象便被置于新的审视之中。

然而,归根结底,若无贞女们自身的行为,便不会有阵营鲜明的争论。正是贞女们这一反传统的行为,迫使当时的文人学者重新审视和辨析相关经典条文的意义基础,并考察贞女做法的社会214后果。具有讽刺意味的是,寻找经典中的真理并不总是旨在为当今的实践寻求指导。在参与论争的文人学者中,很多人系贞女的亲友。梳理经典只不过是为他们早已持有的观点寻找证据,或为他们因迫于道义感而采取的立场找到支撑。其结果是,他们对经典或重新阐释或强行曲解,以求在文献证据、道德责任和个人情感之间找到调和。贞女之争,为我们打开了一扇独特的窗口,让我们由此窥见明清知识分子内部的冲突和调和。贞女现象将他们置入一个不平静的世界,而贞女在这一世界中扮演着重要角色。

归有光与明朝的贞女争论

16 世纪初,长江下游核心地带的松江府爆发了一场争论。关于此事,当时有不少纪录,其中陆深的记录如下:

> 张庄懿公銮仲子早卒,聘都城赵氏女。女闻夫卒,即舆至夫家守制,奉翁姑如妇礼,年五十余矣。弘治间,宜春刘侯德资琬守松,上其事旌之,题曰"赵女张节妇"。顾侍读士廉以为②,言妇则无所附丽,言女则已去其母家,若不当旌者。

---

① 艾尔曼(Elman)2001。
② "侍读"是朝廷的侍臣,精熟经典,是翰林院的成员。

钱修撰①与谦奋臂起辨之，引张良、陶潜为事类，至千余言不
罢。郡中一阕。予时游南雍还，心是士廉言。②

这场争论出现在一个重要的历史时刻：明朝朝廷即将扩大旌表奖
励，而其中贞女的数量将达到前所未有的程度。它不仅显示贞女
现象正日益引人注目，而且表明文人精英对于朝廷政策的看法并
不一致。卷入这一争论的钱福、顾清(士廉)、陆深，都是来自这一
文化发达地区的著名文人，皆进士出身，且在朝廷任官(钱福是
1490 年状元)。从表面看，他们争论的是贞女的称号，但如陆深
所言，他们关心的焦点在于国家是否应该认可贞女。③

　　此事可以说揭开了关于贞女的长期争论的序幕(这一争论一
直持续到 20 世纪初)。钱福在一篇充满激情的长文中，表扬了张
贞女坚定的决心，称太守的决定是推广良好社会风气的重要一
步。他提到了传统的比拟(把男子的政治忠诚和女性的婚姻忠贞
作类比)，把贞女比为并无义务却选择殉国或殉主的义士。钱福
承认，如果新娘在"庙见"之礼(在婚礼后三个月举行)前死去，儒
家礼仪就不会赋予她以妻子的地位。但他接着说，赵女被公婆当
做儿媳看待，而她也这样看待自己，所以她被称作"节妇"是完全
正当的。④ 钱福的文章流传很久，一直到清朝依然被一些文人引
用，其影响力可想而知。⑤ 我们下面会看到，钱福提出的一些问

215

---

① "修撰"是翰林，负责史书编修。
② 陆深 1983;885;51。陈洪谟(1474—1531)的另一篇叙述填补了关于该未婚夫的一
　　些细节，据说他因逛妓院而死。陈洪谟 1995;64—65。又见《古今图书集成》;
　　48754。
③ 顾清(士廉)的文集中有一篇为该贞女所写的赞美的传记。文章中称呼她为"张氏
　　妇"。不知为何，此文中没有提到陆深所描述的他在争论中的立场。顾清 1983;
　　1261;624。
④ 黄宗羲 1983;1453;707—709。
⑤ 李文藻 1985;357。

题和看法在此后的几百年中都被继续热议。

从更深层次上来分析，使文人阵营发生分裂的原因，与其说是对国家旌表政策的看法有异，毋宁说是对贞女行径是否符合儒家意识形态的看法根本不同。有人表示很怀疑："未成夫妇而固誓不嫁焉，天非所天也，不过乎？"①哲学家湛若水则提出反对意见："夫世固有夫在而反目，夫朝死而夕为人妇者矣，吾尚暇究人之过中哉？"②但其他一些观点则较为矛盾。比如《杭州府志》的编撰者这样评论未婚守节的贞女吴庆真："未婚执节，人以为过，若因而死之，不已甚乎？予于吴庆真之事，每为之低回三叹，非为其合于中庸，故悯其志而已矣。"③

在钱福那篇为贞女辩护的文字问世之后的几十年，著名散文家和学者归有光（1507—1571）站到了论坛上。钱福与归有光均来自江南地区，不过我们无法得知归有光加入辩论时是否想到了钱福的文章。然而，归有光的一些论点似乎相当尖锐地直接指向钱福。归有光扣住了经典条文，从儒家之礼的角度论述这个问题，认为女子殉未婚夫或为未婚夫守节，违背了经典中规定的礼。他从三个层面阐述了自己的立场。第一，按照古典婚礼，女子只有完成了婚礼的所有步骤，接受父母的教导之后，才能到未婚夫家去，否则就是"私奔"：

> 女子在室，唯其父母为之许聘于人也，而己无所与，纯乎女道而已矣。六礼既备，婿亲御授绥④，母送之门，共牢合

---

① 吴道镕 1973：192。
② 同上书。
③ 《杭州府志》1579：1202。
④ 这是婚礼的一部分，新郎为新娘驾车，把引车绳交给新娘。

卺①，而后为夫妇。苟一礼不备，婿不亲迎，无父母之命，女不自往也，犹为奔而已。女未嫁而为其夫死，且不改适，是六礼不具，婿不亲迎，无父母之命而奔者也，非礼也。②

为已故未婚夫守节违背了儒家婚姻之礼，而别许再嫁则符合婚姻之礼。归有光引用了《礼记》中的《曾子问》作了如下阐述：

> 曾子问（孔子）曰："昏礼既纳币，有吉日，婿之父母死，则如之何？"孔子曰："婿已葬，（伯父）致命女氏曰③：'某之子有父母之丧，不得嗣为兄弟（意为不得成婚），使某致命。'女子许诺，而弗敢嫁也。"弗敢嫁而许诺，固其可以嫁也。"婿免丧，女之父母使人请，婿弗取，而后嫁之，礼也。"

接着，归有光又引用另一段文字以证明，即使女子完成了婚礼的所有步骤，但如果尚未"庙见"（确认新娘具儿媳身份的礼仪），她 *217* 仍不能算作夫家的一员：

> 曾子问："女未庙见而死，则如之何？"孔子曰："不迁于祖，不祔于皇姑，婿不杖、不菲、不次，归葬于母党"。示未成妇也，未成妇则不系于夫也。

按照礼经，"庙见"是在婚礼后三个月举行的。如果新娘在"庙见"前死去，她便不能享受妻子和儿媳的礼仪权利。她在祠堂中没有位置，也得不到儿媳能得到的献祭。而且在她的丧礼上，丈夫不用穿孝，也不用独居一处——这些都是为妻子守丧的礼仪。她必须回葬娘家墓地这一点，更为她的外人身份盖上了最后的戳印。

---

① "卺"是对剖的葫芦。
② 归有光 1929：3/4b。
③ 《曾子问》的原文见阮元 1965：5：365。

归有光写道：

> 聘则父母之事而已，女子固不自知其身之为谁属也，有廉耻之防焉。以此言之，女未嫁而不改适，为其夫死者之无谓也。或曰："以励世可也"。夫先王之礼不足以励世，必是而后可以励世也乎？[①]

归有光进一步指出，年轻女子为死去的未婚夫而独身终身，同时违背人类社会的礼仪和宇宙的法则。两性的结合体现了阴阳和谐，是人道之根本，"阴阳之气""天地之和"受阻将有害于人类社会。

归有光的这篇题为《贞女论》的文章，为其后数百年关于贞女的讨论奠定了基础。他在辩论中所采纳的角度，将成为后世贞女论争的主要原则。也就是说，在判断贞女行为的合法性时，儒家经典拥有判定孰是孰非的最高权威。归有光引证的礼仪文献被反复重新阐释，他对阴阳的分析也为未来的讨论预设了框架。归有光最重要的影响也许在于，他自己也变成了定义他人的符号：参与争论者的立场，由他与归有光立场的关系而得到界定。

但归有光本人的立场并没有始终如一。他在年老时写了一篇张贞女传记（当是应某人之请而作）。在这篇传记中，他重申了贞女言行不合儒家礼仪的观点。但接着说，"礼以率天下之中行，而高明之性有出于人情之外，此贤智者之过，圣人之所不禁"，所以圣贤的过分之举"虽不要于礼，岂非君子之所乐道哉！"[②]推测归有光立场变化的缘由，也许当他面对贞女万死不辞的故事时，因感动而弱化了他的批评口气。他的妥协表现了明清文人面对

---

① 《曾子问》的原文见阮元 1965：3/5a - 5b。
② 阮元 1965：16/15b - 16a。

这一问题时的深刻矛盾。从理性上说，他负有捍卫圣贤法则的责任。但从情感上来说，对贞女的自我献身罔若不闻则有悖于良心。但是，归有光晚年对他自己观点的偏移，后世很少有人提及。

到了晚明，贞女争论日趋激烈，这在韩洽、吕坤和马之德的文字中都留下了痕迹。[1] 而马之德带有晚明"欲"和"情"的明显烙印的论点，尤其值得注意。他强调说，贞女的行为不仅违礼，而且违背自然的人类情感和性需要："男女之际大欲存焉。情所不可抑，虽圣人弗禁……岂可概责于匹妇哉！"至于"未亲迎而哭夫，逆父母之命往奔陌路之丧，以身殉之，不知非礼"者，并非出于真情实感。[2] 马之德认为节妇和贞女的差别在于：夫妻之恩使节妇不能忘情于故夫，而贞女无夫妻之恩，所以她们的行为并不自然。节妇守节值得提倡，因为她们"公不忘'义'，私不忘'恩'"。[3] 但贞女谈不上婚姻之爱，其行为是做作的。这一观点后来为清朝批评贞女的文人学者再次提出。[4] [219]

到16世纪之际，贞女现象已经引发了文人必须面对和表述的一系列问题。古礼的功能是什么？情、礼、道德之间是怎样的

---

[1] 马之德生卒年不详。他的文章出现在《古今图书集成》的《闺节》（卷327）的结尾部分。《古今图书集成》是清初陈梦雷所编，陈梦雷一般按年代顺序编排所收内容，以之为据，我把马之德大致归在明末。韩洽是来自苏州的诗人。与同时代人不同的是，他写诗对贞女不是赞美，而是批评。他呼应了归有光的观点，认为女人为未婚夫守节是错误的，为未婚夫而死是"背经渎礼"的。叶廷琯1998:43。吕坤的态度则比较复杂。他痛恨贞女自杀，也普遍反对殉夫。"许聘在室而赴乘从死，则钟情过礼。"但如果女子已经进了夫家，新郎在婚礼未完成时死亡，贞女"终身守志"是合宜的。吕坤1998:3/63a-b，又见同上书:2/2a-b。

[2]《古今图书集成》:50808—50809。

[3] 同上书:50809。

[4] 贞女行为并非出于自然之情，这是批评者常提出的观点，最严厉的措辞出自两百年后张云璈的笔下："平日处深闺之中，不肯轻见一人，轻出一语，有言及夫家者，则回面反身以避之。乃无端而自居于妇焉，无端而自居于母焉，无端而治其家焉，岂弱颜之女所敢出？此毋乃非人情不可近乎？"张云璈2002:233。

关系？女性守节的基础在哪里？合宜与极端之间的界限在哪里？
这些问题在清朝继续激发着学术界的争论。

清初的争论

上文说过，17世纪中叶的朝代变更和异族征服，赋予贞女以
新的象征意义。赞美贞女的声音从未如此响亮，但争议远没有消
失。理学家田兰芳(1628—1701)认为，"自有未嫁之女殉夫者而
纷纷之议起，至今日而尚未有定也"①。彭定求(1645—1719)也
说，"今之说者，多援震川是论，谓为中正之道"②，说明归有光在
这一争论中的影响越来越大。田兰芳、彭定求都和归有光的看法
相左。彭定求是康熙朝的状元，他认为归有光的论点是"深文周
纳，罕中伦理，殆非所以为教也"③。

值得注意的是，归有光的曾孙归庄(1613—1673)也没有完全
站在自己曾祖的一边。归庄与顾炎武同乡，是顾炎武的好朋友，
也忠于明朝。我们大概还记得，顾炎武的贞女母亲在明亡后绝食
而死。归庄曾说，自杀殉未婚夫"此过情之事，非礼之正，不可以
训"④。但在后来的一篇文章中，归庄既指明了其曾祖归有光的
论点"辞辩而理精"，却又努力解释为什么归有光的论点过时了。
归庄认为自己的曾祖"生当盛世，名教昌盛，纲常节义，人皆知而
履之"，所以归有光"欲裁之中道"以约束"贤者"的过度行为。但
在归庄自己的时代，"礼防大决，人伦攸斁"，礼仪大防已经坍塌，

220

---

① 《碑传集》：7088。
② 《清文汇》：807。
③ 同上。
④ 归庄 1984：301。

因此需要像贞女这样纯正的道德楷模来拯救"颓纲"。① 简言之,不同的时代需要不同的行动。归庄此文写于 1663 年,满人入主中原已近二十年。作为心怀旧朝的遗民,归庄自然把前明看成是道德兴盛之世,而把异族统治的清朝视为伦常堕落的时代。

清初,不论在私人空间还是在公共场合,文人相遇都会就贞女问题发生争论。其中一个地点是明史馆,当时有一批最被推崇的学者刚刚通过 1679 年的"博学宏词"科的特别考试,被康熙皇帝任命来修明史。② 明史馆内争论尤其激烈的一个重要的原因是,这些史稿撰写者负有挑选妇女楷模,录入《明史》之责。比如顾炎武曾给明史馆中的朋友写信,希望将自己贞女母亲的传记收入其中。这部官修历史该不该表彰贞女? 理学家张烈(1670 年中进士)坚持认为,《明史》不应该为贞女立传,因为她们的做法是"淫失"。而当时支持贞女的毛奇龄则马上回应,攻击张烈"不乐成人之美一至于是"③。

就贞女展开的争论也影响到学者撰写贞女传记的方式。贞女传记常常变成了争论的舞台。与明朝不同的是,清朝作者会在这类传记的开篇或结尾直接面对这个问题,用很大篇幅阐述自己在争论中的立场。有的采用问答形式来组织演绎自己的推理,把原本为赞美性质的传记,实际变成了辩驳的论文。

毛奇龄的两位明史馆同事朱彝尊和汪琬,都是贞女的热烈支

---

① 归庄 1984:422—423。这里所引的归庄的第一篇文章撰写日期还不确定。第二篇文章题为《天长阮贞孝传》,写于 1663 年,依据赵经达编撰的归庄年谱,归庄死于十年后。同上书:563。第二篇文章很可能日期晚于第一篇。

② 明史馆初建于 1645 年,1679 年重开,吸纳了当年通过"博学宏词"科的文人。考试由康熙皇帝主持,以招募博学、方正的人士为新朝服务,此措施"结束了江南很多文人的退隐局面",艾尔曼 137。应试"博学宏词"者皆由官员推荐,共五十位学者通过了考试。

③ 毛奇龄 1968:1290。

持者。他们把传记当作武器。17 世纪 60 年代，应魏象枢之请，
汪琬撰写了表彰贞女宋典的一篇传记。他在这篇表彰性的传记
中宣示了自己在争论中的立场。此文开头照例把夫妇关系比为
君臣关系，把贞女等同于没有禄位却为主尽忠的义士（后者得到
了孔子的赞美）。汪琬然后说：

> 礼曰：男女非有行媒不相知名，非受币不交不亲，然则媒
> 氏行而可以知名矣，聘币具而交亲之分可以定矣。曾子问
> 曰："取女有吉日而女死，如之何？"孔子曰："婿齐衰而吊，既
> 葬而除之，夫死亦如之"。此言女子于其夫之死必服斩衰以
> 吊也。夫生则有交亲之分，死则服斩衰之服，如是而遂以身
> 殉之，其何过之有？①

在此，汪琬推出了自己论断的基石：就礼仪而言，一旦订婚，贞女
对未婚夫的责任便已确认。即便礼的整个过程还没有完成，她已
知道自己的终身归属。他们的这一关系，在未婚夫死后她须履行
的丧仪礼节中得到进一步确认。因之，批评贞女越礼是荒谬的。

汪琬的这一观点与包括彭定求在内的很多清初学者的观点
是一致的。② 汪琬凭借自己渊博的礼仪文献知识，挖掘出了一些
权威性的间接材料。但他仍没能驳倒归有光引自经典的直接证
据：女子在"庙见"之礼前是不被看作妻子的。几年后，汪琬又有
了机会针对这一问题作辩驳。他写了一篇贞女墓志铭。这位贞
女与他并不陌生：她是宋实颖的女儿，计东的儿媳。宋和计都是
他的朋友。汪琬写道：

---

① 汪琬 1929：35/13a－b。
② 彭定求在批评归有光有影响力的著作时，表达了类似看法。《清文汇》：807。

> 礼有常焉,有变焉。取女有吉日而壻死,女斩衰以吊,既
> 葬除之者,常也。守贞不字,变也。若既庭(宋实颖)之女之
> 为孺子(其未婚夫)也,始则膏泽不御,觞酒豆肉不尝,及其继
> 也,绝粒捐躯而勿之恤,变之变者也。夫既俨然计氏之妇矣,
> 安得以未成妇之礼格之?①

汪琬的意思似乎是说,如果一个女子行动一如儿媳,那么,她就是
儿媳。这里,他以"常——变——变之变"的理论模式来驳斥归有
光的主要证据。汪琬认为礼仪是为常规情况而设,不能用来衡量
贞女这样的特殊个体。

　　大约在汪琬撰写此文的同时,他的朋友朱彝尊也加入了争
论。朱编撰的《经义考》体大思精,为他在儒家经典研究领域方面
赢得了至高的声誉。他一直是贞女的热烈拥护者。当魏象枢为
表彰贞女宋典而遍邀时贤写诗作文时,朱彝尊应请写了首长诗
(他是 17 世纪最著名诗人之一)。他主要在两篇文章中陈述了自
己的观点,两篇都采用问答的形式。面对贞女的做法是否像节妇
守寡一样合理的问题,朱彝尊首先陈述了未婚男女间的情感联
系,指出这种联系是在订婚过程中通过礼的交换而培养的。② 与
马之德之流视贞女行为为做作的观点针锋相对,朱彝尊强调,订
婚的过程一旦开始,男女双方彼此的感情便在培养中,这种感情
是夫妇关系的基础。所以,即便一个年轻女子尚未结婚,为亡故
的未婚夫守节也有理可循。他进一步指出,依礼,"许嫁,笄而字,
则为之缨,盖至嫁而后主人亲脱之。凡此者明系属于人,所以养

---

① 汪琬 1929:19/2b-b。

② 朱彝尊 1929:58/12a。

贞一也,则从之之义也"。订婚女子已经"及笄"①,已经有了"字",就可以戴缨(彩色的带子),这"缨"要到出嫁时由"主人(即丈夫)亲脱",都说明她与未来的丈夫已相联结,而礼仪是用来培养她的贞洁的。这些都表明了她从一而终的责任。②

朱彝尊在论证了已订婚的女子为未婚夫守节完全合礼之后,紧接着反驳了批评贞女者的另一论点:即按照儒家的丧礼,未婚妻是作为客人,而不是作为女主人(也就是死者的妻子)参加未婚夫的葬礼。他写道:

> 女未婚而丧其夫,礼有往吊之文,凡吊者出即释其服,而女以斩衰,乃妻之本服,又必葬而后除之,则与宾不侔矣。且汉制,妇人不二斩,既服之以吊,嫁而为后夫服,是二斩也。贞女义勿敢出也。③

这个证据虽然是间接的,但似乎为朱彝尊的立场提供了礼仪证据。如果"妇人不二斩"(一生不该两次服斩衰),那么贞女在哀悼未婚夫时已经服过一回,显然不应该再嫁给别的男子(不然,如为再嫁之夫服丧,便成了"二斩")。然而,朱彝尊的阐释是有争议的。按照毛奇龄的观点,朱彝尊的解释并不正确。

在同时代人中,毛奇龄以渊博、敏锐、傲慢尤其是善辩而著称。他的个性与博学的结合为他赢得"豪杰之士"之称,能使博学之士"变色失步"。④ 当文人学界为贞女问题搅动不定时,毛奇龄的性格决定了他不会袖手旁观。但毛奇龄的立场在其九十余年

---

① 及笄是女性成长过程中的一个重要仪式,女子15岁举行。此礼"标志着她进入了青春期,已经可以结婚"。曼素恩1997:59。
② 朱彝尊:58/12b。
③ 同上书:53/13b。
④ 毛奇龄:1983:8。

的漫长一生中并非没有变化。他有很长一段时期支持贞女,常常应酬为贞女做传、写诗。① 但随着年龄渐长,他似乎对自己的立场越来越怀疑了。② 到 70 多岁时,他开始拒绝撰写贞女赞美诗文。他说自己"所闻虽多,不敢载,以为其事难,然实未尝中礼也"③。他的态度转变肯定让他的学生感到意外。他的一个学生田得名(1685 年进士)讨论到"礼"时就提出了这个问题。毛奇龄解释说"彼一时此一时也",彼时他称赞贞女是害怕"畸行异节之不传于世,而第以庸劣之迹冒中行也";但此时他担忧的是"世之不明是礼,而妄以轻生苟殉者之反以是为正经也"。所以,他觉得他必须以一己之力将礼的正确原则和后人错误的理解加以区别。④

这次对话之后不久,1711 年,有人请 89 岁高龄的毛奇龄给一位自杀的贞女撰文。毛奇龄拒绝了,此事促使他写了贞女争论中最长也最充满感情的文章:《禁室女守志殉死文》。他称自己"无状",承认自己过去对贞女行为的辩护是错误的。他表示,他对当时表彰贞女诗文的小说化的倾向,即常常强调女性之情以及自杀等戏剧化细节等,深感不安。在毛奇龄看来,这一切都违背了儒家之礼和道德。

毛奇龄为搜寻证据,遍涉礼仪内外的文献。他首先指出贞女的行为在历史上没有先例。接着,他证明贞女已经大大偏离了古礼。为此,毛奇龄详细解释了礼仪,并说明未婚女子只有在完成 *224*

---

① 毛奇龄为贞女写了九篇传记和诗。
② 毛奇龄转变立场的时间似乎正是康熙宣布朝廷不再嘉奖殉夫妇女的时间(见第三章),朝廷政策的变化可能影响到了毛奇龄的立场。
③ 毛奇龄 1968:1329。
④ 毛奇龄 1983:193—194。

每个严格规定的步骤之后才能成为妻子。而且只有已定下了婚期的女性，才应哀悼死去的未婚夫。也就是说，即使已订了婚，然而尚未定下婚期的女性，都不该那样做。此外，女性身服斩衰以哀悼未婚夫之说，出自《礼记》的一个注释中，而不是《礼记》经文本身。即使在该注释中，也并未说她应像妻子一样服丧三年。相反，她应在葬礼后就脱下丧服。

毛奇龄详细批驳了朱彝尊提出的那一条似乎难以驳斥的证据："不二斩"（女人一生不应服斩衰两次）。毛奇龄说，这纯粹是对经典的歪曲。经文原意是女子"不二尊"（女子不应同时尊奉两个男子）。更具体地说，"女在家从父，则只尊父，故室女为父斩三年。及既嫁从夫，则尊夫矣，为夫斩，而父且降期"[1]。毛奇龄怒斥对手们更改了经典，"传圣经有几堪此数改？"[2]

在文章的高潮部分，毛奇龄愤怒谴责了殉未婚夫的行为。在毛奇龄看来，这种被高度赞扬的英烈行为其实完全僭越了圣贤之教，无论历史还是经典对此都没有任何支持：

> 古有殉难，无殉死者，况夫妇无殉死事，不惟室女不殉……夫伦类之尊莫如君亲，忠爱之切亦莫如君亲，向使君亲当殉，则人孰无君，孰无父母？ 一君二亲，将见薄海之内，民无孑遗，纵有三身，亦抢不及夫妇矣。[3]

毛奇龄在这篇激情洋溢的长文最后，号召禁止未婚女子守志或者殉未婚夫。他这样解释自己写这篇文章的用意：他的使命是"将以扶已斁之教，植已蔑之礼"，希望能"保全自今以后千秋万世愚

---

① 毛奇龄 1968：1593。
② 同上。
③ 同上书：1590—1591。

夫愚妇之生命"。① 毛奇龄对贞女做法的反对,具有鲜明的儒家 225
人道主义成分,是当时的大部分讨论中所少见的。

著名的乾嘉学者加入讨论

　　毛奇龄去世于 1716 年。当时,新一代的学者正在开创中国
历史上最有影响的学术研究学派:考据学派,即"乾嘉学派"。它
因盛行于乾隆(1736—1795)、嘉庆(1796—1820)时代而得名,其
先驱就包括卷入贞女争辩的 17 世纪学者毛奇龄、朱彝尊等。乾
嘉学派的新学风是对一直占统治地位的理学思想传统的反动。
理学从形而上学的角度研究儒家经典,以完善道德为鹄的,而忽
略儒家思想据之以产生的经典的实证基础。与之相反,考据学者
的根本目的是恢复经典的纯粹真实意义。在他们看来,很多经典
以及过去的真实历史都被理学家误读了。他们的主要方法是以
不偏不倚的心态来"考据"。戴震(1723—1777)这样总结道:"仆
以为考古宜心平,凡论一事勿以人之见蔽我,勿以我之见自
蔽。"②"从理学到朴学"的这一转变集中在长江下游地区,它根本
改变了思想界探索的方向。③

　　在这一时期的著名考据学家中,汪中(1745—1794)对贞女现
象的批评最犀利。乾嘉时期,争论各方对儒家礼仪文本的钻研似
已到了极致,但汪中还是通过对经典的别具只眼的精辟解读开辟
了新领域。他认为贞女在几个层面上都是违礼的。其一,她们的

---

① 毛奇龄 1968:1594。
② 转引自艾尔曼 2001:92。
③ 同上书。值得注意的是,朴学研究在考据学家中很流行,理学传统则由于国家的支
　持而继续占据着权威地位。

行为违背了婚礼和夫妇之礼。汪中把婚礼分成两部分。前五步包括纳彩(给女家送礼物"雁"),问名(询问女方的名字来占卜),纳吉(告知女方占卜的结果很吉利),纳征(给女方送聘礼),请期(询问女方成婚日期)。这五步是"礼之所由行也,非礼之所由成也"。至此婚礼并没完成。只有完成了亲迎(新郎亲自迎接新娘)、同牢(共食同一牲畜的肉)、见舅姑(新娘见公公婆婆)诸部分,才是完整的婚礼。①此外,按照丧礼,只有完成了第六步"亲迎"的女子,才有资格在夫家的丧事中穿儿媳身份的丧服。据此,订婚的女子即便已定下婚期,但尚未亲迎,仍可别嫁。贞女行为是错误的,因为它威胁到了夫妇关系,而夫妇关系是所有人伦关系的基础:丈夫娶之为妻,儿子才能以之为母,公婆才能以之为媳。汪中不无痛心地感叹道:"今也,生不同室而死则同穴,存为贞女,没称先姒,其非礼孰甚焉!"②

汪中认为,贞女也违背了女儿与父母关系的礼。这里,"不二斩"的原则再次出现在争论的核心,但汪中对其有不同解读。与毛奇龄一样,他强调,这条礼规定的是婚后妻子要为丈夫服斩衰,为父母服齐衰。但汪中指出,贞女"未有夫妇之恩而重为之服,以降其父母,于婚为无因,于父母为不孝"。

像毛奇龄一样,汪中对贞女为未婚夫殉死非常反感。他们的不同在于,毛奇龄的批评寓有儒家的人道主义精神,汪中则集中在礼仪的不可违背这一点上。古代圣贤不允许人出于悲痛而死或追随某人而殉。不过,如果有人在父亲、君主或丈夫死时因悲痛而亡,尚值得同情。然而,"若使岩穴之士未执贽为臣,号乎而

---

① 这三个礼仪中的第一个是在婚礼上进行的,最后一个"见舅姑"是在婚礼后的第二天早晨。
② 汪中 1985:525。

自杀,则亦不得谓之忠臣也,何以异于是哉"。贞女行为违背了儒家之礼,所以人们有义务制止之:"是故女子欲之,父母若婿之父母得而止之。父母若婿之父母欲之,邦之有司、乡之士君子得而 *227* 止之。"①

汪中的这篇文章被一些著名的乾嘉学者誉为考据学的经典。在《述学》(汪中死后由他儿子汪喜孙收集刊刻的汪中作品集)的序中,王念孙(1744—1832)特别标示出,这篇文章是汪中最有贡献的研究之一,认为它"使后之治经者,振烦祛惑而得其会通"②。孙星衍(1753—1818)尤其折服于汪中批判贞女哀悼未婚夫高于哀悼父母的规格的论点,誉此文为"有益经术,维持世道"③。

当然,并非人人都对此文有如此高的评价。实际上,汪中激起了一股反驳浪潮。在《诗经》研究领域中享有极高声誉的胡承珙(1776—1832)认为,婚姻实际上是在"亲迎"之前,行"纳征"礼时就已确定。如果象汪中所说的那样,夫妻关系是在"见舅姑"之后才确立(见舅姑是在婚礼的第二天),那么为什么按照礼仪规定,新娘如果在"庙见"(婚礼三月后)之前死去,要送回娘家下葬呢?在胡承珙看来(他引用了礼学家应元礼来支持自己),这说明"庙见"的"成妇"礼仪比同牢而食、同衾而寝的"成妻"礼仪更重要。所以,人们不应因贞女没有夫妻同处便指其为"无耻"。④

对汪中批驳最力的当属章学诚(1738—1801)。汪中死后,章学诚写了一篇文章,质疑汪中的每一个论点,指出贞女不应被指责为"自以身许",因为她与未婚夫订婚是依父母之命;而亲迎之

① 汪中 1985:525。
② 同上书:518。
③ 孙星衍 1985:714。
④ 胡承珙 2002:227。

前的婚礼的五步，已经是婚礼的一部分。章学诚最激进的观点在
于他对礼的适用性的评价。他强调说，当今社会制度已与古时不
同，因此，"先王制礼有必不可易者，亦有必不能仍者"。比如，古
时的祠堂礼仪已弃而不用，所以"庙见"（亦即新娘取得儿媳新角
色的最后一步）亦已不再实行。①

在此，古礼的适用性进入了贞女辩论的核心。与汪中持相同
观点的人强调说，"世事万变，而古礼之卒莫能易也"。而支持者
认为这样的观点太"迂阔"②。另一个考据学者李文藻坦率承认，
"夫礼经不可拘于今日者甚多"③。焦循（1783—1820）也指出，婚
礼已经改变："古定以亲迎，而夫死嫁之可也；今定以纳彩，则一纳
彩而夫死嫁之不可也。"④古礼本是先王创造的人伦和社会的基
本准则，但在这些论点中，其权威性被间接质疑。

焦循在强调古礼的有限适用性的同时，又为贞女行为的合法
性找到了新的证据。同样来自扬州的焦循比汪中小十八岁，对汪
中的学问非常敬佩，是汪中的朋友。⑤ 但他们关于贞女的观点可
以说大相径庭。焦循写了四篇文章，以清除追随归有光者的不经
之说（其中两篇据说"颇传于人间，为当世君子所可"）。⑥ 焦循批
评对手"读书不广"⑦，然后引用皇家的规定：

---

① 章学诚 1973:128。
② 转引自叶廷珆 1998:44。
③ 李文藻 1985:357。
④ 焦循 1985:85。
⑤ 比如，焦循为自己赞赏的清朝学术著作各赋诗一首（共 32 首），汪中的《述学》是其
　中之一。焦循:1985:77—79。焦循还回忆起他和一个朋友某雪天在汪中的书斋聚
　会，三人非常高兴，整晚都饮酒谈论。如今，两个人"先后没世，回思若旦夕事，悲
　哉!"焦循 1985:143。
⑥ 焦循 1985:132。
⑦ 同上书:85。

> 国律,许嫁女,已报婚书及有私约而辄悔者,笞五十。虽
> 无婚书,但曾受聘财者亦是。一报婚书受聘财,而上以之听
> 民讼,下以之定姻好,不必亲迎而夫妇之分定。①

显而易见,焦循在这里转移了讨论的基点。他所关注的不再是古
礼是否认可贞女的行为。他把古礼仅作为评判是非曲直的一种
权威来源,另一种权威来源是当今国法。将国法作为论辩贞女是 *229*
非的权威显然非焦循所独创。桐城派的领袖姚鼐在为贞女辩护
时也曾转而求助于国家法律。② 忽视古礼的权威,转而求助于国
法的支持,可以说透露了贞女支持者在寻找证据时的殚精竭虑。

贞女之争变得越来越情绪化,甚至到了人身攻击的地步。比
如,章学诚反复提到汪中的名字,甚至说"汪氏几丧心矣"③。焦
循预言那些批评贞女的人"灾必逮之"④。焦循自然不会把汪中
作为公开的攻击目标,他把批评矛头集中指向归有光。他请读者
想象,如果归有光面对这种悲剧情况会怎么做:"万一熙甫(归有
光)之聘妻舍熙甫而更适人,熙甫甘乎? ……迂儒读书不深,强为
立论,往往言之而不能行之!"⑤在支持贞女的学者的武器库中,
"迂儒"是一个针对对手的有力的攻击性词汇。比如李慈铭
(1830—1895)在批驳对手时也用了这个词汇。⑥ 它暗示批评者
都是经典的肤浅阅读者,意在削弱批评者在文本上的明显优势。

焦循承认说,他"深恶"归有光论点的"似是而非"。他对此问
题的投入之深,使他与任何赞同归有光的人都会进行辩论。进士

---

① 焦循 1985:122。
② 姚椿 1965:127。
③ 章学诚 1973:128。
④ 焦循 1985:85。
⑤ 同上书:122。
⑥ 李慈铭 1975:305。

张良御与焦循同乡,大约长他一辈。张良御碰巧非常仰慕归有光,对贞女现象也持批评态度。他的论点很朴素,基于普通共识:"男女居室,然后夫妇之道成。夫妇之道不成,则无相死与守之理。"①焦循指斥张良御的观点是"邪说误民",并写道"论者皆执曾子问之说,抑知曾子问之说,非谓夫死而嫁也,为夫遭丧而改嫁也"。② 在做出这一区分之中,焦循找到了一个质疑对手的新途径。然而他忽视了这个事实:他提到的"曾子问"明确说明,婚姻礼仪是允许订婚的女子在特定情况下别嫁的。无论是否有意,焦循忽略了这个明显的推理,以摆脱这条不利于己的证据。

230 　　因注《论语》而闻名的刘宝楠(1791—1855),也对来自《礼记》的证据作了多方解释。他意在证明,允许未婚女子嫁人,只是"明乎礼之迹,而未达乎礼经言外之情也",而禁止她别嫁才是礼经的真实用意。他的主要证据——女子"不二斩"——已曾被毛奇龄和汪中驳斥,但刘似乎无视他们的观点。③ 这里,不免令人惊讶的是,像焦循和刘宝楠这样一些以考据著名的学者,竟然轻视"证据"之价值。他们在处理礼经证据时显示的态度既透露他们观念之坚定,也显现了他们的受挫感。

　　在清朝,学术研究是男子的事业。而包括教育良好的贞女如宋景卫在内的女子,也密切关注着贞女辩论的走向。宋景卫写《正俗歌为陈媛作》一诗时,大量引用了古礼、其他经典,以及当代学者的相关文章④,为贞女行为的合理合法性作辩护。只有一位

----

① 《碑传集》:7233。这个段落引用的文章,据说是焦循的儿子焦廷琥所写(见《丛书集成新编》:78:10)。把它与焦循的文章《钞依归草序》一起读,我认为这篇文章就是焦循所写。
② 《碑传集》:7233。
③ 刘宝楠 1975:339—341。
④ 《国朝闺秀正始集》:补遗/29a‑32a。

女学者直接进入了男性的考据领地，然而她对贞女的看法与宋景卫截然相反。这位女学者是王照圆（1763—1851），清朝最博学的女性之一，杰出考据学家郝懿行（1755—1823）的妻子。[①]

19世纪初，王照圆和丈夫住在都城北京，与很多学者朋友往还。王照圆正在撰写《列女传补注》。在评论"卫宣夫人"（见于记载的最早的贞女）那一章时，王照圆提出了尖锐的批评。她称卫宣夫人的行为过分，完全违礼。与归有光以来的很多贞女的批评者一样，她认为"曾子问"应作为处理类似情况的准则，也就是说，卫宣夫人应在死去未婚夫的葬礼上服斩衰，葬礼完毕后脱下斩衰。"且女嫁从夫。今未成嫁，谁适为从？安有生未同牢之人可服斩衰而持三年丧者乎？"[②]王照圆完成《列女传补注》后，郝懿行把它交给了著名经学家臧庸（1767—1811）过目。臧庸尤其赞赏王照圆对卫宣夫人的评论，指出这充分证明了王照圆通晓礼仪本意的能力。[③] *231*

在考据圈子之外

王照圆直截了当地表达自己的判断。当时，很多博学女性（包括完颜恽珠）热情赞美贞女，与王照圆观点不一。而王照圆急切地希望昭示儒家礼仪的本意，而且她看到了卫宣夫人故事在这一讨论中的重要性。在清代，卫宣夫人的故事在贞女争论中扮演的角色日渐重要。比如庄存与（1719—1789）就承认说，尽管批评者的观点令他不安，他却不知道如何反驳，直到他读了卫宣夫人

---

① 关于王照圆，见宋汉理（Harriet Zurndorfer）1992。
② 王照圆 2002：697。
③ 同上书：662。

的故事,才意识到她代表了圣贤为社会确立的更高美德。而在未婚夫葬礼后脱下丧服,只是礼仪为常人做出的规定。① 庄存与是常州今文经学的奠基人,该学派在 19 世纪开始名声大著。②

关于贞女现象的讨论并非局限于考据领域。实际上,在整个清朝,它也始终吸引着考据领域之外的学者。比如,罗友高和彭绍升都主要研究理学和佛教。彭绍升与祖父彭定求一样,是贞女的忠诚支持者。他在《四贞女传》(四贞女之一是宋景卫)中,表达了对贞女的极大仰慕。《四贞女传》据说相当有影响,但一些学者据礼经对其提出了质疑。彭绍升的朋友罗友高写了篇长文,来"破时人余惑焉"。在罗友高看来,从古代开始人们就不懂得"中庸"的真正意义,常常误用"中庸"的概念来掩盖自己的平庸行为,隐藏自己的缺点。如果这四位杰出女性的行为被看作不符"中庸之道",那么我们能说那些"循故侪、俗浮沉、不自宰之愚妇人"就是履行了中庸之道吗?③

《礼记》中的"曾子问"那段关键文字,再次处于讨论的核心。比如,庄存与就其中关于未婚而死的话做出了新解读。据"曾子问",孔子的回答是,如果未婚夫死了,女子可以服斩衰哀悼他,葬礼后脱下斩衰。按汉朝注释家郑玄的说法,这是因为男女双方还没有婚姻的纽带。庄存与则不同意此说。他认为,与"曾子问"中孔子的教导不同,未婚女子不仅应在葬礼上服斩衰的丧服,而且

① 姚椿 1965:3401—3402。再举一个例子。何秋涛引用了卫宣夫人的故事,来说明贞女的行为实际上得到了古人的赞美,所以值得称扬。高明 1960:248。

② 见 Elman1990 年关于常州学派的著作。"今文经学"集中在长江下游的常州,以春秋《公羊传》为研究目标,再次提出了关于孔子的一个观点。汉代的古文经学认为孔子是将圣王的智慧传下来的一个老师,而今文经学的学者则认为,孔子是"有前瞻性的制度改革者",他"在《春秋》中阐明了神圣的社会和道德原则"。艾尔曼 2001:23。

③ 罗友高 2002:329。

在未婚夫下葬后也不应脱下。他这一结论的基础，是文中用来称
呼未婚夫的两个关键词。第一次提到时用的是"婿"，但第二次提
到时用的是"夫"。庄存与据之认定，"夫"暗示着她们之间婚姻关
系已经确立，所以，作为妻子，她在未婚夫下葬后不应脱下斩衰丧
服。① 刘逢禄(1776—1829)是庄存与的外孙，也是今文经学派的
著名学者，他把庄存与的文字看作对"曾子问"的最可靠解读，并
在为贞女现象辩护时将其引为主要证据。②

儒家经典注释中的争论

明清时期，注经，无论个人注释或官修注释(或冠以"钦定"
"御定"表示定稿于皇帝)，也成了贞女争论交锋的场所。上文讨
论过的《礼记》中的某些关键段落，再次成为争论的集中点。从下
面的分析我们可以看出，儒家经典注释对于这些段落的阐释本无
争议。然而，到了贞女现象在社会上产生了重大影响时，争议便
出现了。对这些段落的重新解读，与贞女现象的勃兴在时间上正
相吻合，从另一个角度证明了贞女对明清思想学术历史的影响。

读者也许记得，"曾子问"中有一段说的是在婚礼准备过程
中，如果未婚夫的父母一方去世，新郎家应告知女方父母，说他们
无法继续婚礼(因为丧礼规定，为父母守丧期间不能结婚)。女方
父母表示同意，并不把女儿嫁给别人。下面接着的一段规定了未
婚夫为父母守丧结束后该怎样做："婿免丧，女之父母使人请，婿
弗取而后嫁之，礼也。女之父母死，婿亦如之。"既然未婚夫在丧

---

① 刘逢禄 2002：186。
② 同上。

期满后不娶她，女子的父母按礼经的规定可以把她嫁出去，但嫁给谁呢？传统的观点（也是归有光等批评贞女的一条主要证据）认为，她可以嫁给别的男子。汉朝的儒家经典权威郑玄解释说，未婚夫家之所以通知女方，是因为他们不希望因男子守丧而使女子失去最佳结婚年龄。唐朝的经学大师孔颖达提供了更直接的说法：当女子为父母守丧完毕，如果她家拒绝了未婚夫结婚的请求，未婚夫可以"别娶"①。元朝学者陈澔（1261—1341）进一步阐述了郑玄和孔颖达的注释：

> 及婿祥禫（除去孝服，结束丧期）之后，女之父母使人请婿成婚。婿终守前说而不娶，而后此女嫁与他族，礼也。……女之父母死，女之伯父致命于男氏……男氏许诺而不敢娶。女免丧，婿之父母使人请，女家不许，婿然后别娶也。②

直到 16 世纪初贞女现象升级之前，这一解释从未被质疑过。实际上这也是几百年来的官方解释，郑玄和孔颖达的解读长期以来都被视为正宗注释。陈澔的《礼记集说》（上面的引文来自此书）被收入明朝官方的《五经大全》，是参加科举者必读之物。③

　　明朝学者罗钦顺（1465—1547）是第一个对这一允许"别娶别嫁"的传统解读发难的。他认为，陈澔的注释"于义理人情皆说不通，何其谬也"。他写道："安有婚姻之约既定，直以丧故需三年之久，乃从而改嫁与别娶耶？"他认为礼记的意思是，因为男子女子都初出丧期，不忍心匆忙办喜事（婚礼），所以他们拒绝了完婚的

---

① 阮元 1965：5：365。
② 陈澔 1983：121：782。
③《钦定四库全书总目》1983.1，436—437。

请求:"亦所为礼辞也,其后必再有往复,婚礼乃成。"①

在罗钦顺看来,古圣贤绝不可能教人们毁弃婚约。罗钦顺对传统解读的质疑,很可能是因为他以今释古,用其当代人的观点理解古代典籍。对罗钦顺以及当时很多人来说,婚姻关系在定下婚约之初就大局已定,而不是在完成婚礼后才确认的。生活在元代的陈澔对古代注释家没有什么疑问。但是,16 世纪已属另一个时代。

罗钦顺对典籍的创造性新解读,并非人人都感到满意,争议仍没有解决。比如有的学者认为他的看法"决不可通",不足效法。② 不过,支持罗钦顺之说的大有其人,他们认定他的观点比传统注释更有说服力。从明朝的邓元锡(1529—1593)、徐师曾(1517—1580),到清朝的徐乾学(1631—1694)、方苞,很多人都赞同罗钦顺的新解读。③ 清廷也表达了自己的支持。康熙皇帝在其对《礼记》的注释中表示,罗钦顺的解释更合理④。《钦定礼记义疏》是奉乾隆皇帝之敕修撰的,其中给出了如下判断:"自议婚之请期,夫妇之义已一定。婿免丧而别娶,非义也,女别嫁,非贞也。"⑤罗钦顺的观点得到了朝廷支持,陈澔的观点则被斥为完全

---

① 罗钦顺 1983:714;301。

② 一则这样的批评,见《四库全书》的编撰者关于毛奇龄的《曾子问讲录》的评论。见《钦定四库全书总目》:24/22b - 23b 页。罗钦顺的解释也让江永(1681—1762)不满意,江永同时认为传统的解释也是有缺陷的。江永认为,男子家要派人通知女方家,这样做不是为了解除婚姻,而是委婉地请求女方家把女儿留在家里,直到男子守丧结束。在正常情况下,男子守丧完毕就可以结婚。但如果因为某种原因他没有娶未婚妻,女方就可以别嫁。江永 1983:4/3b - 5b。

③ 见《钦定礼记义疏》1983:124;730—731。徐乾学 1983:114;432。方苞 1983:128;72。

④《御制日讲礼记解义》1983:123;249—250。

⑤《钦定礼记义疏》1983:124;730。

破坏道德原则。①

　　除礼经外，贞女的论辩也延伸到《诗经》的相关篇章。随着贞女支持者尽力搜寻于己有利的证据，长期作为妻子忠贞比喻的《柏舟》一诗的解释②，在明朝第一次引起质疑：

235

　　　　泛彼柏舟，在彼河中，髧彼两髦，实维我仪，之死矢靡他。
　　母也天只，不谅人只！

　　　　泛彼柏舟，在彼河侧，髧彼两髦，实维我特，之死矢靡他。
　　母也天只，不谅人只。

按照毛诗序，此诗说的是春秋时期的一位节妇："《柏舟》，共姜自誓也。卫世子共伯蚤死，其妻守义，父母欲夺而嫁之，誓而弗许，故作是诗以绝之。"③柏舟象征妻子的忠贞：柏舟泛在河中，仿佛女子居于夫家。夫家是她理应居处之所（因此不应改嫁）。

　　16 世纪末由贞女支持者提出的新注释，起于他们对诗中所述的年轻男子的发式的注意。毛诗序和朱熹对诗中发式的解释是，"髧彼两髦"指的是"子事父母之饰，亲死然后去之"。一些学者则认为它和少年的发型相近。④ 郝敬（1589 年进士）依据这后一种解释指出，既然共伯死去时梳着少年的发型，共姜

---

① 又可参见方苞 1983：128；72；翁方纲 2002；442 页；戚学标 2002；425。朝廷对罗钦顺观点的支持并没有终止该争论。反对贞女行为的学者继续持传统观点并将其为己所用。比如，李光坡引用了陈澔的评论，然后引用《礼记》中另一段被激烈争论的文字来说明自己的观点。他说，古礼要求男女为未婚夫或未婚妻短期服丧，在葬礼后脱下丧服，"此礼可谓仁至"了，因为未婚夫与未婚妻"恩未深而礼有终，则自知轻死之为过情矣"。李光坡 1983：127；492。

② 此诗见于《诗经·墉风》。《诗经》中还有一首《柏舟》诗，见于《国风·邶风》。亚瑟·韦利（Arthur Waley）对此诗的解读与我不同。亚瑟·韦利 1996：38。

③ 阮元 1965；2；109。

④ 阮年 1965；朱熹 1983。

应该还没有结婚，所以，《柏舟》是贞女的誓言，而不是节妇的誓言。[1]

合葬的问题

通常来说，唯夫妇才能合葬。但到了 17 世纪，贞女死后与未婚夫合葬（不论她是自戕还是病故），蔚然成风。死后能与未婚夫合葬常常是贞女自己的愿望，而当地士绅也会参与其间，主持葬仪。合葬被视为对贞女美德的肯定和纪念，是确认贞女的妻子身份的最后一步。但对反对贞女的学者而言，这是对古礼的再次违背。

他们引用《礼记》中严禁"迁葬"和"嫁殇"习俗的条文，指出贞女死后与未婚夫合葬是荒谬的，没有经典礼仪依据。按照注疏，"迁葬"是指把未婚而亡的男女从最初的坟墓里迁出，然后葬在一起（后来一些学者认为这是指夫妻合葬）。"嫁殇"是指把不足 19 *236* 岁而亡的年轻男女合葬在一起。[2] 在这里，学者们批评的真正目标不是合葬的做法本身，而是贞女的行为。对合葬习俗很不以为然的著名礼学家秦蕙田（1702—1764），就借批评合葬之机表达了对贞女及其支持者的强烈反对："女未嫁殉夫，不以为非礼而旌其贞烈者有之矣，此皆溺于欲而不循于理。"[3]

---

① 郝敬 2002：283。张次仲（1621 年举人）重新解读了第一节中的"河"和"舟"。河（黄河）把卫与齐分开，而共姜住在齐国。共姜发誓时，必定是在哭灵。所以她赶去参加共伯葬礼时，必须渡河。这就解释了为什么诗中一开始出现的是寓言性的修辞"河""舟"。张次仲 1983：82：80。

② 阮元 1965：3：219。

③ 秦蕙田 1983：138；653 页。《五礼通考》是最受推崇的礼学研究著作之一。比如，曾国藩就说其"体大而思精"。转引自钱穆 1989：586。

沈垚(1798—1840)也愤然对违背古圣贤之教的行径作出抨击。他指出,贞女行为以及贞女死后与未婚夫合葬的礼仪令人厌恶,因为它们僭越了生者与死者之间的基本界限。说白了,贞女是与鬼成婚。"婿死,而女归其家,与鬼婿为婚……一生一死,非礼相接,渎乱阴阳,媟嫚人鬼。"这种做法早在远古便遭禁止,"今则相习成风"①。古礼中关于未婚者合葬的禁令是毫不含糊的,但现在居然没有几个人在意。

即使公众接受了贞女合葬的习俗,但对于其是否合于礼,实则不无怀疑。有时甚至支持贞女的学者(比如朱彝尊)也对这样的合葬感到不安。② 在自杀身亡的贞女陈嫒(宋景卫为她写了首长诗)的棺材即将葬入她未婚夫的墓中时,有人便对合葬之事提出疑问。当地学者陈祖范(1675—1753)为此作了辩护。他说,礼仪所禁止的是那些"男女私相悦而不得遂"的无耻青年的合葬③,贞女和未婚夫已经在订婚的各种仪式中培养了情感,并非陌生人④,所以他们合葬是完全正当的。但在另一个例子中,反对合葬的看法占了上风。1679 年,徐贞女在未婚夫去世的当天自缢而死,县令下令将两人合葬,这一命令却没有被执行。当地人把他们葬在并排而建的两个墓中,两墓之间相距几步远。⑤

237

---

① 沈垚 1985:125。
② 朱彝尊在《原贞》一文中,认为合葬的举动等于是违礼的嫁殇。但在另一篇较晚的《戴贞女论》中,他又支持合葬,认为合葬看似违礼,但学者应该意识到戴贞女的特殊情况:她已经被公公婆婆认可为儿媳,已经立后。朱彝尊 1929:58/12b,53/14a。
③《清文汇》:1304。
④ 同上书。
⑤《碑传集》:7207。

中庸之道——平衡道义与礼仪

在坚定的支持者和激烈的批评者之间,尚有很多学者的立场极为矛盾,其观点与情感彼此相异,不一而足。有人认为贞女行为虽不见于古礼,却值得赞赏。有人反对贞女的做法,但不愿直截了当地采取批评立场。这部分学者多样的、有时犹豫不决的声音,说明贞女争论并不仅仅关涉到礼仪的证据。贞女的论争造就了一个特定时刻,促使他们反思自己的社会角色和与贞女相比较之下的自身的德行操守。他们的矛盾情感的来源之一,是一种使他们不安的认识,即这些年轻女子的所作所为,连知书达理的文人都未能做到。贞女们履行了儒家的道德价值,而在他们中间很少人有如此德操。

钱大昕被誉为清朝最有学问的史学家。他认为贞女作法不见于古礼,但仍然承认她们的举动是高尚的,"士君子未尝不原其志而取之焉"①。他把士大夫与贞女相比:

> 士大夫好谈节义,或未能忘身后名。至如乡曲女子,志在从一,视死如归,此岂有所为而为者? 夫惟无所为而为之,乃愈可传也。②

在这里,敬畏、仰慕、同情甚至内疚的情感交织在一起。当有人请叶廷琯(1791—1868)为两个贞女的画像题诗,叶廷琯叹息说,为忠贞而牺牲自己是多么困难:"男儿得此已殊绝,何况婉娈之质能

---

① 钱大昕 1997:9:347。
② 同上书:348。

238　以一死坚心盟。"①在风俗浇离、人伦败坏之时,虽然贞女们也许"超越"了常规,其操守仍是一种绝好的社会道德楷模。桐城派的奠基人之一刘大櫆(1698—1780)在《吴贞女传》的结尾作了一番评论。刘大櫆承认归有光所持贞女违背古圣王之礼的论点有道理,但他强调"今之时与古之时异,且人各有其性情",吴贞女的行为不能不令人感动。② 因此,弘扬她们的故事是儒者的义务。钱大昕写道,"君子不强人以所难,而尤乐道人之善,此予所以贤烈女而乐为之传也"③,那些批评贞女的人只是"好议论而不乐成人之美"④。

也许是因为类似的矛盾情感,其他乾嘉学者在争论中保持沉默或采取模棱两可的态度。如前面所说,王念孙很赞赏汪中驳斥贞女言行的文章,但与汪中不同的是,他没有直接针对此话题专写文章。刘台拱(1751—1805)是汪中的好友、刘宝楠的舅舅,他也认为归有光的观点"婉而笃"⑤,与王念孙(王、刘也是好朋友)一样,刘台拱认为汪中的文章对经典研究和风俗都有益。⑥ 但是有一天,刘台拱收到了朋友的信,说长江上发生风暴,颠覆了所有的船只,唯独吴贞女的船安然无恙(她正在去与已故未婚夫成婚的途中)。刘台拱写了一篇文章记录此事,并在文中赞美了他听说过的另外两位贞女的事迹。⑦

对贞女支持或否,其他一些学者则有他们自己的一个原则。

---

① 叶廷琯 1998:44。
② 刘大櫆 2002:464。
③ 钱大昕 1997:9:689。
④ 同上书:348。
⑤ 汪中 1985:525。
⑥ 刘台拱 1970:8/17a。
⑦ 同上书:8/14b-15b。

他们认同归有光的看法,认为未婚女子应该从父。① 因此,如果一位贞女违背父亲的意愿而定要嫁给死去的未婚夫,她的行为便是不合礼的。但是,如果她父亲在她立志为贞女前已经去世,那她的行为就无可厚非。比如,孙原湘(1760—1829)写道:"女子之聘受之父母,父母既殁矣,婿死不改适可也,是犹父母之命也。若父母在而以身许人,则归氏(归有光)前论为不可易矣。"②张惠言从相似观点出发,赞扬了一位贞女。这位贞女直到父亲去世、兄长要把她聘给别人时,才请求与死去的未婚夫成婚。她对兄长说,自己是在遵循已故父亲的意愿(就是说,是父亲把她聘给未婚夫的,因而不能他嫁)。张惠言评论说:"女从父者也。父未命适人而夭夫,是谓妇而不女。贞女之辞以父命,何其顺也?……彼知父之以为非礼也,请之而不得必要之,是戚父之命以成己志也。夫是故忍而弗形,曰孝也欤? 曰智也欤?"③

著名考据学家卢文弨与张惠言持同样看法。卢文弨在《张贞女》一文中说,张贞女聘给未婚夫系由父亲之命,而父亲一旦亡故,她只有听从已故父亲之命("舍其父之言,安从哉")。④ 卢文弨暗示,如果贞女的父亲尚在而未经父亲同意硬嫁给死去的未婚夫,便是违背礼仪。但他后来在同一篇文章中赞扬烈妇贞女"有不可夺之志"⑤。他的态度再次表明了道德责任感与学者使命感之间的深刻矛盾。

239

---

① 卢文弨 1985:212。
② 孙原湘 1800:50/6b-7a。
③ 张惠言 1929:四编/13a。
④ 卢文弨 1985:212。
⑤ 同上书。

父兄笔下的贞女

虽然观点迥异,贞女争论双方的学者都相信,如果不能解除大众在贞女问题上的困惑,社会道德将面临危险。他们感到有责任澄清异说,以维护儒家礼仪的真正含义和道德行为的确切定义。但是,这场争论也与他们的一己私情密切相关。他们中很多人是贞女的父亲、儿子或兄弟,其生活直接受贞女所作的决定的影响。也就是说,他们加入争论不只出于紧迫的社会责任感。他们对贞女的情感很大程度上决定了他们在贞女论争中的立场。当钱大昕批评那些"不乐成人之美"的人时,他也许想到了自己家中的一位贞女。她受聘于钱大昕的从祖父,未婚而从祖父去世,贞女因此自缢而死。[①] 朱琦谴责归有光的观点"蔑典悖经"时,强调自己的母亲是贞女:"余贞母子也。"[②]

个人关系也会以另外的方式影响学者的立场。比如,方苞对贞女有很高评价。然而,当他的一个朋友的女儿希望成为贞女,而那位朋友大骇,请方苞向她解释贞女是违礼的时候,方苞却毫不犹豫地答应了。[③] 这件事揭示出学者的意识形态信念与其个人责任感之间的不和谐。方苞支持贞女是从道德立场出发的,但作为贞女的父辈人物,他觉得有义务阻止她走上一条在他看来将让她终身受苦的生活道路。

这一道德信念与个人情感之间的对照是非常鲜明的。在争论中,贞女的支持者从经典、历史、国法以及他们能找到的其他任

---

① 钱大昕 1997:9:348。
② 李桓 1990:351。
③ 方苞 1968:420。

何材料中搜集证据，以证明贞女值得赞美。但是，明清资料中极少记载有哪位父亲鼓励自己的女儿做贞女。为了阻止女儿成为贞女，甚至死去的父亲都会来干预。一天晚上，张惠言的岳父在梦中与一位死去的老友相遇，老友告诉他，他16岁的女儿想要嫁入死去的未婚夫家。老友敦促张惠言的岳父让她开开窍，去告诉她，她的选择是违礼的。①

虽然与贞女的个人关系影响到学者在争论中的立场，但这种关系并不一定总是把学者转变成贞女的支持者。专治礼经的孙希旦的情况便是一例。孙希旦认为为死去的未婚夫守节是违礼的。他试图为自己的女儿安排再次订婚，但当女儿开始绝食并要自杀时，他只好让步。② 因为担心父母最终会让自己别嫁，他女儿的健康日益恶化，临死前，她请求父亲把自己送到已故未婚夫家。孙希旦在深深的悲痛之中，请朋友钱世锡（1733—1795）给女儿写传记。③ 钱世锡在这篇传记中告诉我们："敬轩（孙希旦）治礼经，笃于古礼，谓婿未娶而死，既葬，服除以婚，先王之制，中庸之行也。虽甚怜其女，而颇疑所行之过。"④

孙希旦的悲伤可能是双重的。他当然为失去年轻的女儿而 *241* 伤心。但在他内心深处大概也存有矛盾：作为笃信古礼的人，他虽然爱女儿，却无法违拗自己的立场来赞美她的举动。为死去的孩子写任何文字肯定都是痛苦的，而当女儿为之献身的理想与自己的理想冲突时，则尤其如此。

孙希旦的情况表明，作为学者的父亲无法把自己的观念与贞

---

① 张惠言 1929：四编/12b-13a。
②《碑传集》：7234。
③ 同上书：7235。
④ 同上书：7236。

女女儿的信念协调时，父亲体验的痛苦是何等之深。我们在朱轼身上也会看到这种悲伤。但是，朱轼女儿的道德牺牲最终打动了他，使他改变了立场。按照朱轼的说法，女儿的未婚夫死去一年后，他便安排女儿别嫁：

> 女泫然涕零以守义请。予曰："尔读曾子问乎？女未成妇而死，归葬于女氏之党。未婚可即其室乎？又女死皆齐衰待吊，既葬，除。婿死亦如之。未闻未嫁而有守义之礼也。"女默然不语。卒不可夺，乃听之。①

蓝鼎元和蔡世远关于朱贞女的传记，为我们提供了这次对话后的一个重要细节。朱贞女虽然没有说什么，但绝食了三天，朱轼这才让步，同意她未婚守节。

但朱轼的态度后来发生了改变。女儿在守节十三年后去世。两年后，朱轼听说了贺贞女的故事。贺贞女因族人争夺财产而被迫与自己的女仆一起上吊身亡。朱轼写了一篇长文纪念此事，文中写道：

> 予伤二氏之死，又追念吾女之守义而卒与贺等，于是舐笔而书，曰：人情最苦而甘之如饴、百折不可夺者，莫如女子许聘，夫亡守志而继之以死。功令，年未三十而寡迄五十得旌其门。独室女未婚守节及以身殉者，例勿旌。说者遂谓此诡僻之行，显悖乎礼教，至比之异端邪说之为世道害也。谬哉！

接着，朱轼对反贞女的观点作了长篇反驳。他首先由考察儒家经典入手，证明贞女的做法并不违礼。相反，误解来自那些"读书泥

242

---

① 朱轼 1871：年谱/12b-13a。

于文辞而不求其理之安者"①。在列举经典中的贞女先例之后,他回到国家对贞女不予旌的政策的问题。他显然不愿批评政府的立场。他解释说,政策的目的不是剥夺贞女的奖励,而是制止那些希望以此牟利的人。朝廷此举旨在让有道德信念的人自己做决定。象他女儿和贺贞女那样的人是不求赏赐的,她们的行为完全出于纯粹的情感和道德意志。

朱轼不是作为学者,而是作为父亲在撰写此文。他的个人情感融入到了他的论点中,在某种程度上使他不能客观地辩论。他对枯燥的礼仪文献的充满情感的分析透露,对贞女的学者父亲而言,古老的经典有着个人情感的一面。高尚的儒家理想不再是一件抽象的东西,在贞女女儿们的行动中,它们变得生机盎然。

在某种意义上说,朱轼的这篇文章与其说是关于贞女的公开讨论,毋宁说是对女儿及其所代表的理念的个人辩护。它甚至也许是一个曾经反对过女儿举动的父亲的道歉。朱轼没有说是什么使他改变了立场。是女儿不悔的献身最终打动了他? 还是他无法摆脱女儿受苦给他带来的情感煎熬? 有一点似乎是明确的:想到女儿从来没有享受过正常的婚姻生活,正当盛年便死去,他必定极为痛苦。朱轼的悲伤再次体现了一个不无嘲讽意义的情况:年轻女性选择做贞女,以为自己追求崇高理想,能给父母带来光荣。然而,父母感受最深的不是荣耀,而是痛苦。

像孙希旦和朱轼一样,袁枚原本快乐的生活也因妹妹袁机的不幸而笼上了阴影。袁机在未婚夫出生之前就受聘于高家。根据袁枚的记录,他们的父亲曾为一个名叫高清的县令工作,高清在死后被控贪污,结果妻子儿女都下了狱。袁枚的父亲从江苏远

---

① 朱轼 1871:2/31b。

243　道来到湖南，处理此事，从破产的边缘拯救了高清全家。在告别之际，高清的弟弟高八哭着对袁枚的父亲说："无以报，闻先生第三女未婚，某妻方妊，幸而男也，愿为公婿。"①袁枚的父亲答应了，当时袁机只有3岁。②

　　袁枚的父亲回来后，袁、高两家逐渐失去联系。但袁家在高家孩子出生后不久收到了聘礼（一个金锁）。这枚金锁后来一直戴在袁机的脖子上。袁枚还记得，因为他比妹妹大4岁，小时候有几年他都帮她戴上那枚金锁。

　　到1742年，袁机已出落成聪慧美丽的姑娘。③ 婚期将至，未婚夫的父亲高八给袁家捎信来，说儿子有病，不能成婚，希望能解除婚约。袁机手持金锁在父亲身边流泪，不肯吃饭。她父亲意识到女儿心意已决，就把袁机的决定通知了高家。高八不久就去世了，他的侄子来袁家拜访，告诉袁家此前传信的真实情况：高八的儿子并没有生病，而是"有禽兽行"。他伯伯高八有一次差点把他打死，但他还是活了下来。伯伯非常担心这个婚姻会伤害未来的儿媳，就托词要解除婚约。最后，高家的侄子对袁机说："贤女无自苦。"袁机仿佛什么都没听到，径直嫁入了高家。④

　　据袁枚描述，高家的儿子"渺小，偻而斜视"。更糟糕的是他的品性。袁枚这样叙述妹妹忍受的虐待：

　　　　见书卷，怒，妹自此不作诗；见女工，又怒，妹自此不持针黹。索奁具为狎邪费，不得，则手捆足踸，烧灼之毒毕具。姑

① 袁枚1993：7：132。
② 按照袁枚为袁机写的传记，此事发生在1723年，当时袁机还不满周岁。但其他材料表明袁机比袁枚小4岁，那么订婚时袁机就是3岁。
③ 按照袁枚写的传记，袁机是家中姊妹与表姊妹里最美的。
④ 袁枚1993：7：133。

救之,殴姑折齿。输博者钱,将负妹而鬻。①

只有在这时袁机才告知自己的父亲。袁父大怒,告了官,结束了
这场婚姻。袁机被接回娘家,跟父母住在一起。从那时起到死, 244
她"长斋,衣不纯彩,不髻剃,不闻乐,有病不治"。40 岁时,就在
前夫死去一年之后,她也去世。②

袁枚为袁机写的传记、祭文和诗是他最动人的作品之一。他
回忆了他们在一起捉蟋蟀的童年时光,他们一起背诵的诗怎样逗
乐了老师。他回忆起她如何侍奉年迈的母亲,她的博学如何常常
超过他本人。在试图对袁机的悲剧作出解释之时,袁枚感到深切
的内疚,似乎对袁机之死,他本人并不是完全没有责任。他一边
为她的苦命叹息,一边写道:

> 然而累汝至此者,未尝非予之过也。予幼从先生授经,
> 汝差肩而坐,爱听古人节义事。一旦长成,遽躬蹈之。呜呼!
> 使汝不识诗书,或未必艰贞若是。③

袁枚特别指出,在她留下的箱子里,他发现了她辑录的三卷《烈女
传》,还有一些诗稿。④

这是一个哥哥绝望的呼喊。曾收有许多女弟子的袁枚,即使
能和他的妹妹一同回到他们的童年时代,他也不可能反对袁机接
受教育。但他万万没有想到,诗书之教竟然是使妹妹命断黄泉的
根源。他们的堂弟袁树也有这种感慨,他在悼念袁机的诗中写
道:"少守三从太认真,读书误尽一生春。"⑤

---

① 袁枚 1993:7:133。
② 同上。
③ 袁枚 1993:7:229。这里的诗书(五经中的两种)是经典教育的比喻。
④ 同上书:133。
⑤ 同上书:83。

袁机的故事很快流传开来。但令袁枚不快的是，对妹妹的悲剧的反应并不总是正面的。当他和家人沉浸在悲痛中时，甚至本族中也有人嘲笑妹妹"愚"。① 最斩钉截铁的批评来自汪中。在他那篇有名的《贞女许嫁而婿死从死及守志议》的附录部分，汪中提到了袁机和另一位贞女——学者郑虎文(1714—1784)的婢女。汪中发论道，"若二女者，可谓愚矣。本不知礼而自谓守礼，以殒其生，良可哀也"②。

汪中是在扬州家中作出这些尖锐评论的。大约同时，京城发生了一个轰动的贞女事件。兵部尚书彭元瑞(1733—1803)此前把第四女许聘给了同事礼部尚书曹秀先的儿子，当时她尚在幼年。曹家儿子不久死去。虽然彭元瑞的女儿年龄幼小，但从那时起，她除了节日外不再穿彩衣。当父母安排她别嫁时，她告诉父母说，她一直在按照节妇的要求服装，说服他们让自己守志。③

由于两家的地位很高，此事在京城引起轰动。曹秀先死的时候，17 岁的彭贞女作为儿媳行丧礼，一千多吊唁者全都落泪。据说乾隆皇帝都被感动了。他反复叹息说"可怜可怜"。每逢彭元瑞进见乾隆，乾隆都会问起他的贞女女儿的情况。④

当时，朝鲜学者朴趾源正在朝廷访问（见第四章）。他记录下了自己与两位中国官员的不经意谈话，其中一位是举人王民皥（字鹄汀）。朴趾源告诉对方，在朝鲜，妇女守节早成习俗，王回答说：

> 中国此俗亦成痼疾。或有纳采而未醮，合卺而未媾，不

---

① 袁枚 1993：291。
② 汪中 1985：525。
③ 刘台拱 1970：8/15b。
④ 同上。

幸有故，终身守寡，此犹之可也。至于通家旧谊，指腹议亲，
或俱在髫龀。父母有言，不幸而至有饮鸩投缳，以求殉衬，非
礼莫大！①

同汪中相比，这位举人王民皡对贞女的批评没有那么严厉。但京
城中有些人则干脆称贞女的行为是"尸奔""节淫"。这些尖刻的
词汇暗示了朝廷精英中对贞女问题看法的对立程度。

我们不清楚彭元瑞是怎样看待这场争论的。但是纪昀记录
的一则逸闻表明，一旦彭元瑞意识到自己阻挡不了女儿守志的决
心，便非常关切女儿的精神健康。彭元瑞曾看过 16 岁就守寡的
黄夫人的一件很精致的刺绣，绣的是《女诫》的作者、著名女史学
家班昭的《东征赋》。② 黄夫人曾对人说，"人心必有所注，斯妄念
不生"。按照纪昀的说法，该刺绣是一件超群的艺术品，"点画精 246
妙，殆灭尽针线之迹"。这是一件贯注了黄夫人"人心必有所注，
斯妄念不生"理念的作品。彭元瑞将其带回家，写了篇赞美的诗，
让女儿刺绣。彭贞女遵从了父亲的安排，她刺绣的精美与黄夫人
不相上下。两件作品仿佛是"劲柏贞松，森然对峙"③。

彭元瑞大概理解到年轻女儿在实践其贞女理想的漫长岁月
中必然面对的艰苦，因此希望给她提供一些精神支持。他可能把
黄夫人的座右铭看成了对女儿的实际劝告：让自己忙起来，让心
里始终有事牵挂，日日夜夜就容易过去了。

父亲的关心和鼓励还有其他一些形式。乾隆朝的钱棨，江苏
吴县人。他在乡试、会试、殿试中都荣获第一，所谓"连中三元"

① 朴趾源 1997：131。
② 此赋是班昭在与儿子谷从都城洛阳出发，去陈留赴任的路上所写。其细节，见孙念
礼（Swann）1968：113－130。
③ 纪昀 1997：189。

（整个清朝仅两人获此殊荣）。他的女儿钱淑 18 岁嫁给了远在山西太原的已故未婚夫。她不仅极为贞节，而且特别孝顺，曾割股给生病的公公煎药。据说她一个人用嫁妆养家（大概是在公公婆婆去世之后）。她安排婚丧，心神俱疲。她的艰苦卓绝到 50 多岁时达到极点。当时，她被一个西商骚扰凌辱，那商人用高利贷控制她。为维护自己的清白，她试图自缢，但被救下。[1] 钱淑受过诗画教育，在面对困难时仍继续自己的精神追求。她曾写过一首诗，其中有两句："夜来风雪里，听得竹声寒。"钱棨觉得这首诗很好，"因写听竹图并作序以存其概"[2]。像松柏一样，竹也象征着崇高气节。在寒夜风雪中挺立的竹子，是对贞女丰富且由来已久的比喻。[3]

---

[1] 完颜妙莲保 1836：补遗/79a－80a。

[2] 吴秀之 1970：1542。

[3] 我没有找到包含这两行诗的整首诗，但钱淑的另一首题为《自题画梅》的诗，收在完颜妙莲保 1836：补遗/28a。

结　论

　　贞女故事包含很多侧面，就其整体而言，它构成了考察年轻女性的生活、主体性及其行为对历史与文化产生影响的一个丰富的历史研究案例。贞女现象特殊的历史研究价值，主要在于它引发的一系列矛盾和冲突。自从贞女现象在明朝后半叶开始成形，就一直处于争议之中。但是，其惊人之处在于，尽管有文人的严厉批评，有父母的焦虑反对，贞女现象仍然在传播。上文各章把贞女现象放在政治、文化、思想、地方、家庭等多重历史语境中，描绘了贞女现象的演变怎样与更大的历史变迁交织在一起，深入而广泛地影响到明清社会的公共和私人领域。20世纪的很多话语把年轻女性视为无声的、顺从的受害者，本书反驳了该观点，表明年轻女性是历史变化的行动者。贞女现象在明清历史中并非边缘，而是一种核心现象。

　　今天的读者也许会把贞女看成是一则抗拒包办婚姻的故事。恰恰相反，贞女违抗父母，为的是恪守父母给自己定下的婚约。贞女如何接受贞女这一理念、如何选择自己的应对办法等问题，给了我们新的角度，以探索她们的身份、情感，以及她们与家庭和社会的关系。毫无疑问，贞女视女性贞节为至关重要的一种品德，她们对于自身行为的解释常常按照儒家的贞节话语来建构。但本书质疑了贞女行为是被儒家的性别意识形态迷醉所致的观点。本书表明，贞女的信念和情感深深植根于她们赖以成长的广大的文化和社会经济体系中。道义责任、情感吸引、宗教信念等，都在不同程度上影响到她们为未婚夫守节的决定。幼年订婚，漫长的聘婚礼仪，父系的家庭制度，社会对极端道德行为的崇尚，社会精英对女性贞节的广泛赞扬，政府通过旌表等举措对家庭和个人行为的干涉，印刷和书籍的日益普及，以及弘扬情、义、宗教信息的通俗戏剧的繁荣——这一系列社会和文化因素都影响了明清时期的年轻女子，塑造了她们的心智。

值得注意的是贞女这一群体的社会构成的多样性。贞女并不属于某一社会类别，她们使用的也并非统一的语言。有的贞女把自己的选择表述为维护纲常的严肃责任（如宋景卫），有的则基于个人的责任。社会地位和文化程度无疑影响到她们对自己行为的理解。但即使是出自社会底层的贞女也认同了一套核心的价值观，并按照来自各社会阶层的贞女共同理解的行为准则来行动。这证明了明清时期文化的高度整合。

几乎所有贞女故事的核心都是父母与女儿的剧烈冲突和最终妥协。它们把我们带入到明清家庭的深处，显示出女儿的反常规举动如何使整个家庭（有时候是整个家族）陷入混乱。父母和女儿之间的冲突考验了家庭的等级界限。父母殚精竭虑地要阻止女儿，最后不得不妥协（大多数情况下都如此），表明了当时的文化价值观对父母—女儿纽带的重视，以及女儿在当时的时代和自身地位局限下对父母的影响力。贞女故事让我们从以女儿为中心的视角，审视家庭与女儿的关系。它们表明，重男轻女的道德经典和父系价值观并不排斥父母对女儿的爱，也没有阻止父母对女儿的福祉负责。而且，父系价值只是影响女性在家中生活的社会因素的一部分。在父母—女儿的互动中，文化规范、家庭结

249

构、经济利益、个人情感，都影响到冲突如何展开与化解。显然，国家和许多文人精英的支持，对"叛逆"的女儿追求一种不寻常的婚姻起了关键作用。在这里，我们不妨停顿片刻来审视一下这些熟悉的论点：被忽视的女儿、包办婚姻的痛苦、从宋朝开始女性地位的下降等。但是，贞女故事表明，明清社会为某些年轻妇女选择自己的生活留下了空间。

未婚夫夭死或年轻女性再聘的情况，并非只是在明清时期才存在。但只有在明清时期，它成了一个举国关注的重要问题。贞女现象在明清的发展，本身就充分体现了这一历史时期的某些显著特征。比如，关于忠贞的严苛的道德话语，崇拜奇异道德行为，为忠贞而殉死的文化。贞女现象在明朝后半叶的形成，与政治领域内的道德英雄主义的兴起，以及当时社会在道德的名义下追慕异行的文化潮流密切相关。极端的行为既出现于男子的领域，也出现在女性的闺房。应指出的是，贞女并非只是对当时的意识形态和文化风尚的变化做出反应。她们通过自己的行为，也影响了该意识形态和文化风尚的复制和定义。

贞女现象是一个主要由年轻女性创造并推动的社会现象，但她们并非这一现象的单独制造者。如果没有政府的奖励和社会精英的弘扬（以及激烈争论），这一现象不会在如此长的时间内成为社会注目的焦点。明清朝廷（除了清初的一小段时间外）和教育精英对贞女的支持（除批评者外）持久而宏大。在数百年间，朝廷的旌表都把贞女视为国家拣选的最高级别的道德楷模，而一套根深蒂固的地方奖励制度，使她们的故事在整个帝国传播成为可能。这些表彰和荣誉，构成了将正统价值观灌输到大众中的一种 *250* 有力方式，在很大程度上促成了贞女现象的发展和在整个社会的渗透。

政府资料表明，明清朝廷稳步地扩大了旌表制度。但旌表并非只是宣传国家认可的道德价值和传播国家力量的工具。关于贞女的政策是在特定时期的文化和社会语境中形成的，它也被朝廷和君主用于其他目的。比如，16世纪初出现了关于贞女的第一个重大政策变化，即把殉夫的贞女作为旌表的主要对象。这个政策和当时对道德英雄主义的文化颂扬直接对应，表明了朝廷对极端行为的认可。而朝廷的认可显然将进一步刺激此类现象的升级。而清初关于殉夫的政策变化，让我们看到了清朝廷的两难处境和彼此矛盾的政治利益。康熙朝禁止殉夫，旨在向刚被征服的帝国呈现一个仁君的形象，同时压制与殉夫有象征性关联的复明情绪。但一位满族贞女的殉死导致了该禁令的终结，该贞女后来成为清朝历史上第一个获得旌表的贞女。显然，为满族人建立道德声誉压过了朝廷当时的其他考虑。

关于清朝旌表制度，值得注意的是，绝大多数得到旌表殊荣的是女子而非男子。失衡的性别构成，似乎呼应了当时的文人精英常有的感叹：女子在道德成就上已经领先于男子。很多文人似乎真心仰慕这些"弱"女子的英勇行为。当然朝廷旌表偏向于女性，并不说明现实（现实大概是无法测量的），它显示的只是政府建构的美德观念。极不平衡的男女比例说明，明清时期，女性在国家对道德秩序的设想和建构中占有核心位置。如果我们注意到男尊女卑的官方道德体系及其力图将女性限制在"内"的空间的做法，这一点就更具有讽刺性意味了：虽然官方意识形态要把女性维持在家庭领域，"旌表"实际上背离这项规则。旌表广为传扬贞女节妇的故事，从而在实际上赋予了她们道德领袖的公开身份。

贞女现象与文人间的关系不仅是我们回答贞女现象为何持

久不衰的一个关键,同时也从一个特别的角度揭示了文人的生活。撰文纪念有德女性的做法可以追溯到古代,也就是说,明清支持贞女现象的文人是在这一悠久传统内行动的。但他们弘扬贞女的客观环境已很不同。本书表明,在政治危机的时刻将贞女标举于赞美的强光之下,对文人来说是一个重要的政治体验。比如,17世纪的明清更替,从根本上影响到文人对贞女在比喻意义上的利用,把贞女变成了政治忠诚的终极象征。文人投射到贞女身上的象征,体现了文人自身的政治立场和道德品格,为忠贞的烈女写传记对他们而言是情感宣泄的有力方式。但在17世纪后,这一关系发生了变化。贞女的象征色彩减弱,贞女传记渗透了一种个人色彩。同时,随着贞女现象的传播,很多文人开始面对自己家中、族中或本地、社会网络中的贞女。对文人来说,使贞女的牺牲和苦难为人所知,具有了个人意义。

文人对贞女现象的反应中最不寻常的方面,是关于贞女现象是否合于礼的激烈的长期争论。儒家学者在一个只牵涉到某些年轻女性的问题上会如此对立和不妥协,也许令人惊讶,但是,正是在这场争论的广度和强度中,我们看到了贞女的社会实践如何深刻影响了文人的思想议程。争论表明了"内外"之别的不确定性,它是我们探索儒家学者的意识形态分歧、内部矛盾、情感的丰富矿藏。它揭示了文人精英对儒家礼仪的意义及其适用性、关于女性贞节和婚姻的定义的截然不同的理解。这场论争打开了一条新途径,使我们得以以女性为中心的视角来审视考据学派的深远影响。它表明"考据"研究并不仅仅与经典和历史有关,其学术 *252*
原则也受到个人情感和个人对道德的不同理解的影响。

到19世纪后期,贞女现象在中国社会已经有四百年历史,但仍没有要即刻消泯于史册的迹象。19世纪80年代,著名画家吴友如(？—1893)在一幅画中描绘了贞女抱主成亲的场面。该故事的主要情节与我们在之前的章节中看到的类似:浙江慈东一位17岁的女孩与陈秋航订婚,计划第二年结婚。陈秋航一心科举,结果院试失败,陈因此一病不起。女孩求父亲让她"守节"。画上的说明文字写道:桂女"抱木主行合卺礼"。文字继续说:在下葬的那天,她哭得太伤心了,几次昏倒,在场的人都悲痛落泪,甚至死去的未婚夫闭上的眼睛中也似乎流出了泪水(见图6.1)。

贞女的故事和图像给晚清社会引起很大兴趣,贞女常常成为视觉再现的对象,前几百年中曾轰动一时的一些故事进入了图画报刊(见图2.1,图6.2,图6.8,图6.9)。图画报刊是此时开始流行的一种新媒介。画家既从历史记录中选取贞女故事,又取材于新近发生的贞女事件。这类绘画的确切语气很难判断,但它们似乎不再是单纯弘扬妇德,或者纪念画家所关爱同情的人。在吴友如上述的图画中,我们似乎可以体会到某种戏谑的成分(比如说死去的未婚夫也流泪)。毕竟,晚清与以前的时代已经不同。

本书的讨论结束于20世纪初,当时中国正经历着也许是历史上最深刻的变化。贞女现象是明清时期的特有产物,但并没有立即消失。年轻女性继续被贞女的理想所吸引。明清时期报道和赞美贞女的很多做法一直延续到20世纪,国家奖励贞女的传统到民国初年仍然存在,文人对贞女现象的讨论也没有停止。当然,所有这些都发生在新的文化语境中。①

253   新成立的民国政府继续奖励贞女。1914年,总统袁世凯颁布了奖励模范个人(包括贞女节妇)的法令。② 法令题为《褒扬条

----

① 见季家珍 2008。
②《政府公报》1988;24/332。

例》，与明清的旌表制度只是略有差别。三年后，条例被修改，加入了政府奖励条件的细则。修改后的条例说，奖励贞女的标准应该遵循奖励节妇的标准，也就是说，民国政府继续着清朝旌表政策的标准。① 唯一能显示这一奖励乃出自 20 世纪的现代的，也许是颁奖的方法。除了总统的匾额题字（以前是皇帝题字），被奖励的女子可以得到一枚金质或银质奖章，徽章的带子为黄色（1917 年改为白色）。② 地方社会对政府旌表的反应也让人想起明清时期，其中不同的一点是，支持贞女的社会力量中，包括了具有民族主义雏形的地方会馆组织。③ 比如，1918 年，上海县知事请求中央政府奖励本地殉未婚夫的 17 岁贞女陈宛珍。④ 陈家是三代前从绍兴搬到上海的，但仍视绍兴为原籍。陈贞女死后，绍兴同乡会迅速行动，撰写了一篇为她征文的文章。

晚清的改革家张謇虽然在某种程度上已被当时的剧烈变化所改造，但他仍然赞扬贞女。⑤ 实际上，迟至 1922 年和 1923 年，张謇还为两位贞女立传，一位是他的南通同乡，另一位是一个朋友的儿子的未婚妻。⑥ 诚然，在其中一篇传记中，他赞美的重点似乎略有扩展。除了赞美该妇女守节外，张謇还赞美她向一个女子学校捐款。

如果说关于贞女的旧话语在 20 世纪初期余绪尚在，它的表达已常常与新的民族主义关切融合在一起。对某些人来说，这是一个"人心日下"的时代，而"忠勇"妇女的楷模作用有助于拯救道

① 《政府公报》1988：118/815。
② 同上书：24/34，118/524。
③ 关于同乡会在晚清和 20 世纪初的角色和功能，见顾德曼（Goodman）1995。
④ 胡适 1998：505－506。
⑤ 张謇（1853—1926）是状元，后来成为最早的实业家之一。
⑥ 张謇 1994：440，443。

德上正在下滑的民族。① 但是，贞女开始失去了她们的传统象征

254 力。原因之一是，甚至在那些热烈维护儒家传统者的眼中，矢志
不渝的贞女也不再与政治忠诚联系在一起。另一方面，对知识分
子来说，争论了几百年的贞女的行为是否合乎儒家礼仪的古老问
题已失去意义。贞女的做法继续引起激烈争论，但已经是另一种
性质的争论。

对新一代的知识分子来说，贞女不过是儒家性别压迫的象
征，是专制主义的产物。当两性平等作为一种新价值观出现时，
贞女的坚守成了最不合理的事。新文化运动中的激进改革者认
为，贞女现象应该取缔。当袁世凯正在"褒扬"节烈的时候，胡适、
鲁迅等人已经把《新青年》杂志变成了自己的发言地。② 关于这
一争论的后续我没有研究，但似乎在新文化运动开始后不久，贞
女现象终于寿终正寝。如今只有在《卧虎藏龙》那样的通俗电影
中，人们才会想起贞女的信念。③

贞女现象是在特定的社会和文化环境中繁荣起来的。随着该
环境的消失，它也丧失了存在的基础。但是从更深层次来说，我们
在研究贞女现象中得出的某些发现似乎仍在继续。在 20 世纪的
新时代，理想主义、道德、情感都被赋予了新的意义，很多年轻女性
投身改革或革命事业。在她们的勇气、自我献身与决心中，我们似
乎看到了与贞女类似的追求精神。她们都坚信自我牺牲，有很强
的道德信念，都不顾父母的反对和舒适安稳生活的诱惑，全身心地
追求自己的理想。在这中间，存在着过去与现在的一线联系。

---

① 见鲁迅 1981:117。

② 见鲁迅：《我之节烈观》，鲁迅 1981:1:116-128;胡适：《贞操问题》，胡适 1998:503-
517。

③《卧虎藏龙》中的一个女主角失去了未婚夫，终身未嫁。

附录 《钦定大清一统志》中所录的贞女（四库全书版，按府划分）

表 A.1 江苏省

府	明以前	明	清
苏州	1	3	93
常州	—	1	74
太仓	—	—	39
扬州	—	—	36
江宁	—	—	22
松江	—	—	20
徐州	—	—	17
淮安	—	1	13
镇江	—	3	12
通州	—		2
海州	—	1	1
海门厅	—	0	0

表 A.2　安徽省

府	明以前	明	清
徽州	1	1	36
池州	—	2	33
宁国	—	—	30
安庆	1	2	28
凤阳	—	3	28
泸州	—	—	21
颍州	—	5	10
滁州	—	—	9
太平	—	1	8
贺州	—	1	7
六安	—	—	5
泗州	—	2	5
广德	—	—	3

表 A.3　浙江省

府	明以前	明	清
杭州	—	1	64
嘉兴	—	4	43
绍兴	—	2	37
湖州	—	3	21
金华	—	5	16
台州	—	2	13
严州	—	3	7
温州	—	1	5
宁波	—	3	2
处州	—	—	2
衢州	—	2	1

表 A.4 广东省

府	明以前	明	清
广州	—	2	122
肇庆	1	4	17
潮州	—	—	6
廉州	—	2	2
雷州	—	1	2
韶州	—	—	1
惠州	—	1	1
高州	—	—	1
琼州	—	2	1
南雄	—	—	0
罗定	—	—	0
连州	—	1	0
嘉应	—	1	0

参考书目

班固:《汉书》,北京:中华书局 1983 年版。

《八旗通志》,台北:台湾学生书局 1986 年版。

Bartlett,Beatrice S(白彬菊). 1991. *Monarchs and Ministers：The Grand Council in Mid-Ch'ing China*, 1723—1820. Berkeley：University of California Press.

Bernhardt,Kathryn(白凯). 1999. *Women and Property in China*, 960—1949. Stanford：Stanford University Press.

Birge,Bettine(柏清韵). 1995. "Levirate Marriage and the Revival of Widow Chastity in Yuan China."*Asia Major*8. 2：107 - 146.

——. 2002. *Women, Property, and Confucian Reaction in Sung and Yüan China* (960—1368). Cambridge：Cambridge University Press.

Bossler,Beverly(柏文莉). 2000. "'A Daughter Is a Daughter All Her Life'：Affinal Relations and Women's Networks in Song and Late Imperial China."*Late Imperial China* 21. 1：77 - 106.

——. 2002. "Faithful Wives and Heroic Martyrs：State, Society, and Discourse in the Song and Yuan."Tokyo：Tokyo Metropolitan University Press.

——. 2003. "Faithful Wives and Heroic Maidens：Politics, Virtue, and Gender in Song China.收入邓小南编:《唐宋女性与社会》,上海:上海辞书出版社,751—784 页。

——. 2004. "Gender and Empire：A View from Yuan China."*Journal of Medieval and Early Modern Studies*. 34. 1：197 - 223.

Bray,Francesca(白馥兰). 1997. *Technology and Gender：Fabrics of Power in Late Imperial China* (《技术与性别:晚期帝制中国的权力经纬》). Berkeley：University of California Press.

Brokaw,Cynthia(包筠雅). 1991. *The Ledgers of Merit and Demerit：Social*

Change and Moral Order in Late Imperial China（《功过格：明清社会的道德秩序》）. Princeton：Princeton University Press.

Brokaw，Cynthia，and Kai-Wing Chow，eds. 2005. *Printing and Book Culture in Late Imperial China*. Berkeley：University of California Press.

Brook，Timothy（卜正民）. 1998. *The Confusions of Pleasure：Commerce and Culture in Ming China*（《纵乐的困惑：明朝的商业与文化》）. Berkeley：University of California Press.

Cahill，Suzanne（柯素芝）. 2003. "Resenting the Silk Robes That Hide Their Poems：Female Voices in the Poetry of Tang Dynasty Daoist Nuns." 收入邓小南编：《唐宋女性与社会》，上海：上海辞书出版社，519—566 页。

——. 2006. *Divine Traces of Daoist Sisterhood*. Magdalena，N. Mex.：Three Pines Press.

蔡凌虹：《明代节妇烈女旌表初探》，《福建论坛》1990 年第 6 期。

蔡尚思：《中国礼教思想史》，香港：中华书局（香港）有限公司 1991 年版。

蔡世远：《二希堂文集》，四库全书版，1983 年影印。

曹雪芹，高鹗：《红楼梦》，北京：人民文学出版社 1979 年版。

Carlitz，Katherine（柯丽德）. 1991. "The Social Uses of Female Virtue in Late Ming Editions of *Lienü zhuan*." *Late Imperial China* 12. 2：117 - 148.

——. 1997. "Shrines，Governing-Class Identity，and the Cult of Widow Fidelity in Mid-Ming Jiangnan." *Journal of Asian Studies* 56. 3：612 - 40.

——. 2001. "The Daughters，the Singing Girl，and the Seduction of Suicide." *Nan Nü：Men，Women and Gender in Early and Imperial China* 3. 1：22 - 46.

Cass，Victoria（邓为宁）. 1999. *Warriors，Grannies，and Geishas of the Ming*. New York：Rowman & Littlefield.

查继佐：《罪惟录》，四部丛刊三编版，1985 年影印。

Chang，Kang-i Sun（孙康宜）. 1991. *The Late-Ming Poet Ch'en Tzu-lung：Crises of Love and Loyalism*. New Haven，Conn.：Yale University Press.

Chang，Kang-i Sun（孙康宜），and Haun Saussy（苏源熙），eds. 1999. *Women Writers of Traditional China：An Anthology of Poetry and Criticism*. Stanford：Stanford University Press.

《长乐县志》，1869 年影印。

陈东原:《中国妇女生活史》,台北:商务印书馆 1970 年版。

陈澔:《礼记集说》,四库全书版,1983 年影印。

陈洪谟:《治世余闻》,北京:中华书局 1995 年版。

陈梦雷编撰:《古今图书集成》,北京:中华书局 1985 年版;成都:巴蜀书局
重印。

陈确:《陈确集》,北京:中华书局。

陈文述:《西泠闺咏》,收入丁丙编:《武林掌故丛编》,台北:台联国风出版社,
华文书局。

陈仪:《陈学士文集》,丛书集成新编版,1985 年影印。

陈子展:《诗经直解》,上海:复旦大学出版社 1983 年版。

Cheng Yu-yin(程玉瑛). 1996. *Sagehood and the Common Man：T'ai-zhou
Confucianism in Late Ming Society*. Ph. D. diss., University of
California, Davis.

Chow, Kai-wing(周佳荣). 1994. *The Rise of Confucian Ritualism in Late
Imperial China：Ethics, Classics, and Lineage Discourse*. Stanford：
Stanford University Press.

《大清律例会通新纂》,台北:文海出版社 1964 年版。

《大清宣宗成(道光)皇帝实录》,台北:华文书局 1964 年版。

《大清仁宗睿(嘉庆)皇帝实录》,台北:华文书局 1964 年版。

《大清圣祖仁(康熙)皇帝实录》,台北:华文书局 1964 年版。

《大清高宗纯(乾隆)皇帝实录》,台北:华文书局 1964 年版。

《大清世祖章(顺治)皇帝实录》,台北:华文书局 1964 年版。

《大清世宗宪(雍正)皇帝实录》,台北:华文书局 1964 年版。

《大清十朝圣训》,台北:文海出版社 1965 年版。

戴名世:《戴名世集》,北京:中华书局 1986 年版。

Davis, Richard L(戴仁柱). 1996. *Wind against the Mountain：The Crisis
of Politics and Culture in the Thirteenth Century*(《13 世纪中国政治
和文化危机》). Cambridge, Mass.：Harvard University Press.

Despeux, Catherine(戴思博), and Livia Kohn(孔丽维). 2003. *Women in
Daoism*. Cambridge：Three Pines Press.

丁世良,赵放编:《中国地方志民俗资料汇编》(华东卷),北京:书目文献出版
社 1995 年版。

丁耀亢:《丁耀亢全集》,郑州:中州古籍出版社 1999 年版。

董家遵:《明清学者关于贞女问题的论战》,《现代史学》1936 年第 1 期。

——《从汉到宋寡妇再嫁习俗考》,收入鲍家麟编:《中国妇女史论集》,台北:

稻香出版社 1988 年版，第 139—164 页。

Du, Fangqin, and Susan Mann. 2003. "Competing Claims on Womanly Virtue in Late Imperial China." In Dorothy Ko, JaHyun Kim Haboush, and Joan R. Piggott, eds. , *Gender, Women and Confucian Cultures in Premodern China, Korea, and Japan*. Berkeley: University of California Press. 219 - 247.

Ebrey, Patricia Buckley(伊沛霞). 1993. *The Inner Quarters: Marriage and the Lives of Chinese Women in the Sung Period*(《内闱：宋代的婚姻与妇女生活》). Berkeley: University of California Press.

——. 2003. *Women and Family in Chinese History*. New York: Routledge.

Elliott, Mark C(欧立德). 1999. "Manchu Widows and Ethnicity in Qing China." *Comparative Studies in Society and History* 41. 2: 33 - 71.

Elman, Benjamin A(艾尔曼). 2001. 2d rev. ed. *From Philosophy to Philology: Intellectual and Social Aspects of Change in Late Imperial China*. UCLA Asian Pacific Monograph Series. Los Angeles: University of California at Los Angeles.

——. 1990. *Classicism, Politics, and Kinship: The Chang-Chou School of New Text Confucianism in Late Imperial China*. Berkeley: University of California Press.

Elvin, Mark(伊懋可). 1984. "Female Virtue and the State in China." *Past and Present* 104: 111 - 52.

范晔：《后汉书》，北京：中华书局 1973 年版。

方苞：《方望溪先生全集》，国学基本丛书版，1968 年影印。

方苞：《礼记析疑》，四库全书版，1983 年影印。

方宗诚：《柏堂遗书》，台北：艺文印书馆 1971 年重印。

Farmer, Edward(范德). 1990. "Social Regulations of the First Ming Emperor: Orthodoxy as a Function of Authority." In Kwang-Ching Liu, ed. , *Orthodoxy in Late Imperial China*. Berkeley: University of California Press.

——. 1995. *Zhu Yuanzhang and Early Ming Legislation: The Reordering of Chinese Society following the Era of Mongol Rule*. Leiden, The Netherlands: E. J. Brill.

费善庆，薛凤昌：《松陵女子诗征》，1918 年版。

费丝言：《由典范到规范：从明代贞节烈女的辨识与流传看贞节观念的严格化》，台北：台大出版委员会 1998 年版。

冯尔康：《清代人物传记史料研究》，北京：商务印书馆 2000 年版。

冯景：《解春集文钞》，丛书集成新编版，1985 年影印。

Fong，Grace S(方秀洁). 2001. "Signifying Bodies：The Cultural Significance of Suicide Writings by Women in Ming-QingChina." In Paul S. Ropp, Paola Zamperini，and Harriet T. Zurndorfer，eds.，*Passionate Women：Female Suicide in Late Imperial China*. Leiden，The Netherlands：E. J. Brill. pp. 105 - 151.

傅以渐编撰：《御定内则衍义》，四库全书版，1983 年影印。

《福建省例》，台北：台湾银行 1964 年版。

《福建通志》，四库全书版，1937 年影印。

Furth，Charlotte（费侠莉）. 1990. "The Patriarch's Legacy：Household Instructions and the Transmission of Orthodox Values." In Kwang-Ching Liu, ed.，*Orthodoxy in Late Imperial China*. Berkeley：University of California Press.

干宝：《搜神记》，收入《汉魏六朝笔记小说大观》，上海：上海古籍出版社 1999 年版。

高明编：《明文汇》，香港：中华丛书委员会 1958 年版。

高明编：《清文汇》，台北：中华丛书编审委员会 1960 年版。

高攀龙：《高子遗书》，四库全书版，1983 年影印。

高启：《大全集》，四库全书版，1983 年影印。

龚景瀚：《澹静斋全集》，1840 年版。

Goodman，Bryna（顾德曼）. 1995. *Native Place，City，and Nation：Regional Networks and Identities in Shanghai，1853—1937*. Berkeley：University of California Press.

Grant，Beata（管佩达）. 1996. "Female Holder of the Lineage：Linji Chan Master Zhiyuan Xinggang（1597—1654）." *Late Imperial China* 17. 2：51 - 76.

顾颉刚：《孟姜女故事研究集》，上海：上海古籍出版社 1984 年版。

顾清：《东江家藏集》，四库全书版，1983 年影印。

顾宪成：《泾皋藏稿》，四库全书版，1983 年影印。

顾炎武：《顾亭林诗文集》，香港：中华书局香港分局 1976 年版。

顾震涛：《吴门表隐》，南京：江苏古籍出版社 1986 年版。

《广东通志》，四库全书版，1986 年影印。

归有光：《震川先生集》，四部丛刊版，1929 年影印。

归庄：《归庄集》，上海：上海古籍出版社 1984 年版。

郭成康,成崇德:《乾隆皇帝全传》,北京:学苑出版社1994年版。

Guo, Qitao(郭琦涛). 2005. *Ritual Opera and Mercantile Lineage: The Confucian Transformation of Popular Culture in Late Imperial Huizhou*. Stanford: Stanford University Press.

郭松义:《伦理与生活:清代的婚姻关系》,北京:商务印书馆2000年版。

郭英德:《明清传奇综录》,石家庄:河北教育出版社1997年版。

Hamilton, Robyn. 1997. "Luo Qilan (1755—1813?) and the Debates about Women and Talent in Eighteenth-Century Jiangnan." *Late Imperial China* 18.1: 39 - 71.

韩非:《韩非子》,上海:上海书店1986年版。

韩锡铎编:《中华蒙学集成》,沈阳:辽宁教育出版社1993年版。

Handlin, Joanna F(韩德琳). 1975. "Lü K'un's New Audience: The Influence of Women's Literacy on Sixteenth-Century Thought." In Margery Wolf and Roxane Witke, eds. , *Women in Chinese Society*. Stanford: Stanford University Press. pp. 13 - 38.

——. 1983. *Action in Late Ming Thought: The Reorientation of Lü K'un and Other Scholar-Officials*. Berkeley: University of California Press.

《杭州府志》,1579年版。

郝敬:《毛诗原解》,续修四库全书版,2002年影印。

何素花:《清初士大夫与妇女——以禁止妇女宗教活动为中心》,《清史研究》2003年第3期。

《河南通志》,1660年。

Ho Ping-ti(何炳棣). 1967. "The Significance of the Ch'ing Period in Chinese History." *Journal of Asian Studies* 26.2.

Holmgren, Jennifer. 1985. "The Economic Foundations of Virtue: Widow Remarriage in Early and Modern China." *Australian Journal of Chinese Affairs* 13: 1 - 27.

——. 1986. "Observations on Marriage and Inheritance Practices in Early Mongol and Yuan Society, with Particular Reference to the Levirate." *Journal of Asian History* 20: 128 - 192.

洪亮吉:《洪北江(亮吉)先生遗集》,台北:华文书局1969年重印。

洪升:《洪升集》,杭州:浙江古籍出版社1992年版。

洪淑苓等:《古典文学与性别研究》,台北:里仁书局1997年版。

Hsiung, Ping-Chen(熊秉真). 2005. *A Tender Voyage: Children and Childhood in Late Imperial China*. Stanford: Stanford University Press.

胡承珙:《求是堂文集》,续修四库全书版,2002 年影印。

胡适:《胡适文集》,北京:北京大学出版社 1998 年版。

黄容:《卓行录》,四库全书存目丛书版,济南:齐鲁社 1996 年版。

黄汝成:《日知录集释》,续修四库全书版,2002 年影印。

黄廷鉴:《第六弦溪文钞》,丛书集成新编版,1985 年影印。

黄嫣梨:《徐灿的思想与传统妇德观念》,收入张宏生编:《明清文学与性别研
　　究》,南京:江苏古籍出版社 2002 年版。

黄印:《锡金识小录》,台北:成文出版社 1983 年重印。

黄宗羲:《南雷文定全集》,台北:商务印书馆 1968 年版。

——. 编:《明文海》,四库全书版,1983 年影印。

环球社编辑部编:《图画日报》,上海:上海古籍出版社 1999 年重印。

《徽州府志》,台北:台湾学生书局 1965 年重印。

《徽州府志》,台北:台湾学生书局 1965 年重印。

Idema, Wilt(伊维德)and Beata Grant(管佩达), eds. 2004. *The Red
　　Brush*:*Writing Women of Imperial China*. Cambridge, Mass. : Harvard
　　University East Asia Center.

计东:《改亭文集》,四库存目丛书版,1997 年影印。

纪昀:《纪晓岚诗文集》,扬州:江苏广陵古籍刻印社 1997 年版。

蒋士铨撰,邵海清校,李梦生笺:《忠雅堂集校笺》,上海:上海古籍出版社
　　1993 年版。

江永:《礼记训义择言》,四库全书版,1983 年影印。

《江南通志》,四库全书版,1983 年影印。

焦循:《雕菰集》,丛书集成新编版,1985 年影印。

——《孟子正义》,上海:上海书店 1986 年版。

Judd, Ellen R. 1989. "Niangjia:Chinese Women and Their Natal Families. "
　　Journal of Asian Studies 3.

Judge, Joan. Forthcoming. *The Precious Raft of History*:*China's Women
　　Question and the Politics of Time at the Turn of the Twentieth
　　Century*. Stanford:Stanford University Press.

柯愈春编:《说海》,北京:人民日报出版社 1997 年版。

Ko, Dorothy(高彦颐). 1994. *Teachers of the Inner Chambers*:*Women and
　　Culture in China*, *1573—1722*(《闺塾师:明末清初江南的才女文
　　化》). Stanford:Stanford University Press.

Ko, Dorothy, JaHyun Kim Haboush, and Joan R. Piggott, eds. 2003.
　　Gender, *Women and Confucian Cultures in Premodern China*, *Korea*,

and Japan. Berkeley: University of California Press.

Kuhn, Philip A(孔飞力). 1990. *Soulstealers: The Chinese Sorcery Scare of 1768*(《叫魂:1768 年中国妖术大恐慌》). Cambridge, Mass. : Harvard University Press.

蓝鼎元:《鹿洲初集》,四库全书版,1983 年影印。

兰陵笑笑生:《金瓶梅词话》,香港:梦梅馆 1993 年版。

Leung, Angela Ki Che (梁其姿). 1993. "To Chasten Society: The Development of Widow Homes in the Qing, 1773—1911." *Late Imperial China* 14. 2:1 - 32.

Li Chengyang, ed. 2000. *The Sage and the Second Sex: Confucianism, Ethics, and Gender*. Chicago, Illinois: Open Court.

李樗,黄櫄:《毛诗集解》,四库全书版,1983 年影印。

李慈铭:《越缦堂文集》,台北:文海出版社 1975 年版。

厉鹗:《樊谢山房全集》,四部备要版,1965 年影印。

李绂:《穆堂初稿》,续修四库全书版,2002 年影印。

李恭:《恕谷后集》,续修四库全书版,2002 年影印。

李光坡:《礼记述注》,四库全书版,1983 年影印。

李国祥,杨旭编:《明实录类纂》(妇女史料卷),武汉:武汉出版社 1995 年版。

李桓编:《国朝耆献类征初编》,台北:文海出版社 1966 年重印。

——《国朝贤媛类征初编》,《国朝耆献类征初编》(第 20 卷),扬州:江苏广陵古籍刻印社 1990 年版。

李集:《鹤征前录》,台北:明文书局 1985 年版。

李梦阳:《空同集》,四库全书版,1983 年影印。

李慎传:《植庵集》,1884 年。

Li, Wai-yee (李惠仪). 1999. "Heroic Transformations: Women and National Trauma in Early Qing Literature." *Harvard Journal of Asiatic Studies* 59. 2:363 - 443.

李文藻:《南涧文集》,丛书集成新编版,1985 年影印。

李贤编:《明一统志》,四库全书版,1983 年影印。

李兆洛:《养一斋文集》,1878 年。

梁治平:《清代习惯法:社会与国家》,北京:中国政法大学出版社 1996 年版。

凌蒙初:《二刻拍案惊奇》,上海:上海古籍出版社 1985 年版。

刘宝楠:《念楼集》,台北:文海出版社 1975 年版。

刘大櫆:《海峰文集》,续修四库全书版,2002 年影印。

刘逢禄:《刘礼部集》,续修四库全书版,2002 年影印。

刘纪华:《中国贞节观念的历史演变》,《社会学界》第 8 期,第 19—35 页。

Liu,Jung-En(刘荣恩),trans. 1972. *Six Yuan Plays*. New York: Penguin Books.

刘台拱:《刘端临先生遗书》,丛书集成版,1970 年影印。

刘向:《古列女传》,丛书集成新编版,1966 年影印。

刘宗周:《刘蕺山集》,台北:台湾商务印书馆 1983 年版。

陆陇其:《三鱼堂外集》,四库全书版,1983 年影印。

陆深:《俨山外集》,四库全书版,1983 年影印。

Lu Weijing(卢苇菁). 1998. "Uxorilocal Marriage among Qing Literati." *Late Imperial China* 19. 2: 64 - 110.

——. 2004. "Beyond the Paradigm: Tea-Picking Women in Imperial China." *Journal of Women's History* (Winter): 9 - 46.

卢文弨:《抱经堂文集》,丛书集成新编版,1985 年影印。

鲁迅:《鲁迅全集》(第 1 卷),北京:人民文学出版社 1981 年版。

吕坤:《闺范图说》,北京:学苑出版社 1998 年版。

——《呻吟语》,上海:上海古籍出版社 2000 年版。

吕世宜:《爱吾庐文钞》,丛书集成新编版,1985 年影印。

罗贯中:《三国演义》,北京:中华书局 1995 年版。

罗钦顺:《困知记》,四库全书版,1983 年影印。

罗有高:《尊闻居士集》,续修四库全书版,2002 年影印。

Mann,Susan(曼素恩). 1987. "Widows in the Kinship, Class, and Community Structures of Qing Dynasty China." *Journal of Asian Studies* 46. 1: 37 - 56.

——. 1991. "Grooming a Daughter for Marriage: Brides and Wives in the Mid-Ch'ing Period." In Rubie S. Watson and Patricia Ebrey, eds., *Marriage and Inequality in Chinese Society*. Berkeley: University of California Press. pp. 204 - 30.

——. 1993. "Suicide and Survival: Exemplary Widows in the Late Empire." In *Chûgoku no dentô shakai to kazoku: Yanagida Setsuko sensei koki kinen ronshû*. Tokyo: Kyû ko shoin.

——. 1994. "Learned Women in the Eighteenth Century." In Christina K. Gilmartin, Gail Hershatter, Lisa Rofel, and Tyrene White, eds., *Engendering China: Women, Culture, and the State*. Cambridge, Mass. : Harvard University Press. pp. 27 - 46.

——. 1997. *Precious Records: Women in China's Long Eighteenth Century*

《缀珍录：十八世纪的中国妇女》）. Stanford：Stanford University Press.

——. 2007. *The Talented Women of the Zhang Family*（《张门才女》）. Berkeley：University of California Press.

Mann，Susan（曼素恩），and Yu-Yin Cheng（程玉瑛），eds. 2001. *Under Confucian Eyes：Writings on Gender in Chinese History*. Berkeley：University of California Press.

毛奇龄:《西河文集》,国学基本丛书版,1968 年影印。

——《经问》,四库全书版,1983 年影印。

《毛诗注疏》,四库全书版,1983 年影印。

McLaren，Anne E. 2005. "Constructing New Reading Publics in Late Ming China." In Cynthia Brokaw and Kai-wing Chow，eds.，*Printing and Book Culture in Late Imperial China*. Berkeley：University of California Press.

孟称舜:《张玉娘闺房三清鹦鹉墓贞文记》,收入《中国戏剧研究资料第一辑》。

孟森:《明清史讲义》,北京:中华书局 1981 年版。

Meyer-Fong，Tobie（梅尔清）. 2003. *Building Culture in Early Qing Yangzhou*（《清初扬州的建筑文化》）. Stanford：Stanford University Press.

缪荃孙编:《续碑传集》,台北:文海出版社 1973 年重印。

闵尔昌编:《碑传集补》,台北:文海出版社 1974 年版。

《明太祖实录》,台北:"中央研究院"历史语言研究所 1967 年版。

《明宣宗实录》,台北:"中央研究院"历史语言研究所 1967 年版。

中川子信:《清俗纪闻》,台北:大立出版社 1983 年重印。

Neskar，Ellen. 2001. *Politics and Prayer：Shrines to Local Former Worthies in Sung China*. Cambridge，Mass.：Harvard University Press.

欧阳询:《艺文类聚》,上海:上海古籍出版社 1982 年版。

朴趾源:《热河日记》,上海:上海书店出版社 1997 年版。

潘德舆:《养一斋集》,续修四库全书版,2002 年影印。

潘衍桐:《两浙輶轩续录》,续修四库全书版,2002 年影印。

Pomeranz，Kenneth. 1997. "Power，Gender，and Pluralism in the Cult of the Goddess of Taishan." In Theodore Huters，R. Bin Wong，and Pauline Yu，eds.，*Culture and the State in Chinese History：Conventions，*

Accommodations, and Critiques. Stanford：Stanford University Press.

戚学标：《鹤泉文钞续选》，续修四库全书版，2002 年影印。

钱大昕：《钱大昕全集》，南京：江苏古籍出版社 1997 年版。

钱穆：《中国近三百年学术史》，北京：中华书局 1989 年版。

钱泰吉：《甘泉乡人稿》，台北：文海出版社 1973 年版。

钱仪吉编：《碑传集》，台北：文海出版社 1973 年版。

钱仪吉：《衎石斋纪事稿》，1834 年。

潜说友：《咸淳临安志》，收入《宋元方志丛刊》，北京：中华书局 1990 年重印。

秦蕙田：《五礼通考》，四库全书版，1983 年影印。

《钦定八旗通志》，台北：台湾学生书局 1968 年重印。

《钦定大清会典事例》，台北：台湾中文书局重印。

《钦定大清一统志》，四库全书版，1983 年影印。

《钦定礼记义疏》，四库全书版，1983 年影印。

《钦定四库全书总目》，台北：台湾商务印书馆 1983 年版。

清国史馆编：《清史列传》，台北：明文书局 1985 年版。

青城子（宋永岳）：《亦复如是》，重庆：重庆出版社 1999 年版。

《清代日记会钞》，上海：上海人民出版社 1982 年版。

屈大均：《屈大均全集》，北京：人民文学出版社 1996 年版。

全祖望：《全祖望集汇校集注》，上海：上海古籍出版社 2000 年版。

Raphals，Lisa. 1998. *Sharing the Light：Representations of Women and Virtue in Early China.* Albany：State University of New York Press.

Reed，Bradly W（白瑞德）. 2000. *Talons and Teeth：County Clerks and Runners in the Qing Dynasty*（《爪牙：清代县衙的书吏与差役》）. Stanford：Stanford University Press.

Ropp，Paul S（罗溥洛）. 1976. "The Seeds of Change：Reflections on the Condition of Women in the Early and Mid-Ch'ing. " *Signs：Journal of Women in Culture and Society* 2. 1.

Ropp，Paul S. ，Paola Zamperini, and Harriet T. Zurndorfer，eds. 2001. *Passionate Women：Female Suicide in Late Imperial China.* Leiden, The Netherlands：E. J. Brill.

Rowe，William T（罗威廉）. 1992. "Women and the Family in Mid-Qing Social Thought：The Case of Chen Hongmou. " *Late Imperial China* 13. 2：1 – 41.

——. 2001. *Saving the World：Chen Hongmou and Elite Consciousness in Eighteenth-Century China*（《救世：陈宏谋与十八世纪中国的精英意

识》). Stanford：Stanford University Press.

阮元编:《十三经注疏》,台北:艺文印书馆 1965 年版。

——. 编:《两浙𫐐轩录》,续修四库全书版,2002 年影印。

Schneewind，Sarah. 2006. *Community Schools and the State in Ming China*. Stanford：Stanford University Press.

《绍兴府志》,台北:成文出版社 1975 年重印。

Shen Fu(沈复). 1983. *Six Records of a Floating Life*（《浮生六记》）. Trans. with an introduction and notes by Leonard Pratt and Chiang Su-hui. New York：Penguin Books.

申涵光:《聪山诗选》,畿辅丛书版。

——《荆园小语》,畿辅丛书版。

申涵盼:《忠裕堂集》,畿辅丛书版。

沈萃芬编:《清文汇》,北京:北京出版社 1995 年重印。

沈钦韩:《幼学堂文稿》,续修四库全书版,2002 年影印。

沈垚:《落帆楼文稿》,丛书集成新编版,1985 年影印。

沈周:《石田诗选》,四库全书版,1983 年影印。

施鸿保:《闽杂记》,《小方壶斋舆地丛钞》,台北:广文书局 1964 年版。

施润章:《施愚山集》,合肥:黄山书社 1992 年版。

《诗序》,四库全书版,1983 年影印。

《世宗宪皇帝朱批谕旨》,四库全书版,1983 年影印。

司马迁:《史记》,北京:中华书局 1959 年版。

Skinner，G. William(施坚雅)，ed. 1977. *The City in Late Imperial China*（《中华帝国晚期的城市》）. Stanford：Stanford University Press.

Sommer，Matthew(苏成捷). 1996. "The Uses of Chastity：Sex，Law，and the Property of Widows in Qing China."*Late Imperial China* 17：77 - 130.

——. 2000. *Sex，Law，and Society in Late Imperial China*. Stanford：Stanford University Press.

宋濂:《元史》,北京:中华书局 1976 年版。

——《文宪集》,四库全书版,1983 年影印。

《松阳县志》,上海:上海书店 1993 年重印。

《松阳县志》,上海:上海书店 1993 年重印。

Stockard，Janice E. 1989. *Daughters of the Canton Delta：Marriage Patterns and Economic Strategies in South China*,1860—1930. Stanford：Stanford University Press.

孙继林编:《晚清社会风俗百图》,上海:上海学林出版社 1996 年版。

孙奇逢:《夏峰先生集》,丛书集成新编版,1985 年影印。

孙诗樵:《余墨偶谈》,1873 年。

孙星衍:《五松园文稿》,丛书集成新编版,1985 年影印。

——陈抗,盛冬铃点校:《尚书今古文注疏》,北京:中华书局 1986 年版。

孙原湘:《天真阁集》,1800 年。

孙枝蔚:《溉堂集》,上海:上海古籍出版社 1979 年版。

Swann, Nancy Lee. 1968. *Pan Chao: Foremost Woman Scholar of China.*
New York: Russell and Russell.

Theiss, Janet M(戴真兰). 2001. "Managing Martyrdom: Female Suicide
and Statecraft in Mid-Qing China." In Paul S. Ropp, Paola Zamperini,
and Harriet T. Zurndorfer, eds. , *Passionate Women: Female Suicide
in Late Imperial China.* Leiden, The Netherlands: E. J. Brill.

——. 2004. *Disgraceful Matters: The Politics of Chastity in Eighteenth-
Century China.* Berkeley: University of California Press.

陶澍:《陶澍集》,长沙:岳麓书社 1998 年版。

T'ien Ju-K'ang(田汝康). 1988. *Male Anxiety and Female Chastity.*
Leiden, The Netherlands: E. J. Brill.

听风堂主人编:《喻世明言续编》,北京:十月文艺出版社 1994 年版。

Tsai, Kathryn Ann(蔡安妮). 1994. *Lives of the Nuns: Biographies of
Chinese Buddhist Nuns from the Fourth to Sixth Centuries.* Honolulu:
University of Hawaii Press.

Tu, Wei-ming(杜维明). 1976. *Neo-Confucian Thought in Action: Wang
Yang-ming's Youth* (1472—1529)(《宋明儒学思想之旅——青年王阳
明(1472—1509)》). Berkeley: University of California Press.

抟沙拙老:《闲处光阴》(历代笔记小说集成版),石家庄:河北教育出版社
1994 年版。

脱脱等,《宋史》,北京:中华书局 1983 年版。

Wakeman, Frederic, Jr(魏斐德). 1970. "High Ch'ing, 1683—1839." In
James B. Crowley, ed. , *Modern East Asia: Essays in Interpretation.*
New York: Harcourt, Brace & World.

——. 1985. *The Great Enterprise: The Manchu Reconstruction of Imperial
Order in Seventeenth-Century China*(《洪业:清朝开国史》). Berkeley:
University of California Press.

Waley, Arthur, trans. 1996. *The Book of Songs: The Ancient Chinese Classic of Poetry*. New York:Grove Press.

Waltner, Ann(王安). 1987. "T'an-yang-tzu and Wang Shih-chen:Visionary and Bureaucrat in the Late Ming." *Late Imperial China* 8. 1:105 - 133.

——. 1990. *Getting an Heir:Adoption and the Construction of Kinship in Late Imperial China*. Honolulu:University of Hawaii Press.

——. 1995. "Infanticide and Dowry in Ming and Early Qing China." In Anne Behnke Kinney, ed. , *Chinese Views of Childhood*. Honolulu:University of Hawaii Press.

王逢:《梧溪集》,四库全书版,1983 年影印。

汪辉祖:《越女表微录》,四库未收书集刊版,2002 年影印。

汪启淑:《水曹清暇录》,北京:北京古籍出版社 1998 年版。

王森然:《中国剧码辞典》,石家庄:河北教育出版社 1997 年版。

王世贞:《池北偶谈》,北京:中华书局 1982 年版。

汪琬:《尧峰文钞》,四部丛刊版,1929 年影印。

王效成:《伊蒿室文集序》,1855 年。

王秀琴编:《历代名媛书简》,长沙:商务印书馆 1941 年版。

王有光:《吴下谚联》,续修四库全书版,2002 年影印。

王源:《居业堂文集》,丛书集成新编版,1985 年影印。

王照圆:《列女传补注》,续修四库全书版重印,2002 年影印。

汪中:《述学》,丛书集成新编版,1985 年影印。

完颜妙莲保编:《国朝闺秀正始续集》,红香馆版,1836 年影印。

完颜恽珠:《兰闺宝录》,1831 年。

完颜恽珠编:《国朝闺秀正始集》,红香馆版,1836 年影印。

魏收:《魏书》,北京:中华书局 1974 年版。

魏象枢:《寒松堂全集》,北京:中华书局 1996 年版。

翁方纲:《复初斋文集》,续修四库全书版,2002 年影印。

Widmer,Ellen(魏爱莲). 1989. "The Epistolary World of Female Talent in Seventeenth-Century China." *Late Imperial China* 10. 2:1 - 43.

Widmer,Ellen(魏爱莲), and Kang-I Sun Chang(孙康宜), eds. 1997. *Writing Women in Late Imperial China*. Stanford:Stanford University Press.

Wolf, Arthur P. , and Chieh-shan Huang. 1980. *Marriage and Adoption in China*, 1845—1945. Stanford:Stanford University Press.

Wolf, Margery(卢蕙馨). 1972. *Women and the Family in Rural Taiwan*.

Stanford：Stanford University Press.

吴道镕：《广东文征》，香港：广东文征编印委员会 1973 年版。

吴德旋：《初月楼文钞》，1883 年。

——《初月楼续闻见录》，台北：明文书局 1985 年版。

吴定：《紫石泉山房诗文集》，1887 年。

吴荣光：《吾学录初编》，续修四库全书版，2002 年影印。

吴秀之：《吴县志》，台北：成文出版社 1970 年重印。

席裕福：《皇朝政典类纂》，台北：成文出版社 1969 年重印。

夏良胜：《东洲初稿》，四库全书版，1983 年影印。

《祥符县志》，1739 年。

《香艳丛书》，上海：上海书店 1991 年版。

萧䢲：《勤斋集》，四库全书版，1983 年影印。

谢国桢：《明末清初的学风》，北京：人民出版社 1982 年版。

谢俊美：《常熟翁氏：状元门第，帝师世家》，北京：中国人民大学出版社 1999
年版。

许浩：《复斋日记》，载于《中华野史（明朝卷一）》，济南：泰山出版社 2000
年版。

徐珂：《清稗类钞》，北京：中华书局 1996 年版。

徐干学：《读礼通考》，四库全书版，1983 年影印。

徐世昌编：《大清畿辅列女传》，载于《大清畿辅先哲传》，台北：明文书局
1985 年版。

薛居正：《旧五代史》，北京：中华书局 1976 年版。

颜元：《颜元集》，北京：中华书局 1987 年版。

杨继盛：《杨忠愍集》，四库全书版，1983 年影印。

杨维桢：《杨维桢诗集》，杭州：浙江古籍出版社 1994 年版。

杨锡绂：《节妇传》，四库全书存目丛书版，1996 年影印。

《扬州府志》，台北：成文出版社 1974 年版。

姚椿编：《清朝文录》，台北：大新书局 1965 年重印。

姚鼐：《惜抱轩全集》，四部备要版，1965 年影印。

叶春及：《石洞集》，四库全书版，1983 年影印。

叶绍袁：《午梦堂集》，北京：中华书局 1998 年版。

叶廷琯：《鸥陂渔话》，沈阳：辽宁教育出版社 1998 年版。

衣若兰：《誓不更娶：明代男子守贞初探》，《中国史学》第 15 期，2005 年 9 月。

尹会一：《健余先生文集》，丛书集成新编版，1985 年影印。

慵讷居士：《咫闻录》，重庆：重庆出版社 1999 年版。

尤侗:《西堂诗集》,续修四库全书版,2002 年影印。

俞蛟:《梦厂杂著》,收入陆林编:《清代笔记小说类编》,合肥:黄山书社 1994
　　年版。

余金编:《熙朝新语》,上海:上海古籍出版社 1983 年版。

俞正燮:《癸巳类稿》,台北:世界书局 1965 年版。

袁枚:《袁枚全集》,南京:江苏古籍出版社 1993 年版。

允禄等编:《世宗宪皇帝上谕内阁》,四库全书版,1983 年影印。

——.编:《世宗宪皇帝上谕八旗》,四库全书版,1983 年影印。

《御制乐善堂全集定本》,四库全书版,1983 年影印。

《御制日讲礼记解义》,四库全书版,1983 年影印。

Zelin, Madeleine(曾小萍). 1984. *The Magistrate's Tael : Rationalizing Fiscal
　　Reform in Eighteenth-Century China*(《州县官的银两:18 世纪中国的
　　合理化财政改革》). Berkeley: University of California Press.

张邦炜:《宋代妇女的再嫁问题和社会地位》,载于鲍家麟编:《中国妇女史论
　　集》(三辑),台北:稻香出版社 1993 年版。

张次仲:《待轩诗记》,四库全书版,1983 年影印。

张惠言:《茗柯文编》,四部丛刊版,1929 年影印。

张謇:《张謇全集》,南京:江苏古籍出版社 1994 年版。

张澍:《养素堂文集》,1837 年。

张廷玉:《明史》,北京:中华书局 1974 年版。

张相编:《古今文录》,台北:中华书局 1962 年版。

章学诚:《章氏遗书》,台北:汉声出版社 1973 年版。

张养浩:《归田类稿》,四库全书版,1983 年影印。

张云璈:《简松草堂文集》,续修四库全书版,2002 年影印。

张鷟:《朝野金载》,北京:中华书局 1979 年版。

《漳州府志》,1573 年。

赵尔巽:《清史稿》,香港:文学研究出版社 1960 年版。

赵园:《明清之际士大夫研究》,北京:北京大学出版社 1999 年版。

赵震编:《毗陵文录》,台北:华新书社 1931 年版。

《政府公报》,上海:上海书店 1988 年重印。

周亮工:《闽小记》(乾隆版重印),《中国方志丛书》,台北:成文出版社 1975
　　年版。

周婉窈:《清代桐城学者与妇女的极端道德行为》,《大陆杂志》1987 年第
　　4 期。

周振鹤:《苏州风俗》,上海:上海文艺出版社 1989 年重印。

朱琦:《小万卷斋诗稿》,嘉树山房版,1829 年影印。

朱轼:《朱文端公集》,1871 年。

朱熹:《诗经集传》,四库全书版,1983 年影印。

朱翔清:《埋忧集》,上海:文明书局 1910 年版。

朱彝尊:《曝书亭集》,四部丛刊版,1929 年影印。

朱筠:《泗河文集》,丛书集成新编版,1985 年影印。

庄一拂:《古典戏曲存目汇考》,台北:木铎出版社 1986 年版。

《诸暨县志》,1773 年。

Zurndorfer，Harriet T. 1992. "The 'Constant World' of Wang Chao-Yuan：Women，Education，and Orthodoxy in 18th Century China—a Preliminary Investigation." In Institute of Modern History，Academic Sinica，eds. *Family Process and Political Process in Modern Chinese History*,vol. 1. Taibei：Institute of Modern History，Academia Sinica. pp. 581 – 617.

索 引

译后记

　　贞女现象是明清时期特有的社会现象，指已订婚但尚未结婚的女性，当未婚夫去世时，或为未婚夫终身守节，或自杀以殉。这部著作从多个角度，论述了贞女现象的成因、发展、影响，并由此窥见了明清社会、政治、文化的一些重要特征。作者分析了朝廷针对贞女的"旌表"制度的变迁，以及地方政府和地方精英对贞女的支持；讨论了贞女在娘家和夫家造成的紧张，父母与女儿的关系以及家庭经济结构；揭示了儒家文人面对贞女现象时的矛盾；更从贞女自身的视角，分析了她们的情感与选择。本书质疑了帝制中国的女性作为被动受害者的传统叙述，打破了男/女、内/外、公共领域/私人领域的界限，把贞女现象放置在广大的社会语境中，说明贞女现象是明清社会的核心现象，对中央和地方政治、男性文化精英、家庭关系，都产生了广泛而深远的影响。

　　本书分三部分，共七章。第一部分从明清时期的政治、文化、社会语境中探讨贞女现象的发生和发展，表明贞女现象的升级，与明清时期的民族危机和政治危机、强调极端行为的政治文化以及儒家的忠贞话语，有密切关系。第二部分将贞女放置在家庭之网中，分析她给家庭带来的烦恼和矛盾，以及她如何把道德力量转化为在家庭中的权力。第三部分集中于儒家学者关于贞女现象的矛盾态度。第十章出自第三部分，分析了贞女现象在儒家文人中引起的深入而激烈的争论。贞女的行为是否合于儒家之礼？对这一问题的回答，将儒家精英分裂成两个阵营。作者指出，贞女现象深刻影响了男性文人的议程；文人关于贞女的讨论并非纯粹的学术争论，更与个人经历、道德责任感有关。

卢教授的这部著作调动了朝廷实录、地方志、儒家文人作品、贞女作品等大量材料，为明清历史许多重要方面的研究都做出了崭新贡献。为此，1930 年成立的著名学术团体美国 Berkshire 女历史学家学会，在 2008 年授予此书"首部著作奖"，并作出了如下评语："卢苇菁教授凭借这部著作，改变了我们对性别历史的认识，也改变了我们了解这一历史的途径。严格来说，儒家道德并不要求未婚妻在未婚夫死去的时候守节，但在 17 和 18 世纪却有很多这样的女性选择了守节。卢教授是世界上第一个考察贞女现象的内在矛盾的学者。她通过缜密的档案研究，揭示了贞女现象在男性哲学学术中的核心地位。更令人赞赏的是她从男性书写的文本中，巧妙地挖掘出了这些女性的动机和欲望。卢苇菁使性别成为我们在理解男性学术和女性能动力时不可或缺的因素。我们表彰卢教授提出的重大历史问题，表彰她细致的学问、精巧的历史想象以及流畅的文风。"

秦立彦

"海外中国研究丛书"书目